集人文社科之思 刊专业学术之声

集 刊 名：长安学术
主办单位：陕西师范大学文学院
主　　编：张新科

第十五辑

编辑委员会

编委会主任　　张新科
编委会副主任　邢向东　刘生良
编委会委员　（以姓名拼音为序）
曹胜高　党怀兴　高益荣　胡安顺　柯西钢　李继凯　李西建
刘锋焘　裴亚莉　苏仲乐　赵望秦　赵学清　赵学勇　周淑萍

编辑部人员

主　编　张新科
副主编　苏仲乐　杨晓斌

集刊序列号：PIJ-2019-380
中国集刊网：www.jikan.com.cn
集刊投约稿平台：www.iedol.cn

主办单位 / 陕西师范大学文学院

主　　编 / 张新科

长安学术

第十五辑

社会科学文献出版社
SOCIAL SCIENCES ACADEMIC PRESS (CHINA)

目 录

路遥研究：传记与论评

导 言 …………………………………………………… 罗 岗 / 1
在"柳青传统"的延长线上：路遥现实主义观初探 …………… 刘芳芳 / 3
历史的转轨镜头的慢放
　——读杨晓帆的《路遥论》 ………………………… 李玫玫 / 15
九十年代的路遥
　——评《路遥的时间——见证路遥最后的日子》 ………… 孙 杨 / 28
以"见证"的方式重返
　——读航宇《路遥的时间——见证路遥最后的日子》 …… 邢可欣 / 37
再提路遥写作的"交叉地带"
　——评杨晓帆《路遥论》 …………………………… 钟鲁敏芝 / 48
路遥的矛盾及其他
　——从《路遥的时间》与《路遥在最后的日子》的比较阅读出发
　………………………………………………………… 周仪钧 / 58

古典文学、文献学

古代"七夕"诗词曲综论 …………………………………… 赵逵夫 / 70
论韩愈的"尊扬"思想 ……………………………………… 沈相辉 / 105

中国古代白话小说"史补"功能发生与取向研究 …………… 何悦玲 / 118

高丽作家李奎报的"记"体文 …………………………… 谭家健 / 137

现当代文学、文艺学

性别诗学视域下《虹》之思想意蕴探析
——兼论秦德君在《虹》创作中的作用 …………… 钟海波 / 157

1980年代前柳宗元《封建论》历史阐释的展开 ………… 霍　炬 / 174

晚明士人群体的日常空间的生成及其特征
——聚焦美学的视角 ………………………………… 丁文俊 / 183

《小戏骨：红楼梦之刘姥姥进大观园》影视改编成功因素试探
……………………………………………………… 李辰辰 / 199

语言文字学

敦煌文献佛教文化语词考释 …………………………… 赵家栋 / 206

道经注疏文献的词汇研究价值
——以《元始无量度人上品妙经四注》为例 ………… 刘祖国 / 217

《说文订订》述论 …………………………… 王相帅　汤　欣 / 232

从话题看古代汉语的虚词"则"
——兼论话题结构与条件复句结构之间的互动关系 …… 孙雅平 / 248

《同文通考》异体字疏证例举 …………………………… 王利霞 / 265

◎ 路遥研究：传记与论评

导　言

　　最近因为一个偶然的机会，重读了帕乌斯托夫斯基的《金蔷薇》。

　　这次重读，印象最深刻的，已经不是之前被人们反复申说的"我们这一代的怕和爱"了，而是作者在这一卷大体可以看作"创作札记"的书写中一直强调的，如何才能发现"作家劳动"的"美好"与"艰辛"。

　　将作家的"创作"称为"劳动"，在当下的语境中，多少有一点"陌生化"的效果。帕乌斯托夫斯基回忆自己的创作经历，有一次他要写一本关于工厂的书，"这个工厂的历史复杂而有趣。彼得一世、苏格兰工程师、我们那些农奴出身的天才工匠、卡隆铸铜法、水利机械、独特的风俗习惯——这一切给我那本书提供了丰富的素材"。然而，光有"丰富的素材"是不够的，"我写水力机械、生产过程和工匠们，可我一边写，一边却十分苦恼"，因为"我怎么也无法把素材焊接起来，将它们凝聚在一起，自然地向前流去"。由此带来的结果是，"素材支离破碎。有意思的段落互不连贯，全部摇摇欲坠，得不到上下左右其他有意思段落的支撑。这些段落一段段孑立在那里，缺少那种唯一能把生命注入档案材料的生动的细节、时代气息和我对之感兴趣的人物命运的维系"。

　　那么，怎样才能把"生命"注入"素材"，使之获得"生机"呢？难道仅仅依靠妙手偶得的灵感或是作家苦苦修炼的才能吗？帕乌斯托夫斯基深刻揭示出"作家劳动"的"奥秘"，不能只停留在作家个人苦心孤诣的摸索上，更重要的是如何获得普通劳动者的感觉：如果要写好工匠，首先要像工匠一样看待工作和生活。就像对待机器，需要产生某种"共通"的感受,"我那时懂得了写机器必须跟我们写人一样,得理解它们,爱它们,为它们而欢乐、悲伤。不知道别人怎么样,反正我总是为机器感到一种肉体上的痛苦。就拿胜利牌汽车来说吧,当它用尽最后一点力气,勉强爬上陡坡的时候,我累得大概不下于汽车本身。也许这个比喻并不十分确切,不过我深信,对待机器,要是你打算去写它们的话,就应对像对待活生生的人一样。我发现,好的工匠和工人就是用这种态度对待机器的"。

我想,这也就是路遥所强调的,"作家的劳动"首先应该"不丧失普通劳动者的感觉":"只有不丧失普通劳动者的感觉,我们才有可能把握社会历史进程的主流,才有可能创造出真正有价值的艺术品。"从帕乌斯托夫斯基到路遥,正是因为有了新的把"劳动"作为"美德"的认识,"作家的劳动"与"普通劳动者"才能密切联系起来。而在今天这个视"劳动"为"苦力"的"后工作时代",这样的认识不仅稀罕,甚至显得有些荒谬了。

2019年是路遥诞辰70周年,这儿编发的一组文章,是几位年轻朋友对近年来出版的几种路遥传论的讨论,他们的讨论角度各异,却不约而同地瞩目于路遥作为一个作家对于"劳动"的理解和尊重。青年一代对于"劳动"这种美好品格的向往,大概可以算作献给路遥诞辰最好的礼物吧。

罗岗(华东师范大学中文系教授)

在"柳青传统"的延长线上：
路遥现实主义观初探

刘芳芳*

摘　要　《路遥传》（厚夫）、《路遥论》（杨晓帆）、《路遥年谱》（王刚）、《路遥的时间》（航宇）和《人生路遥》（海波）等几本新近出版的有关路遥的专著以及路遥的两篇"轶文"，从多个方面指认了路遥的创作在"柳青传统"的延长线上。本文从柳青的"三个学校"、真实性和作家的倾向性等问题展开讨论，对路遥的现实主义观念进行初探，指出其对柳青的继承和新变之处。

关键词　现实主义　"三个学校"　路遥　柳青传统

路遥的现实主义观念及其创作过程始终都在"柳青传统"的延长线上。新近出版的几本有关路遥的专著以及路遥的两篇"轶文"[①]等，从多个角度回应了这个问题。《路遥论》甚至以"柳青的遗产"作为"缺席的在场"，反复对照并剖析路遥的创作细节，指出"路遥的价值，就在于他仍试图不断从具体的生活故事中建立起具有普遍意义的理论思考，为个人在大历史中辨识人生方向提供一种感性形式"[②]。本文结合这几本专著，包括《路遥传》（厚夫）、《路遥论》（杨晓帆）、《路遥年谱》（王刚）、《路遥的时间》（航宇）和《人生路遥》（海波）等，通过梳理"柳青遗产"，

---

*　刘芳芳，女，文学博士，延安大学文学院讲师，主要研究方向为文学理论、中国当代文学。
①　参见姜红伟《〈路遥全集〉遗漏的两篇重要"轶文"》，《作家》2019 年 10 月。
②　杨晓帆：《路遥论》，作家出版社，2018，第 193 页。

对比路遥的现实主义观念及其创作表征,大致从以下三个相互联系的方面,清理出路遥对柳青的继承和新变之处。

一 "三个学校"的演绎

1962年,柳青在《二十年的信仰和体会》中提出,作家要进三个学校——生活的学校、政治的学校、艺术的学校——的写作理念;1978年,柳青晚年写《生活是创作的基础》,再次强调"三个学校"的理念,尤其强调"生活的学校"是文学工作的基础:作家要写作,先生活。①

> 作家的倾向,是在生活中决定的,不是在写作时候决定的。作家的风格,是在生活中形成的,不是在写作时候才形成的。我说的作家的功夫,主要在生活方面,不仅仅表现在他和人民群众在一块的时候,而且表现在他写作的时候。作家在房子里写作的时候,主要的功夫,是用在研究生活上。他总是要回想过去体验过的生活,很好地来理解这种生活,然后才能进入表现的阶段。而真正用在表现的时候,就是说,要把他所理解的生活表现到纸上的时候,是并不费劲的。②

与重视"人民的生活"相呼应,柳青不断强调作家的天资不是才能,文学天才也要从生活实践的锻炼中而来;"马克思主义的唯物论不承认天生的作家;作家的思想、个体、才能、气质是在社会生活和艺术创造的实践过程中形成的"。③ 作家的风格就是其思想、个性、才能和气质结合起来形成的"人的精神面貌,就是整个的人",这同样要归结成一个作家的生活道路问题。④

---

① 《柳青传》中披露,柳青曾因将"生活的学校"而非"政治的学校"置于"三个学校"之首受到批判,柳青反问"难道没有生活就有了政治和艺术吗?"。参见刘可风《柳青传》,人民文学出版社,2016,第455页。
② 柳青:《生活是创作的基础》,《柳青文集》(下),陕西人民出版社,1991,第821页。
③ 柳青:《美学笔记》,《柳青文集》(下),第766页。
④ 柳青:《二十年的信仰和体会》,《柳青文集》(下),第769页。

路遥的诸多随笔和演讲也反复强调生活的重要性。《严肃地继承这份宝贵的遗产》（1983年）讨论他们这一代作家如何继承"宝贵的革命传统和革命的理论遗产"：

> 我们必须遵照《讲话》的精神，深入到人民群众的实际生活和斗争中去，深入到他们的心灵中去，永远和人民群众的心一起搏动，永远做普通劳动者中间的一员，书写他们可歌可泣可敬的历史——这是我们艺术生命的根。①

和柳青一样，路遥强调"书写人民"。但是，在路遥这里，一方面，当他提及"人民的生活"时，并不将其作为决定作家个性乃至风格的"实践基础"，而是总要滑到对"不丧失普通劳动者的感觉"的强调上去：

> 人民是我们的母亲，生活是艺术的源泉。人民生活的大树万古长青……只有不丧失普通劳动者的感觉，我们才有可能把握社会历史进程的主流，才有可能创造出真正有价值的艺术品。②

路遥先后在《谦虚谨慎 戒骄戒躁》（1981年）、《作家的劳动》（1982年）、《不丧失普通劳动者的感觉》（1983年）、《在茅盾文学奖颁奖仪式上的致词》、《生活的大树万古长青》（1991年）、《发自内心的真诚》、《关注建筑中的新生活大厦》，以及《个人小结》等多篇文章中都反复强调"不丧失普通劳动者的感觉"。③ 在此基础上，作家才是一个"个体劳动者"。④ 换言之，路遥强调"生活"的基础，更强调"人民生活"实践中的感觉世界，以及与此相关的"体验"的重要性：

> 我对深入生活的理解：第一点要广阔，第二点要体验，不仅仅是

---

① 路遥：《严肃地继承这份宝贵的遗产》（1983年），《早晨从中午开始》，北京十月文艺出版社，2012，第140页。
② 路遥：《生活的大树万古长青》，《早晨从中午开始》，第91页。
③ 参见路遥《早晨从中午开始》第91、93、94、98、191、281页；王刚：《路遥年谱》，北京时代华文书局，2016，第241页。
④ 路遥：《早晨从中午开始》，第96页。

外在形态的体验,而更注重心理、情绪、感情上的体验。既要了解外部生活,又要把它和自己的感情、情绪的体验结合起来。……不注重自己的体验和感受,这是不行的。①

我不太注重有趣的故事,我注重的是感情的积累……所以,我认为深入生活,必要的采访是可以的,但重要的是要有感情体验的积累。②

另一方面,路遥所强调的"生活的学校",更多地带有"政治的学校"的色彩。他表示:"我把政治也当作生活,在我笔下,作家应该在驾驭一切,作家应该把政治生活也当作人类生活的一个组成部分来理解。"③城乡差异的历史背景和"武斗"经历对路遥的文艺观念产生了深远的影响,尤其是"武斗"经历之后,路遥的"思想发生了骤然的变化"④。《路遥传》忆及申沛昌和海波等人对路遥政治才情的肯定。⑤《人生路遥》指出:"综观路遥的创作实践,特别是《惊心动魄的一幕》发表和获奖之后的创作实践,有一个非常明显的特点:站在政治家的高度选择主题,首先取得高层认可,然后向民间'倒灌'。"⑥《路遥论》则深入《惊心动魄的一幕》的人物刻画,讨论路遥安排县委书记作为主角,和周小全式的红卫兵视角,是否可以表征出"武斗"经历对路遥的多重影响;同时细致地指出,"田晓霞特别启发孙少平不能只读文学书,还要关心政治和国家大事,读理论书,……"⑦可见,路遥创作过程中对"政治的学校"的践行,明显压过了他在文学观念中对"生活的学校"的强调,成为决定其创作倾向的

---

① 路遥:《东拉西扯谈创作(一)》(1983年),《早晨从中午开始》,第117页。《使作品更深刻更宽阔些》也表示:"我的作品,好多是因为引起了我感情上的强烈震动,我才考虑要把这种感情表现出来,才开始去寻找适合表现我这种感情的方式。"《文学报》1983年8月25日。
② 路遥:《东拉西扯谈创作(二)》(1984年),《早晨从中午开始》,第162~165页。
③ 参见路遥《文学·人生·精神》(1991年),《早晨从中午开始》,第241页。
④ 路遥:《致刘茵》,《早晨从中午开始》,第572页。
⑤ 厚夫:《路遥传——重新开启平凡的世界》,人民文学出版社,2015,第101~102页。
⑥ 《人生路遥》还回忆道,路遥"热心政治,从国际大事到国内政情,从地方大员的进退到单位领导的起落,事事留心,将之视为生活中的必需。……他认为作家首先应该是政治家,政治上不敏锐,不正确,不坚定,写得再好也是鸡零狗碎,小儿科……"参见海波《人生路遥》,广东人民出版社,2019,第48、174~175页。
⑦ 参见杨晓帆《路遥论》,第56、164页。

基础。

值得一提的是，陈忠实曾因短篇小说《信任》获奖发表感言《我信服柳青三个学校的主张》（1980年），该文结合《创业史》的人物刻画和自己的创作实践，强调柳青将"生活的学校"作为作家的第一所学校的深刻性。但是，陈忠实在罗列"三个学校"时将"政治的学校"置于最后："生活的学校，艺术的学校，政治的学校"。① 除了这一次引用柳青"三个学校"，全文再没有提及"政治"二字。和路遥时刻散发出的政治家激情不同，陈忠实一直避免提及"政治"，或是以一些具体事件进行表述。如前所述，"三个学校"的内涵包括其顺序排列，对于柳青而言，有着特定的理论意义。因而，从"柳青传统"来讲，无论是坚称走现实主义道路的路遥，还是早期坚持传统现实主义的陈忠实，都已走在了分化的道路上。

二 "真实性"之"生活的真实"

路遥在《柳青的遗产》中指出，柳青的作品"不仅显示了生活细部的逼真精细，同时在总体上又体现出了史诗式的宏大雄伟"；他"能把这样一些生活的细流，千方百计疏引和汇集到他作品整体结构的宽阔的河床上，使这些看起来似乎平常的生活顿时充满了一种巨大而澎湃的思想和历史的容量"；"只有少数天才才能把这两个方面统一起来"。② 在这里，路遥反复提到了"柳青遗产"中的一个重要的现实主义的问题：真实性，并将其和"史诗性"③ 结合起来。

---

① 陈忠实：《我信服柳青三个学校的主张》，《陈忠实文集》（第一卷），广州出版社，2004，第533页。
② 路遥：《早晨从中午开始》，第136～137页。
③ 柳青生前很少讨论"史诗"和"史诗性"，他更关注现实主义理论中的"典型论"和"倾向性"等问题。《创业史》等"十七年文学"的经典作品被称为"史诗"，更多是在写完之后被评论界"追评"出来的。不过，考察柳青的现实主义理论体系包括《创业史》（第一部）扉页的"作者说明"，可以发现他的史诗观和卢卡奇的认识（"史诗"是一种自我完满的状态）相去不远。本文出于论证方便和由于篇幅所限，仅提出结论性的讨论：路遥在写作时甚至写作前是有强烈的"史诗"意识的，他的"史诗"意识一方面外在地追求"全景""巨大"，另一方面内在地强调作家情感。参见〔匈〕卢卡奇《小说理论——试从历史哲学论伟大史诗的诸形式》，燕宏远等译，商务印书馆，2013，第25页。

现实主义理论及其实践，从恩格斯的提法，到《苏联作家协会章程》的规定，再到《在延安文艺座谈会上的讲话》的传播，在中国经历了一个"中国化"的成长过程。柳青在《美学笔记》中借助恩格斯的提法，详细地考察了"生活的真实和艺术的真实以及两者之间的关系"。[1]恩格斯说，"照我看来，现实主义是除了细节的真实外，还要真实地再现典型环境中的典型性格"[2]。柳青认为，恩格斯的提法是从亚里士多德到黑格尔，再到马克思主义对文艺的一个经典贡献，他具体解释道，"细节的真实"就是"生活的真实"，就是逼真，让人没办法产生怀疑；"典型环境中的典型性格"是"艺术的真实"，是一种更高的真实。现实主义本质上就是"生活的真实"和"艺术的真实"之间的关系问题。"典型环境"就是"典型的矛盾冲突"；"典型性格"则是具备阶级特征（社会意识方面的）、职业特征（生活方面的）和个性特征三者的融合渗透关系，三者活生生地结合在一起，缺一不可。艺术的创造过程就是人物性格的三个特征的"典型化"的过程。也就是说，小说人物在故事中不应是一个固定的、呆板的、机械的模式，而是有一个成长和发展的过程，因而英雄人物的血肉是逐渐丰满起来的，尤其是农民革命英雄的塑造，应该有一个典型化的成长过程，而且直到小说最后一章才能完成其典型化的塑造过程。[3]

对"真实性"问题（关系）的阐释是柳青的现实主义理论的重要内容。路遥对"真实性"问题的理解，虽不及柳青的系统和理论化，却也表现出一个现实主义作家的敏锐性。首先，是对"柳青遗产"的准确把握。《路遥论》指出，《柳青的遗产》概括了柳青的现实主义文学遗产及其写作姿态。[4] 不过，《柳青的遗产》一文提及的"生活细部的逼真精细"和"生活的细流"，更接近恩格斯所说的"细节的真实"，也就是柳青所讲的

---

[1] 柳青：《美学笔记》，《柳青文集》（第四卷），人民文学出版社，2005，第277页。
[2] 中共中央马克思恩格斯列宁斯大林著作编译局编译《马克思恩格斯选集》（第四卷），人民出版社，2012，第579页。
[3] 参见柳青《美学笔记》，《柳青文集》（第四卷），第277页。
[4] 杨晓帆：《路遥论》，第153页。

"生活的真实"。《路遥的时间》回忆清涧县文化局局长白生川"对号入座"石圪节书记白明川,或可说明路遥对"生活的真实"的"逼真"把握。① 其次,是对塑造"社会主义新人"的认识:

> 现在提倡写改革者形象,写社会主义新人,如何认识社会主义新人呢?我的看法,是不管这人物多么先进,但他的成长是有一个过程的。一个社会先驱,首先要刷新自己才能对社会做出贡献,而人们往往只看到他与社会的矛盾冲突,而看不到他自身的矛盾冲突,作品应让读者看到他们是如何战胜自己而成为英雄的。认真考虑一下,任何英雄模范都要经历艰难的历程:他要现身于社会就要完善自身,而这种完善自身的过程往往是非常艰难的。文学作品中应该揭示的正应该是先进人物的这一过程。②

从路遥这段"看法"来看,一方面,路遥确认了柳青所讲的"英雄的血肉是逐渐丰满的",社会主义新人的成长有其艰难的过程;另一方面,不同于柳青强调的人物性格三个方面共同的"典型化"过程,路遥更强调三个方面中的人物"自己"和"自身的矛盾冲突"。换言之,路遥和柳青虽然共享了一套"典型化"的理论体系,但是,柳青小心翼翼地注意平衡结构中三个方面的力量,路遥则不惮于打破这种平衡,意欲突出其中一方面的力量,甚至将"人物自身"这一方面的力量作为结构整体。

三 路遥的"倾向性"

路遥对"真实性"问题的看法和他的作家倾向观是联系在一起的。"倾向性"问题在恩格斯讨论"真实性"前就被提了出来:作家的"倾向应当从场面和情节中自然而然地流露出来,而不应当特别把它指点出来"③;"作者

---

① 航宇:《路遥的时间》,人民文学出版社,2019,第69~70页。
② 路遥:《东拉西扯谈创作(二)》(1984年),《早晨从中午开始》,第161页。
③ 《马克思恩格斯选集》(第四卷),第579页。

的见解越隐蔽，对艺术作品来说就越好。我所指的现实主义甚至可以不顾作者的见解而表露出来"。① 恩格斯认为，一部具有社会主义倾向的小说只要能够描写出真实的现实关系，即使作者没有提出什么解决办法，甚至没有表明自己的立场，这部小说也算是完成了使命。柳青发展了这一观点，他提出作者越隐蔽越好，实际上就是说以人物为主位，表现其心理、思想、感情和情绪，而非叙述；而且作家的技巧本身也应"隐在生活后面。使技巧不显眼，人们的全部感觉被生活的气氛和思想所控制"。② 路遥早期在各种公开场合讨论现实主义创作时，也认同要隐蔽作家倾向的重要性，并将之应用到构思作品的技术层面：

  对于作家的倾向性，咱们已经习惯于看他怎样赤裸裸地去赞扬什么，批判什么。我认为，一个作家的倾向性应该包含在作品的整体构思中。我的倾向性，表现在《人生》的整体中，而不是在某个地方跳出来，把高加林批评一顿。③

  好的作品应隐蔽一些，一开始是这样，中间却发生了读者意料不到的大转折，而这种变化，你不能让读者一开始就感觉到。要善于隐蔽情节的进展和矛盾冲突的进展，当第一个跌宕完了的时候，读者的心就要被你完全抓住。④

  作者是从社会的角度来评判、来检讨的，没有从个人的好恶出发去臧否人物，这是一种历史的俯瞰。……这是很不容易的。⑤

《人生路遥》指出，路遥"认为文学是历史的镜子，应该放在历史的大背景下构思，不但要反映现实，更要写出趋势（倾向性）"⑥。《平凡的世界》之后，路遥在《早晨从中午开始》中也表示："作品中将要表露的对某些特定历史背景下政治性事件的态度，看似作者的态度，其实基本应

---

① 《马克思恩格斯选集》（第四卷），第590页。
② 刘可风：《柳青随笔录》，《现代中文学刊》2018年第2期。
③ 路遥：《关于〈人生〉的对话》（1983年），《早晨从中午开始》，第147页。
④ 路遥：《使作品更深刻更宽阔些》，《文学报》1983年8月25日。
⑤ 路遥：《无声的汹涌》，《早晨从中午开始》，第213页。
⑥ 见海波《人生路遥》，第175页。

该是那个历史条件下人物的态度;作者应该站在历史的高度上,真正体现巴尔扎克所说的'书记官'的职能"。但是,路遥又明确表示:"作家……必须作出哲学判断(即使不准确),并要充满激情地、真诚地向读者表明自己的人生观和个性。"①

因此,《平凡的世界》的创作过程,和他早先习得的关于作家倾向的现实主义理念之间有着明显的"裂缝",作为作家的路遥的倾向性因其极为强烈的情感诉求而没办法隐藏起来。不过,路遥既没有像柳青一样,逐渐通过人物视角表达作家的情感态度,也不直接用单数第一人称"我"来插入作者视角,有时会借助复数第一人称"我们"来表达其强烈的感情倾向:

> ……在正常的环境中,人们一定会把这两个司机看做是疯子。可是,我们不愿责怪他们,也不愿嘲笑他们。如果我们自己有过一些生活的阅历和感情的经历,我们就会深切地可怜他们、同情他们,并且也能理解他们这种疯狂而绝望的痛苦……②

以"我们"代替"我"表达作家情感倾向,这样处理的好处如白烨所言,将读者由局外引入局内,使得"'我'(作者)、'你们'(读者)和'他们'(作品人物)都处于身历生活和思考人生的同一过程中",使得小说有了"历史性"和"参与性"。③ 也应看到,"我们"的使用,正是以一种更为显眼的方式宣告了作家隐藏其倾向性的失败,也使得路遥的创作在很大程度上背离了传统的现实主义理念。

结合路遥对"生活的学校"的"感觉(体验)"的强调,对"真实性"问题中"人物自身的矛盾冲突"的强调,有助于理解路遥的倾向性为什么会四处流溢。较之以柳青为代表的传统现实主义作家将作家倾向隐藏

---

① 路遥:《早晨从中午开始》,第 20 页。
② 路遥:《平凡的世界》(第二部),北京十月文艺出版社,2012,第 274 页。
③ 白烨:《力度与深度——评路遥〈平凡的世界〉》,《文艺评论》1991 年第 4 期。《路遥论》从另一个角度,结合 20 世纪 90 年代个人化写作潮流,肯定"我们"对"自我"的反拨功能。见杨晓帆《路遥论》,第 224~226 页。

于历史本质的发展倾向当中,路遥在追求历史本质的过程中,更强调作家的自我教育、自我反思能力的养成,及其参与历史发展的主动姿态。他在《个人小结》中表示:"我首先看重的不是艺术本身那些所谓技巧,而是用自我教育的方式强调自身对这种劳动持正确的态度。"① 又如《作家的劳动》中,作家应有进取精神和更为可贵的"自我反省的精神";② 再如《早晨从中午开始》中反复提及的自我反思和自我教育的细节。③

从以上几个方面的梳理,可以看出,路遥深谙导师柳青秉持的现实主

---

① 三日后,路遥修改这句话为:"我认识到,文学创作从幼稚趋向成熟,没有什么便利的那些所谓技巧,而是用自我教育的方式强调自身对这种劳动持正确的态度。"参见厚夫《路遥传》,第297页;王刚《路遥年谱》,第240~241页。《路遥传》梳理出路遥在几个人生转折阶段的自我教育细节:上延川中学事件后,他明白"自己的事件自己办,自己命运自己安排"的道理;仕途无望和初恋失败后,"为自己戴孝";路遥和林达谈恋爱期间,回应海波"一个人要做成点事,就得设计自己,先得确定目标……"。见厚夫《路遥传》,第33、64、84页。

② 路遥:《作家的劳动》,《早晨从中午开始》,第98页。

③ 除了八次提及"柳青",《早晨从中午开始》以更多的次数琐碎地提到了自我反思和自我斗争(或许和路遥以第一人称书写有关)。主要整理如下。
"我们常常看到的一种悲剧是,高官厚禄养尊处优以及追名逐利埋葬了多少富于创造力的生命。当然,有的人天性如此或对人生没有反省的能力或根本不具有这种悟性,那就另当别论了。动摇是允许的,重要的是最后能不能战胜自己。"(第9页)
"是的,拳击台。对手不是别人,正是自己。"(第32页)
"不允许外来的干扰,也不允许自己干扰自己。"(第35页)
"认定你在做一件对你来说是前所未有的工作,甚至是做一件前无古人的工作。不论实质上是否如此,你就得这样来认为。……只有在这种'目中无人'的状态下,才可能解放自己的精神,释放自己的能量。……这样的时刻,所有你尊敬的作家都可以让他们安坐在远方历史为他们准备的'先圣祠'中,让他们各自光芒四射地照耀大地。但照耀你的世界的光芒应该是你自己发出的。……你是作家,也是艺术家;你塑造人物,你也陶铸自己;你有莎士比亚的特性,你也有他笔下的哈姆雷特的特性。"(第36~38页)
"我悲伤而惆怅地立在煤堆旁。我明白,我来这里是要接某个臆想中的人。……我对自己说:'我原谅你。'"(第50页)
"要格外珍视自己的工作和劳动。……你没有继承谁的坛坛罐罐,迄今为止的一切都是靠自己的劳动所获。应该为此而欣慰。"(第69页)
"坚持要干的我开始说服犹豫不决的我——不是说服,实际上是'教导'在这种独立性很强的工作中,你会遇到许多软弱动摇甚至企图'背叛'自己的时刻。没有人给你做'思想工作',你干与不干,干好干坏都与别人毫不相干。这时候,就得需要分裂出另一个'我'来教导这一个'我'。我当时是这样'教导'我的:……"(第78页)
"我看见自己泪流满面。……我向另一个我表达无限的伤心、委屈和儿童一样的软弱。而那个父亲一样的我制止了哭泣的我并引导我走出卫生间。"(第88页)
另,《路遥论》(第267~268页)整理出《早晨从中午开始》5次提及"柳青"之处,本文翻阅到尚有其他3处,分别见《早晨从中午开始》第28、46、78页。

义理念及其运作机制，却"故意"张扬他作为作家的情感态度倾向，展示其积极主动的姿态。① 于是，路遥小说在他声称坚持"现实主义"创作精神的同时，既显现出现实主义的开放性和多样性，又促进了现实主义和现代主义之间的互动关系。路遥小说中的人物性格天然地分为具有和不具有自反精神两类，他们不再像柳青作品中的人物一样，出于阶级特征、职业特征和个性特征的综合考虑，有其自然的动态的历史发展过程，并且为当时的"社会主义改造"留出空间。由于失去这种历史发展的连续性的"质的规定性"，路遥小说的人物心理开始趋于片段化和碎片化，并且出现了"疯子"的形象。前者如田海民老婆银花的心理刻画，路遥强调她"天性就是如此"，自己为自己，其他人都是"外人"；并明确表示其作家态度，"这是农村新萌发的'现代意识'"（《平凡的世界》第三部，第四十一章）。后者则是田二父子。"疯子"是现代主义的产物，或者说，传统现实主义的创作因强调有理有序清晰明了的塑造原则，而无法进入"疯子"的内心活动，唯其借助现代主义的心理表现才能刻画"疯子"的形象。②

柳青在探索"古典的传神手法"的过程中，也曾担心过分使用这种手法不利于水平较低的群众阅读，和"群众化"有距离，因此在使用这种手法表现人物心理时比较节制和谨慎，并且强调应该让类似的文学技巧也隐在生活后面。《创业史》几个版本的修改过程，也是主要出于这一方面的考虑。柳青对于洲之内彻所认为的"以心理主义、人物分析为基本创作方法的'西化'，是文学现代化的'宿命'"③持一种警惕的态度。路遥则较为开放，他在《人生》之后的演讲中提及"现实主义与现代派的问题"时讲："现代派的手法于我们有用的必须吸收。……说不定有一天我在自己

---

① 路遥自称："……我认为我的生活底子，我的语言能力，我的理论基础按说是很厚实的。特别是在理论方面，要比同时代的作家扎实得多……"王作人：《难忘路遥》，《路遥传》，第330页。
② "憨汉"田二父子除了"疯癫"，父亲还具有"预言"功能：世事要变了；儿子只说"爸爸爸"。韩少功《爸爸爸》中丙崽也说"爸爸爸"。《爸爸爸》发表于《人民文学》1985年第6期，描写田二父子的《平凡的世界》第一部发表于《花城》1986年第6期。
③ 洪子诚：《文学史中的柳青和赵树理（1949—1970）》，《文艺争鸣》2018年第1期。

的作品中会用现代派手法去表现。"① 《平凡的世界》中已经显示出了现代主义的创作面向。《平凡的世界》之后,路遥或许曾设想过要写一部旗帜鲜明的现代主义小说。②

---

① 路遥:《东拉西扯谈创作(一)》(1983年),《早晨从中午开始》,第123页。
② 路遥《业务自传》(1989年1月5日)提及:"今后准备继续深入到生活之中,同时集中一段时间,更深入地研究中国历史和世界历史,广泛地研究西方现代派艺术的源流,在此基础上确立自己的'第三段创作'。"见厚夫《路遥传——重新开启平凡的世界》,第297页。另,2017年11月延安大学"路遥会"上,海波提道,路遥曾对他说,《平凡的世界》之后,如果要创作下一部长篇小说,就是现代主义的。

历史的转轨镜头的慢放

——读杨晓帆的《路遥论》

李玫玫[*]

摘　要　不论是早期的评论中，还是近年来丰富多元的研究中，城乡"交叉地带"和"现实主义"都是进入路遥文学与思想世界两个绕不开的关键节点。杨晓帆的《路遥论》超越了城市/乡村、现代/落后等二元对立的思考路径，为路遥研究搭建了一个更为宏阔的历史语境，将他放在五六十年代的延长线上去考察，以"柳青的遗产"——"十七年"文学传统——为历史参照，推进了对路遥的"现实主义"、对社会政治转型时期的城乡关系的认识的研究。处于"重返80年代"的研究脉络中，本书既有宏观的视野，也引入了丰富的社会史细节，在不少方面给人启发：路遥的创作不仅体现了一种沟通"十七年"与"新时期"的努力，在他对现实主义的主动选择中或许还蕴含了重新建立某种"共同体"的可能。

关键词　《路遥论》　"交叉地带"　现实主义　"共同体"

一　两个语境、一种"错位"

路遥的小说在严肃文学中是可以被列入畅销或长销行列的，在很多不同类型的图书排行榜上位置也非常靠前（如某些高校图书馆的图书借阅

---

[*] 李玫玫，女，1994年生，华东师范大学中国语言文学系硕士研究生。从事中国现当代文学研究。

榜、豆瓣图书排行榜等）。路遥的小说触碰了千千万万的人心、改变了千千万万人的命运，他的《惊心动魄的一幕》、《人生》和《平凡的世界》曾获得第一、第二届全国优秀中篇小说奖和茅盾文学奖。然而跟他在读者中的巨大影响不同，他在文学史叙述和学院研究中却长期处于边缘地位。一些人认为路遥的作品并不好，认为他没有文学感，没有审美价值，够不上"文学"；而"《北京晚报》记者与网络段子高手、最佳'妖蛾子'女作家王小柔对话，她说：'感谢出版社，很争气地给我出了一本又一本，让我们家人都觉得'文学'完了。算上至爱亲朋，没一个人看我的书，因为他们很认死理儿地觉得，只有路遥啊王蒙啊等写的书才叫文学。'"[①] 这两个意见虽然有时间差，但它们都给这种不容忽视的"路遥现象"带来一个问题：路遥小说的现实主义写作手法因其沉重感和严肃感在一些读者看来是真正/正统的文学形式，而在一些读者看来却够不上"文学"的评价标准，如何看待这里面的评价差异？

在路遥逝世20周年之际，有人这样深情地回忆道："第一次看《人生》，看到巧珍对高加林说：'我看见你比我爸和我妈还亲。'我震住了，不能呼吸了。怎么把这么真实的话都写出来了？这不符合'道德'啊！那个时候我才二十几岁，心里和巧珍想的一样，那是真真的爱情啊！可发出的声音绝对是爹娘重要。文学的真，生活的实，在路遥的小说里是那么合情合理。"[②] 而在学术界，"我和一部分博士生同学讨论过'新时期文学'中的路遥现象这个话题。他们认为，以他《平凡的世界》为代表的现实主义小说，对更为复杂的社会现实的理解和叙述确实存在着过于简单化、理想化的问题"[③]。

在这里，业余读者或专业研究者对路遥笔下表现的现实是不是"真实"这一点的关注，同样揭示了"路遥现象"中这个重要的问题：在"伤痕文学"潮流期间，他写的是《基石》、《优胜红旗》、《不会作诗的人》、

[①] 高玉涛：《路遥的影响——一段尘封了20多年的往事》，《收藏界》（路遥专号）2012年第11期。
[②] 倪萍：《想》，《收藏界》2012年第11期。
[③] 程光炜：《文学讲稿："80年代"作为方法》，北京大学出版社，2009，第35页。

《青松与小红花》、《夏》和《惊心动魄的一幕》等与"文革""有染"，歌颂社会主义劳动者、基层干部和知识青年优秀品德和美好友谊①的短篇小说；在"反思文学"潮流下，他写的是《人生》、《你怎么也想不到》和《黄叶在秋风中飘落》这样表现现实生活及道德观的中篇小说，在现代主义席卷而来之时，他以生命为代价、以近乎受难的精神专心写作《平凡的世界》这部坚持现实主义写作方法的"巨著"。他敏感地预见了"伤痕文学"即将面临的危机，认为这种控诉的声音必将被高层扭转，而对正面共产党人的歌颂是一种扭转的方式，实际上显示出了一种超前性，而在"正流行现代主义"的那些年，"中国人饥饿了多少年，眼睛都是绿的。读小说，都是如饥似渴，不仅要读情感，还要读新思想、新观念、新形式、新手法。那些所谓意识流的中篇，连标点符号都懒得打，存心不给人喘气的时间，可我们那时候读着就很来劲"②，路遥的《平凡的世界》"守旧持常、土得掉渣"，让人根本读不下去，应该如何认识他这种比之时代的"超前"或"落伍"？如何重新认识现实主义？

完全没有文学性，还是具有高度的文学性？实在是太真实，还是只不过是理想？我们可以清楚地看到，对于路遥的认知在两个语境中出现了同样一种偏差或错位。今天的我们，如何去理解路遥对于城乡的书写？如何去理解他的现实主义？

二 "重返80年代"视域中的"路遥现象"

"'80年代'文学被看作对'十七年文学'和'文革文学'的'历史性超越'，是一种'断裂'，它意味着中国当代文学的又一次意义深远的'转型'。"③ 从2005年底开始，程光炜在中国人民大学开设博士生课程"重返80年代"，回到历史现场，系统地对80年代文学、文化、社会进行考察，路遥也随之进入了这项研究的视野，杨晓帆的《路遥论》就是在这

---

① 李星：《在现实主义的道路上——路遥论》，《文学评论》1991年第4期。
② 周昌义：《记得当年毁路遥》，《文艺理论与批评》2007年第6期。
③ 程光炜：《文学讲稿："80年代"作为方法·前面的话》，北京大学出版社，2009，第1页。

一研究脉络下的重要成果。这本由作家出版社 2018 年 5 月出版的路遥研究专著是在杨晓帆求学于中国人民大学时的博士学位论文《"柳青的遗产"："交叉地带"的文学实践——路遥论》(2013) 的基础上形成的。这本书对以上问题进行了回应，其对具体作家作品的研究对"重返 80 年代"有很大的推进。

查建英《八十年代：访谈录》书后列出了与 20 世纪 80 年代有关的常见词："激情""文化""启蒙""真理""思想""人文""使命感"……而伴随着 90 年代到来的是"现实""利益""金钱""市场""世故""时尚""焦虑"[①]……当代社会面临着"道德危机和主体神话的幻灭"[②]。但不管 80 年代如何向 90 年代演变，城市/乡土、现代文明/传统愚昧的二元对立在路遥研究中一直是一种支配性视角。站在现代化的立场上赞扬高加林们的进城追求也好，在对现代化意识形态存在的问题进行反思时挖掘路遥小说的乡土文化价值也好，都没有跳出这个框架，正如杨晓帆所说："一些二元对立的思维模式，如'文学/政治''现代/传统''形式/内容'等，常常限制了路遥研究的拓展空间：一方面，在文学如何反映城乡关系的问题上，受西方现代性理论影响，研究者习惯于在传统乡土社会受现代冲击后何去何从的大叙事中，讨论路遥创作的文化意义。这种思路虽延续了'乡土小说'的研究传统，却难以细致区分路遥与'十七年'农村题材小说、八十年代'寻根文学'思潮，以及九十年代后城乡叙事等不同脉络的问题关联，也容易忽略路遥关于'交叉地带'认识形成的独特历史经验。另一方面，按照新时期以来'去政治化'氛围中逐渐形成的'纯文学'标准，路遥的语言形式、主题先行等特征都必然成为他审美价值不高的软肋。虽然研究者已在作家姿态、读者意识等方面重建路遥的意义，但还是没有真正以路遥为方法，更新我们关于'文学'的认识。"[③] 杨晓帆在对以往研究的评述中已经带出了她的研究所关注的两个要点（也是以往研究常常关注的要点）：路遥对于城乡"交叉地带"的书写与他所采用的现

[①] 查建英：《八十年代：访谈录》，生活·读书·新知三联书店，2006。
[②] 杨晓帆：《路遥论》，作家出版社，2018，第 13 页。
[③] 杨晓帆：《路遥论》，第 229 页。

实主义创作方法。

在 2011 年中国人民大学举办的"路遥与 80 年代文学的展开"研讨会上，罗岗提出："高加林和 80 年代的展开是一条线，但是还有一个我们更关注的问题是，在五六十年代的延长线上他是一个什么位置？"① 并且形容路遥是"卡在其中，而且始终没有转过身来"。《路遥论》便以"柳青的遗产"为历史参照，如慢镜头一般给我们还原了这个从五六十年代到 80 年代的"转身"，带我们看到了很多在历史快进中滑过的矛盾的细节。

不管是被称为"饥饿文学"的《在困难的日子里》，还是《人生》《平凡的世界》，都始于柳青《创业史》失败的地方。如果说柳青是在论证社会主义的合法性，那么路遥的人生与他的创作就处于社会主义危机的时刻。《路遥论》处理的对象从路遥早期的小说《父子俩》到临终前的创作随笔《早晨从中午开始》，几乎将他的创作"一网打尽"，可以说是对他一种系统全面的解读。在这样的思考逻辑下，第一章"'理想性'历史缘起：1960～1970 年代的经验与叙述"就相当有分量。在这里杨晓帆选取了与路遥自身经历有互文关系的文本，对学界谈论不多的路遥早期小说有着独到的分析，更重要的是，杨晓帆在这里对路遥与"文化大革命"的关系给予了极大的关注，这在以往的研究中是比较少见的。《基石》《优胜红旗》《惊心动魄的一幕》等，塑造了有"文革"文学气质的社会主义新人和为了人民与大义牺牲了自己的共产党干部形象。路遥曾是延川县造反派组织红色第四野战军的头头，不到 20 岁就做了延川县革委会副主任，他的红卫兵武斗经历对他来说至关重要。作为一个农村知识青年，"在这条红卫兵之路的尽头，路遥初次以短暂的'公家人'身份洗去了身上的黄土"②。红卫兵经历是他克服城乡差距、成为城里人的一条道路。说到农村知识青年，杨晓帆在这里还抓住了路遥的"知青"身份并且是返乡知青这一点，将其与插队知青区分开来进行考察。在这样的思路下，她分析出《父子俩》是一个"扎根故事"，描写男女爱情的《姐姐》不是一个简单的当代

---

① 程光炜、杨庆祥编《重读路遥》，北京大学出版社，2013，第 239 页。
② 杨晓帆：《路遥论》，第 60 页。

陈世美般"始乱终弃"的故事,里面蕴含了返乡知青与插队知青之间容易被人忽视的巨大的隔膜、无法克服的差别,如此一来,路遥早期的小说跟"伤痕文学"显示出不一样的问题关切:如果说"立民们的旧伤"算是带有"伤痕文学"色彩的知青的创伤,那么"姐姐们的新的阵痛"则是一种新的危机——《姐姐》结尾中那落雪的、预示丰收的土地与"遥远的清平湾"等同具魅力,然而一个是深情的回望,一个却是"洗不掉的出身"、不得不回归的宿命。不同于"姐姐"的被抛弃,《青松与小红花》中的男女则在不得不承认这种差别后选择牺牲爱情,与《夏》一样,跨阶层的婚恋矛盾在小说结尾表现出了一种表层的"和解"。

同样是对"交叉地带"、城乡关系的探讨,杨晓帆在这里将路遥的文学实践放到了一个更为开阔的历史视野中,即"五六十年代的延长线"上。社会主义实践所承诺的平等政治、城乡差别并没有被克服,"十七年"文学传统也难以克服越来越严重的城乡问题。这些小说已经暗示出"这种关于歧视的'隐蔽的政治',在七八十年代转型的历史节点上如何被逐渐公开化、合法化、自然化的过程"[①],如此一来大大地丰富了对路遥小说中"交叉地带"的认识,也为讨论路遥对城乡关系的认识和现实主义的内涵开了头。

路遥继承了对柳青"改霞问题"的思考,让他的高加林"进城"了。"有人说他是利己主义的奋斗者,有人说他是社会主义的农村新人,也有人说他是成长中的农村知识青年,说他是……他成了一个众说纷纭的人物。"[②]高加林这个形象一诞生,就在评论界引起立足于"革命"和"现代化"两种话语的争议,而小说本身也支撑了这种混杂性。现实主义的《人生》引起了轰动、获得了好评,路遥却面对新的现代主义的潮流,拉开了长达六年的艰苦"劳动",写出了《平凡的世界》,比之《人生》,似乎是一种"后退"。同《人生》与《平凡的世界》的混杂性与包容性一样,杨晓帆在通过对这两部小说的分析解读继续讨论城乡"交

---

① 杨晓帆:《路遥论》,第66页。
② 李劼:《高加林论》,李建军、刑小利编选《路遥评论集》,人民文学出版社,2007,第51页。

叉地带"与现实主义问题的两个章节中,多处出现这种中正的评价:辨析了众多的"高加林论",她认为高加林既(不)是社会主义新人,又(不)是个人主义的奋斗者;他当然不是于连,却也不再是梁生宝。孙家兄弟也是如此:路遥既没有让孙少平"成为地道的城里人或高加林那样摇身一变的精神贵族,也没有让他成为一个普通的揽工汉或庄稼人"①,"孙少平的苦难哲学并非弱者的'精神胜利法',也绝不同于后来'新写实'小说中那种麻木承受琐碎生活的'过日子哲学'"②。孙少安既是一个家业殷实的"暴发户",也是一个精神富裕、有尊严、工于算计的好人。在《平凡的世界》中,传统乡土社会重家庭伦理的礼俗规范、强调集体主义与平等诉求的革命伦理、尊重个人权利与日常生活价值的新时期意识融合在一起,使得"孙少平的苦难哲学始于知识启蒙后的个人追求,终于煤矿工人集体的精神互助;孙少安的家业理想始于解放个体经济的盖房娶妻,终于参与乡村公共建设的光荣"③。……如前面所述,这种"既(不)……又(不)……"式的评论很贴合小说塑造人物和传达思想精神的"中庸之道",但这并不意味着研究者就没有偏倚。她认为《平凡的世界》是一种"极力弥合历史断层的文学叙述",在认同后来的人们对它"过于保守又对现实缺乏批判能力"的评价的同时,却还是赞扬它有"文学自觉参与改革政治实践的历史意识",从而获得了更多与时代持续对话的空间。④

三 路遥与改革时代的中国社会

然而,什么才是改革转型时期中国农村真实的面貌?什么才是在中西文化之辩的化学反应中重生的、合乎当代意识的中国文学?这样的对话能持续多久?这样的文学如何具有应对现实的力量?最后一章"城乡之辩、

---

① 杨晓帆:《路遥论》,第170页。
② 杨晓帆:《路遥论》,第171页。
③ 杨晓帆:《路遥论》,第219页。
④ 杨晓帆:《路遥论》,第193页。

中西之辩与1980年代的现实主义危机"就讨论了这些问题。杨晓帆在这里将路遥与其他陕西作家进行对比研究。她没有宽泛而谈，而是将比较对象聚焦于贾平凹表现改革背景下乡村生活的《浮躁》，认为从改革初期孤胆英雄式的路线斗争，到四次"文代会"后更着重写普通人自觉的改革意识，再到1985年后关于民族传统文化的心理探寻的这一"新时期"改革文学发展路线，最终选择了贾平凹，而不是路遥。

与"文化/寻根派""先锋/现代派"的选择不同，路遥塑造的高加林，尤其是孙少安、孙少平等改革时代的知识青年主体与路遥作品的大众阅读主体之间有着更多的共鸣。

中国的改革仿佛一个巨人的转身，它转得太快了，在80年代很难预测90年代的事。就像黄平不止一次强调的：90年代乡镇企业的倒闭和矿难频发，使得孙少安和孙少平始终是"世界"之外的零余者，"故而，孙少平是'80年代'一个残留的神话，在'改革'肇始的含糊、犹疑、未完成中保持着复杂的面向"。[1] 不过，"含糊""犹疑"或许是我们站在今天这个后设的立场所看到的改革初期的面貌，在路遥那里未必如此。他对"柳青的遗产"自觉的继承，在社会主义现实主义这条道路上继续思考知识青年的选择问题、三大差别问题，是因为他认识到这一点——"社会主义实践的失败"与"社会主义的失败"是两码事，改革初期在他那里未尝不是一种新的社会主义实践。蔡翔在谈到社会主义危机的时候提出如何来看待"拨乱反正"："乱"是什么？"正"是什么？他认为，在"前三年"，"拨乱反正"拨的是"文革"的"乱"，反的是"十七年"的"正"[2]。在这个意义上，路遥的思考表现了对改革的设想，他的文学表现了对改革的规划，从而提供了一种沟通"十七年"与"新时期"的可能。

这种"沟通"不是仅仅把过去的经验与将来的规划拉在一起，在路遥看来这至少还是一段"过渡"，而且特别必要。在创作《人生》的同时，

---

[1] 黄平：《"问题在于改变世界"——重读〈平凡的世界〉》，《当代文学研究资料与信息》，2009年5月，第44~45页。
[2] 蔡翔、罗岗、倪文尖：《文学：无能的力量如何可能——"文学这三十年"三人谈》，孙晓忠编《巨变时代的思想与文化：文化研究对话录》，上海书店出版社，2011，第163页。

路遥写下了标为"一九六一年纪事"的《在困难的日子里》，别人评价它为"饥饿文学"，路遥却申辩自己写的是"另一种意义上的温饱"——同是现实主义的小说，人们却更愿意接受高加林的"现实"而非马建强的"理想"，"1981 年"的读者已经无法理解"1961 年"的马健强。高加林的痛苦与追索在人们看来更加真实，马建强那种强韧和超越阶级的友爱互助却被认为是一种理想的"乌托邦"。《平凡的世界》中那位叫作"黑白"的老作家（这个人物虽不一定就是以柳青为原型，但与之十分相像），面对改革感叹自己花了毕生心血写出来的《太阳正当头》，本是为人民公社化运动做证明的，结果却被证明完全错误和落伍了。在小说外，梁生宝也成了一个不被人理解的人物形象。一种新道德——一种"新人"产生的背后，是一种新的社会制度，这种社会制度在相当长一段时间嵌入人们的日常生活中之后，人们就不会特别在意那种"新人"的独异性和理想性，而会将这种道德看成这个时代的"善"。毛泽东说"六亿神州尽舜尧"，不仅是出于他一直以来的人民革命史观，也是在人民取得胜利的具体语境下说的[①]，这就很有意味：这样的说法尽管非常激励人心，可是从我们的经验来看就容易让人犯嘀咕——"六亿神州"自然不是"乌合之众"，"舜尧"也并不就是"精英"，然而从"人"到"舜尧"，从一种大众主体到另一种大众主体，是不是需要一个制度实践的过渡？

所以如果要为杨晓帆这本书第三章中的"既……又……"做一个论述上较为偏斜的延伸，可以说，路遥在塑造了一个让人"又爱又恨"的高加林之后，似乎以一种倒退的姿态塑造了孙少平，是为改革这个社会主义新实践塑造了一个"新人"，他在从多多头到小二黑再到梁生宝的序列里，会随着这个新实践一起成为改革时代的"善"。

然而，这个连接还没有相当的"过渡"就被跳过了。路遥给我们留下的是一个"前有古人、后无来者"的艰难的转身，一个"现实主

[①] 《七律二首·送瘟神》是毛泽东在 1958 年从《人民日报》得知余江县消灭血吸虫之后写下的诗，其二原诗为："春风杨柳万千条，六亿神州尽舜尧。红雨随心翻作浪，青山着意化为桥。天连五岭银锄落，地动三河铁臂摇。借问瘟君欲何往，纸船明烛照天烧。"

义绝唱"①。

不管怎么说，孙少平这个人物在今天依然是许许多多普通人踏入生活、理解生活的精神支柱。路遥的意义不仅在于显示了一种关于新的社会主义实践的规划，还为我们描绘了一种新的共同体。他的作品不一定是很伟大的文学，但一定是有力量的文学。他经过深思后主动选择了现实主义，在他的小说里，人物从文学中获得生活的力量和看待生活的眼界；在小说外，我们作为他的读者，共享着一种超越平庸的精神资源。

"与其说《平凡的世界》的主人公是孙家兄弟，不如说是双水村、原西县、黄原市，乃至整个改革时期的整个中国社会。"② 这并不是对《平凡的世界》现实主义特点的描述，一部现代主义、象征主义的作品也可以具有这样的特点，它予人以启发的是——文学以怎样的方式结构自身，并赋予时代一个伟大的形式？我想起不久前又观看了一遍经典昆曲《桃花扇》，《桃花扇》的主人公是李香君与侯方域吗？当然是。但是它有一个更大的框架，《桃花扇》的起源，是那面对残山剩水的一腔碧血，然后才有了扇上的点点桃花，然后才有了以扇结缘的才子佳人侯方域和李香君。不论是"传奇"还是"平凡"，它们都没有离开时代最核心的东西，或许这就是中国文学传统里"中国式"/"民族形式"的所在吧，它有一个很大的"入世"背景。我们看到了文学这个结构能指背后的所指，就会进一步想到，当我们在讨论文学中的"真实"时，其实是关于"真实"的标准的讨论。

这也影响了我们对社会与生活的认识结构。不过，虽然我们对于"真实"的认识有可能各执一词，但经过这么多年塑造起来的大众阅读

---

① 语出邵燕君《〈平凡的世界〉不平凡——"现实主义常销书"生产模式分析》："目前的现实主义作品深为人诟病之处就在于廉价肤浅的人道主义和缺乏批判立场、价值观念模糊。现实主义作品如果失掉了内在坚实的价值系统，其结果只能向两个方向发展，一个方向是平面展现、罗列现象，成为新的'问题小说'，如果所写问题有新闻性，可能成为畅销书。另一个方向是向主流意识形态靠拢，回到'喉舌'、'工具'的位置，这两者从'新时期'以来文学的发展轨迹上看都是倒退。这样看来，路遥当年抓住宝贵的'黄金时光'在回归经典的道路上一意孤行，所达到的也许是'顶峰'，所留下的可能是'绝唱'。"《路遥评论集》，第322页。

② 杨晓帆：《路遥论》，第185页。

趣味和精神结构发挥着巨大的作用。拿"潘晓来信"来说,高加林和孙少平的问题就溢出了潘晓的问题。"潘晓来信"的焦虑与言说方式都有着浓重的"伤痕文学"的色彩,如果说"共同的美"突然被抛到"人"这个概念是"人生的路为什么越走越窄"的重要原因[1],那么路遥在面对这些种种时,想要做的是探索重新建立起一个"共同体"的可能,"当'自我'在崛起、'我们'在分化时,他要把自己和他的读者都凝聚到一个相互体贴的'我们'中去"[2]。是我们这些各个年龄段、各个阶层、各个职业的众多的读者把路遥顶到了"排行榜"的前列,作为研究者,我阅读路遥,阅读路遥的读者,阅读对路遥的研究,我们之间有一些共享着的东西。通过阅读路遥,今天的我们是否可以找回一些失去的维系?

四 "路遥的遗产"

杨晓帆的这项研究真可谓重返历史现场,在阅读《路遥论》的过程中,我发现她在多处呈现了文学研究与历史现场的互动,运用社会史视角给我们拉开路遥所处时代的帷幕,呈现出当时丰富的场景。比如在讨论路遥小说相关问题的时候,其有效地结合了70年代北京地下沙龙中广泛流传的车尔尼雪夫斯基的《怎么办?》及当时关于车尔尼雪夫斯基"合理利己主义"的讨论,对路遥式个人主义进行阐发;结合《文艺报》1984年第3期开始专设的"怎样表现变革中的农村生活"批评专题,讨论孙少安发家致富的问题;而《中国青年》杂志上关于"潘晓来信"的讨论、关于"美"的讨论、"难题征答"栏目中山西女青年王银花的来信《我患了"文学病"吗?》等直接成为论述启发点和思考资源。她有意识地把路遥的

---

[1] 《文学:无能的力量如何可能》:"当我们从独特性进入个人政治的时候,马上就会发现,从'共同的美'开始走向'人'这个概念,从'人'这个概念开始走向具体化的'个人'概念。一旦落实到'个人',整个社会就开始动荡起来,潘晓的《人生的路为什么越走越窄》正是这一动荡的表征形式之一。"《巨变时代的思想与文化》,第168页。

[2] 杨晓帆:《路遥论》,第226页。

高加林和孙少平们放在柳青的改霞"进不进城"、赵树理的"安心工作"还是"远大理想"的问题脉络中,去探讨这些沉重的问题:农村知识青年如何面对城乡差异,如何做出人生选择?"文学"在这里面有着何种力量,起着何种作用?

难道真的如"潘晓讨论"20年后《中国青年》编辑部所说,因为改革开放带来了生产力的解放,带来了在计划经济体制下如机器零部件一样的人的个性解放,所以,我们"人生的路越走越宽"?① 如今我们这一代生活在一个完全市场化的时代,在单一现代性的城市化进程中,城乡的差距由于城市的飞速发展在不断地拉大,被落下的农村也在这条被规定的路上奋力地前行,如今很多人已经完全没有乡土经验了。就算是有乡土经验的青年,又有多少人会完全不考虑这中间的差距,或者把毕业后回乡工作作为自己的第一选择?② 今天的知识青年(或者说"文艺青年")对"远方"的憧憬不亚于当年高加林对"大地方"的向往,"世界很大,我想去看看",不仅仅是一种对工作/生存方式的想象,也是一种个人价值的追求与精神栖息的选择。可是,和高加林的"感觉世界"一样,这种在今天的所谓"文艺"的照亮下"远方"的姿彩也不过是一个镜像而已。

所以,真正可贵的"文学的力量",正如杨晓帆所说,就像是孙少平那为读书而亮着灯的没安门窗的房子,是路遥留给我们的遗产:

> 路遥的文学实践是粗糙的、不够完美的,但他也以重新划分文学

---

① 见彭波主编《潘晓讨论——一代中国青年的思想初恋》的序言:"人生的路为什么越走越宽?"南开大学出版社,2000,第1页。
② 近日读《教育·我们身边的故事:中国教育问题访谈》,作者采访南京一位普通老人"戴爷爷"对孙子的教育方法。这位爷爷说:"我哪知道什么教育理念,但是实话跟你说,我是清华大学毕业的,1958年入学,呵呵,看不出来吧。我也是海门中学毕业的。以前我们上学虽然也挺辛苦,但学校的管理可不像现在这样。当年我读书的时候心里想的是考上好大学,学习知识为家乡出力,为国家做贡献。当时我们念书心里都是有理想的,一点都不骗你。我成绩算班上好的,也是运气好,考上了清华,学的是机械工程。毕业后回到海门三厂,一直干到退休。现在的年轻人都想留在大城市,没办法了才回老家,但觉得很没面子,跟我们以前大不一样了。"这个问题也可见一斑。程平源:《教育·我们身边的故事:中国教育问题访谈》,清华大学出版社,2015,第114页。

空间的方式，让那些曾被拒斥在外的人走进来，让他们在文学世界里寻找到与现实抗衡的人生支点，也让闭塞其中的人，去看到那些曾被"墙壁"阻隔在外的——"他们"的生活世界。①

---

① 杨晓帆：《路遥论》，第235页。

九十年代的路遥

——评《路遥的时间——见证路遥最后的日子》

孙　杨[*]

摘　要　航宇《路遥的时间——见证路遥最后的日子》是对路遥生命最后两年的回忆录，本文试图从三点把握其对当前路遥研究的意义：一是丰富路遥的形象；二是正面描述路遥与王天乐后期的关系状态；三是以路遥90年代的经济行为出发，探讨其小说中"进城"难题的限度。

关键词　路遥　王天乐　"进城"难题

研究路遥的专著与相关论文，近年已经有了十分丰富的成果。其中表现路遥生平经历与事迹的传记或回忆录也已经出了很多版本，比如近年直接以"路遥传"冠名的传记，就有厚夫《路遥传——重新开启平凡的世界》（2015）、王拥军《路遥新传——平凡的世界，不平凡的人生》（2015）以及张艳茜《路遥传》（2017）三种。这三本书都是以路遥整体的生命时间为跨度，试图对其生命历程进行完整而精确的把握。其中，厚夫版以翔实的史料与得当的组织编排而兼具学术性与文学性，最为学界认可。航宇此书则是将时间跨度限定于1991年初路遥获茅盾文学奖至其去世后1993年各界人士举行的纪念活动之间。前三本传记的作者虽然也都是路遥同时代的人，但由于"传记"的限制，他们都采用自我隐去的方式，以路遥为全书中心，采用第三人称试图以客观冷静的叙述笔调保证对路遥最

---

[*]　孙杨，男，上海大学文学院博士研究生，主要研究方向为中国当代文学及文化现象批评。

大程度的历史还原。而航宇此书作为回忆录,则是以自己与路遥最后两年的密切交往为依据,以"我"对"路遥"所知的回忆作为主要讲述内容,在讲述事件中穿插作者的自我感受与评价,情感丰富、描写细腻,而显得更加生动。航宇作为陪护路遥住院时的主要人员,其回忆不仅一定程度上保证了大多数事件的详细可靠,也因个人回忆的主观性,展示出很多与公众视野中的路遥,甚至与公论大相径庭的历史细节,以上都使得本书成为解路遥最后两年时间思想变化及生活细节重要的研究资料。

航宇此书1993年曾以《路遥在最后的日子里》为名,由陕西师范大学出版社出版,2019年人民文学出版社以《路遥的时间——见证路遥最后的日子》为题再版。较之1993年版,新版丰富了更多细节,尤其是增添了路遥去世后,以作者为代表的路遥好友们举行的各类纪念活动。全书共分为35节,若以路遥因健康恶化而更换住所来安排,可以将本书分为三个部分,即在陕西作协大院时期、病重在延安医院治疗时期以及转至西安西京医院治疗时期。作者着重以自己的回忆勾勒出路遥获茅盾文学奖前后、回清涧、为王天笑(九娃)找工作、为稿费征订报告文学、因离婚给女儿路远装修房子、创作《早晨从中午开始》、与王天乐暗生嫌隙及至"反目"、筹备《路遥文集》等事件。本书较现有路遥人生经历相关资料的独特之处可以归为三点。

首先,丰富了路遥的形象。航宇与路遥接触时还很年轻,同为清涧老乡的他也是在路遥的帮助下,才得以进入《延河》编辑部见习。因此,路遥对他来说不仅是作家前辈,还是领导与恩人。[1] 在航宇笔下,路遥的吃穿等生活细节被描述得十分详细。路遥衣着简朴,去北京领茅盾文学奖时也很随意。

> 仅仅一个帆布挎包,可能就装几件换洗衣服,而他的穿着也非常朴素,就是他平时穿的那些随身衣服,一点也不讲究,根本不像去北京领茅盾文学奖,就像是一个乡下农民去赶集的样子。[2]

---

[1] 厚夫:《路遥传——重新开启平凡的世界》,人民文学出版社,2015,第337页。
[2] 航宇:《路遥的时间——见证路遥最后的日子》,人民文学出版社,2019,第23页。

作者在描述路遥毫无作家架子，冒着蒙蒙细雨站在作协院子中间吃葱饼时，同样对路遥这样一位全国著名作家却过着些许邋遢的生活而默默心酸。① 路遥对航宇的信任也表现在多方面：去北京领茅盾文学奖的车票、装修房子、采购家具等事件，航宇都有参与。特别是作者后来被陕西省作协派至医院陪护路遥，两人之间的谈话记录更是了解路遥当时心理状态的重要材料。在1992年11月14日，航宇着重记录了这一天路遥给他讲关于自己童年生活、恋爱、对陕北民歌的重视以及与谷溪等朋友如何结下深厚友谊的故事。在最后，路遥还与航宇仔细核对了自己与别人的欠款。除此之外，路遥在航宇眼中还往往是"高傲严肃"的，有时因内心的敏感而易于激动。路遥时时刻刻维护着自己的尊严和形象，哪怕卧床不起，也坚持每天自己清洁卫生。

> 路遥就是这样，自己能干的事，绝不要别人帮忙，他已经养成了这样的习惯。因此我再没说什么，坐在一旁看他认真刮胡子的样子。路遥一边刮胡子，一边跟我说，咱住院也要住得干干净净，还要像个住院的样子，不能让人家看见笑话咱不讲卫生。②

这样的执拗带给路遥文学上的辉煌，也害得他耽误了自己的病情。在延安医院时，路遥坚持不转到条件更好的西京医院。在生命的最后几天，也因为情感上的刺激与肉体上的疼痛而意志消沉，吸烟、拒绝频繁的输液，甚至偷偷喝中药而导致自己的病情更加严重。这些细节都让人对这位作家感到惋惜。

其次，增加了关于路遥弟弟王天乐的记述。在路遥自己的表述与其他版本的路遥传记中，王天乐与路遥远超一般兄弟的亲情。王天乐的人生经历是路遥创作《平凡的世界》的重要"蓝本"，而其对路遥生活上的帮助，一度成为路遥的支柱。在其《早晨从中午开始》里，路遥不仅直接在副标题写上"献给我的弟弟王天乐"，更将两人的手足之情直接表述出来。

---

① 航宇：《路遥的时间——见证路遥最后的日子》，第140页。
② 航宇：《路遥的时间——见证路遥最后的日子》，第199页。

如果没有他，我就很难顺利完成《平凡的世界》。他像卫士一样为我挡开了许多可怕的扰乱……实际上，《平凡的世界》中的孙少平等于是直接取材于他本人的经历。在以后漫长的写作过程中，我由于陷入很深，对于处理写作以外的事已失去了智慧，都由他帮我料理。直至全书完结，我的精神疲惫不堪，以致达到失常的程度，智力似乎像几岁的孩子，走过马路都得思考半天才能决定怎样过。全凭天乐帮助我度过了这些严重的阶段。①

但航宇在书中颠覆性地重新处理了后期王天乐的形象及其与路遥之间的关系。在航宇笔下，路遥在延安医院接受治疗时，因王天乐没有及时来医院看望自己而十分不满：

路遥唉声叹气地说，你看天乐，一满就不是以前的天乐了，翅膀硬了，一满不管我的死活，能躲就躲，能跑就跑，他一看见你回来，就跑得不见踪影。你把我的话记住，他说晚上陪我，他的影子你也别想见到，我还不了解他。……果然像路遥预料的那样，（天乐）没有兑现自己的承诺，晚上不仅没到医院来陪他，而且招呼也没有打一声。②

在路遥转院至西京医院后，航宇记述了路遥与王天乐之间爆发的更加激烈的冲突。在这次冲突中，路遥甚至扬言与王天乐"断绝关系"。③ 对两人后期的交往状态，由于缺少更多的材料与其他原因，当前涉及路遥的传记还没有被正面提及过。

但航宇此书作为个人回忆录，作者的主观判断与情感，会直接影响对

---

① 路遥：《路遥全集·早晨从中午开始》，北京十月文艺出版社，2013，第30页。
② 航宇：《路遥的时间——见证路遥最后的日子》，第259页。
③ 航宇：《路遥的时间——见证路遥最后的日子》，第336页。王天乐回忆此事时讲道，由于周围人没有告诉路遥林达已经离开，年纪尚幼的路远全靠王天乐照顾，因此让路遥产生了误会。"路遥把我叫到医院里，用想好的文学语言把我挖苦了一阵。于是我痛苦地离开了他。就在这二十多天里，路遥是十分痛恨我的。"王天乐：《苦难是他永恒的伴侣》，马一夫、厚夫、宋学成主编《路遥纪念集》，人民文学出版社，2007，第337页。

事件描述的真实准确,因此该书存在一些争议之处,甚至与当前的公论相悖,比如路遥去北京领茅盾文学奖的旅费一事。路遥去北京打算买一百套《平凡的世界》送人,还计划请北京的朋友们吃饭,但经济拮据的他显然无法负担这项支出。在王天乐的回忆中:

> 我拿着5000元赶到西安,这时路遥已到火车站。当我把拿钱的经过向他叙述后,并告诉他今后不要获什么奖了,如果拿了诺贝尔文学奖,我可给你找不来外汇。①

关于路遥去领奖的细节,各版本路遥传记此处均采用王天乐的叙述,几乎没有较大改动。但在航宇书中,是另一番表述:

> 九娃(王天笑)说,那我哥告诉我,他听人说他去北京领茅盾文学奖,我四哥(王天乐)说他路费也没有,就到处伸手向人家要钱,他不知道他要的那些钱都哪里去了,反正他一分钱也没看到,觉得这是丢了他的脸面。……我看了看九娃,然后给他说,你哥去北京领茅盾文学奖,确实是我和远村把他送到火车站,他去的火车票也是我给他买的,其他事我一概不知道。②

根据航宇书中的记述,他和另一位作家远村一同把路遥从作协大院送上火车,并没有提到王天乐。③ 这两种完全相反的表述很难在比较中做出判断,我们只能从其他方向入手。

根据白烨的回忆,路遥在北京领奖后便请众人大吃一顿:

> 领完奖,路遥约了在北京文学界的陕西乡党在台基厂附近一家饭店聚餐庆贺,因不断有人加入,一桌变成两桌,两桌变成三桌,结果一顿饭把5000元奖金全吃完了。④

---

① 王天乐:《苦难是他永恒的伴侣》,马一夫、厚夫、宋学成主编《路遥纪念集》,第336页。
② 航宇:《路遥的时间——见证路遥最后的日子》,第387页。
③ 航宇:《路遥的时间——见证路遥最后的日子》,第22~24页。
④ 白烨:《是纪念,也是回报(序二)》,马一夫、厚夫、宋学成主编《路遥纪念集》,第12页。

而在李天芳的回忆中：

在外界一片纷纷扬扬的赞誉声中，我们都知道路遥认真干的一件事，则是把北京和省里给他的奖金，以孩子的名义存进银行。两笔奖金不多不少，恰是一万元整。这一万元，也成了他身后唯一留下的一张存单。①

如果以上二人的表述均真实，路遥在这期间显然还有其他的经济援助；而这是来自王天乐还是其他人，似乎还需要更多的佐证才能得出定论。

最后，则是关于路遥经济行为的转变。王安忆曾提到她见到路遥的一次"发火"。②路遥对"名利"的指责十分敏感，但在现实生活压力下，他无法不考虑自己与家庭的生活问题。③航宇书中着重提到路遥主动与他合作有偿代写报告文学一事。④道德评价显然不足以解释这种行为，在有偿文学蔚然成风的时代，作家个人的选择是很容易理解的。

但90年代初作家有偿作文的风潮与其80年代所高扬的文学理想的矛盾似乎正印证着路遥所持续思考的《人生》"进城"难题在《平凡的世界》中想象处理的失效，现实终于打败了个人意志。这一点在石天强对于路遥的分析中已有深入的探讨。在他看来，"《平凡的世界》的一个基本主题就是：作为一个农民的'我'如何能够成为一名知识分子？在路遥的书写中，农民摆脱自己身份的最好方式就是求学，就是读书，就是在身份上

---

① 李天芳：《财富——献给路遥》，马一夫、厚夫、宋学成主编《路遥纪念集》，第73页。
② 王安忆：《黄土的儿子》，马一夫、厚夫、宋学成主编《路遥纪念集》，第97~98页。
③ "路遥创作小说的稿费其中《惊心动魄的一幕》五百元，《人生》一千三百元，而长达百万字的巨著《平凡的世界》也不过三万元。而路遥除了支出自己抽烟、咖啡，还有抚养女儿、赡养老人的义务。特别是在九零年初撰写有偿报告文学时，路遥还在着手装修房子、出版自己的文集等事，这些地方都需要支出。"见厚夫《路遥传——重新开启平凡的世界》，第284页。
④ 航宇：《路遥的时间——见证路遥最后的日子》，第30~33页。在其他人的叙述中，也提到关于路遥萌生做生意与炒股票的想法。见厚夫《路遥传——重新开启平凡的世界》，第284~286页；李天芳《财富——献给路遥》，见马一夫、厚夫、宋学成主编《路遥纪念集》，第70~76页。

彻底转变为一个知识者"①。这句话我们可以换一个表述方式，即在路遥文学中所能反映的问题是，如何处理改革中作为弱势群体或"失败者"的大多数。80年代不言自明的"知识分子"，在路遥这里成了首先要处理的问题。关注问题的滞后，使得路遥与80年代的文学场拉开了一段距离。也就是说，他首先要清理的是在改革中处于底层的群体如何跃步为知识分子的难题，其次才是知识分子自我的问题。因此，也就不难理解，路遥将《平凡的世界》写成一部成长小说，并将现实主义创作方法作为自己的首选。代表社会主义"新人"形象的梁生宝不需要"成长"，他只要感受社会主义的召唤就可以，肩负"启蒙"使命的80年代知识分子同样只要随着"现代化"话语的感召前进即可，但在乡村的孙少平自己是无法成长的，他无法像王蒙笔下的缪可言、岳之峰等通过自我冥想获得力量，他对自我主体的想象一定要通过与别人的对话和被启蒙才能完成更新。

另外，我们知道80年代"知识者"在美学意义上的成功，不仅是对《晚霞消失的时候》《波动》等小说中描绘的"小资"知识结构、主体气质的认同，同时更向往一种物质上的自足状态，其背后暗含着对于社会主义"按劳分配"模式下的"付出—回报"的逻辑认同；且只有在后者成立的情况下，前者的形象才能够取得最大的合法性。但是当"付出—回报"的逻辑失效时，遭遇现实挫折的知识分子其神圣形象自然也就遭到解体。在1983年发表的《鲁班的子孙》中，小木匠的成功除了自己手艺精湛，更在于他能通过"走关系"获得低价的原材料，而没有低价的原材料恰恰是大队木匠铺倒闭的直接原因。在这里，老木匠头一次遭遇到进入现代市场的困境。当他将大队木匠铺的首要职能定位成满足村里人的需要时，使用价值的前现代逻辑让他无法应对现代市场交换流通下原材料不足的难题。"有力使不出"使他难以适应改革新的规则。在小说中，小木匠试图以现代理性的市场规则来重新规划与村民的关系时，遭到了以老木匠为代表的村民的集体抵制，最后离开了村庄。

---

① 石天强：《断裂地带的精神流亡——路遥的文学实践及其文化意义》，北京大学出版社，2009，第98页。

但在小说发表第二年,1984 年开启了与此前不同的"城市改革"。"如果说那个'按劳分配'原则在农村的贯彻是以联产责任承包制为其主要形式,那么同样的原则在同一时刻也在城市中展开了,问题恰恰在于,无论是以'计件工资制'或者其他奖金制度作为自身的形式,'按劳分配'原则在城市中都收效甚微。在某种程度上,甚至被认为是经济困境的原因……但是从这一刻开始,从'城市改革'单独作为一个议题提出之时起,'城市改革'已经完全从整体性政治设想中脱嵌出来,城市改革的核心变成了如何让企业获得更大的自由和利润。"[1] 在这新一轮的城市改革中,中国社会主义从理念上"一盘棋"的整体想象抽空为经济为中心的全面脱嵌。当社会必要劳动时间成为高于个别劳动时间的考量标准,当"交换"成为新的交往准则时,个人的价值已经不是自我所能决定,而首先要经过市场的眼光检验,这必然带来新的人物关系的塑造和想象。1985 年发表的《小鲍庄》中,鲍仁文可以说是高加林的喜剧版本。在职业作家一心钻营时,只有他还执拗地保留着对文学的神圣想象。

而路遥面对的困境是,当文学界面临"付出—回报"的挫折而走向"烦恼人生"来回应"知识分子"面临的生活困境时,他仍要试图给高加林们找到一条既能够成为知识分子,又摆脱"一地鸡毛"人生观念的出路。在这样的双重压力下,孙少平通过导师田晓霞的启蒙而成为兼具黄土地的道德品质与知识分子的自尊和眼界的"双面"人物。如果说小木匠被放逐是因为对伦理共同体的冒犯而完全否定性的处理,田晓霞死于救人,则是为了完成对孙少平启蒙的最后一步。路遥将死后永恒定格的爱情牢牢刻在孙少平心中,即使知识分子的大主体已经消散,即使在今后的生活中有无数的现实挫折与困境在等着他,孙少平仍不会偏离高尚的准则。在这个意义上,田晓霞的死去似乎就已经印证了路遥触及难题的失效。对于孙少平的人物设定,路遥说:"孙少平最远只能走到煤矿,如果进了大城市我就管不住他了,因为路遥对大城市生活不熟悉。"[2] 但除了生活经验的不

---

[1] 林凌:《文学中的财富书写——"新时期"一种文学类型的再考察》,华东师范大学博士学位论文,2012,第 110~125 页。
[2] 王天乐:《苦难是他永恒的伴侣》,马一夫、厚夫、宋学成主编《路遥纪念集》,第 337 页。

熟悉,这里也许还包含着路遥对 80 年代末期城市已经展露的经济脱嵌现象而对孙少平们的担忧,因此他不得不将孙少平安置于工人阶级群体劳动的煤矿之下。如果说在学理上,路遥对于孙少平进城难题的处理是失效的,但其作为 80 年代知识青年进城的奋斗历史,因历史理性的崩溃,维系人物德性的"土地"情感很容易被置换为市场经济下的个人,进而与 90 年代初开始流行的成功神话实行对接。这在某种程度上使得《平凡的世界》仍保持广泛的有效传播与庞大的阅读群体,但若因此而将其称作当代打工群体的"毒鸡汤"则有失偏颇,在路遥塑造的世界里,孙少平对欺凌少女的包工头还会果断地举起拳头。带有 80 年代气质的孙少平,在进入新的经济社会中会如何重塑自我与他人的关系,他一定会成为涂自强、陈金芳们的翻版吗?市场大潮冲碎了"平凡世界",路遥也已经去世,但他留给我们的难题仍未解决。

以"见证"的方式重返

——读航宇《路遥的时间——见证路遥最后的日子》

邢可欣[*]

摘　要　相较既有的路遥传记，航宇的新作《路遥的时间——见证路遥最后的日子》以其"传记兼回忆录"的文体特征显出独特价值，航宇作为"见证者"的记述为研究晚年路遥提供了重要史料。同时，航宇该书的版本变迁过程与其对路遥经历的不同择取，亦使之成为考察"路遥形象"塑造问题的典型案例。阅读《路遥的时间》一书、考察航宇对"路遥形象"的刻画，也提示出在阅读、研究路遥时重返历史现场、重释路遥形象的必要。

关键词　《路遥的时间》　路遥传记　路遥形象　航宇

2020年7月，我有幸参与一项调研活动，生平第一次去陕北，于黄土沟壑间走村访户，喝小米稀饭，尝洋芋擦擦，学得一口让老乡见笑的陕北话，少年时阅读路遥的记忆全部复活，昔日想象得赋肉身。事毕返回途中，看到了"人民文学出版社"公众号的新书推介，节选恰是路遥谈论陕北民歌的一段："一个人站在黄土高坡上，望着一架连着一架的黄土山，蓝格盈盈的天上再飘着一疙瘩白云彩，山坡上再有一群吃草的羊，那个放羊老汉，头拢着白羊肚子手巾，身穿着翻羊皮袄，眯缝着眼睛，无忧无虑

---

[*]　邢可欣，南京大学文学院2019级硕士研究生。

地放开嗓子把陕北民歌唱起来……"① 这样的场景我并无亲历，退牧还林政策已将牲畜养殖规定为圈养形式，自然不复有满山坡的羊群与放羊的老汉了，但陕北的蓝天黄土依旧，民歌的苍茫缠绵依旧，这样的文字依然足以使任何登过黄土高坡的人一时梦回，于是便也记住了新书的题目《路遥的时间——见证路遥最后的日子》，作者航宇。

  在这本《路遥的时间》之前，由于读者群体中从未冷却过的"路遥热"，也随着近十年来路遥纪念馆建立、有关路遥的新史料得到发现和披露②，加之当代文学史料研究、当代作家年谱修订越来越得到学界重视③，有关路遥的传记、年谱的书写、编纂工作也产生出优秀成果，其中除大量有关路遥回忆性文章的合集，作为独立专著形式的路遥传记主要是王刚的《路遥年谱》（北京时代文华书局 2016 年）与厚夫的《路遥传》（人民文学出版社 2015 年）。《路遥年谱》在 2014 年的《路遥纪事》（北京时代文华书局）基础上修订而成，将逐年逐月的纪事体例具体到日，正文之余还有作为时代背景的社会、文坛"大事记"，关于路遥的条目也往往由路遥自述（随笔、演讲等）、史料引证（书信、文件等）和他人旁证（回忆文章）三部分组成，保证了内容的客观性，作者王刚也特别强调了编纂过程中"在文化背景中讲述路遥，在历史框架中呈现路遥"的想法与"孤证不立"的原则，这使得这本《路遥年谱》以"作者隐身，史料说话"的特点为学界所肯定。④ 而厚夫作为延安大学路遥文学馆的创办者，其《路遥传》在广泛收集相关素材的基础上采取传记模式，以路遥的文学经历为主线，特别注重其文学与人生的关联，作者以书写"能够靠得住的人物'信史'"为创作期待，警惕"作者按照自身的立场叙述事件"⑤，并在修改过

---

① 航宇：《路遥的时间——见证路遥最后的日子》，人民文学出版社，2019，第 362 页。
② 例如梁向阳的《新近发现的路遥 1980 年前后致谷溪的六封信》（《新文学史料》2013 年第 3 期）。
③ 例如程光炜在《文学年谱框架中的〈路遥创作年表〉》（《当代文坛》2012 年第 3 期）中提出："虽然路遥的文学史定位现在还是一个问题，然而这不妨碍我们先行把路遥列为较早建立文学年谱的作家。"
④ 邵部：《"〈路遥年谱〉研讨会"会议记录》，《文艺争鸣》2018 年第 3 期。
⑤ 厚夫：《路遥传·前言》，人民文学出版社，2015。

程中与编辑达成一致,删除那些"情不自禁流露出的膜拜的传记老调",忠实书写"路遥所经历的一切,哪怕是他人性的瑕疵"①,(这都)使得这部《路遥传》成为既有路遥传记中的一个典范。

倘若将航宇这本《路遥的时间》放置于路遥传记写作的序列中审视,它确实存在一定的特殊性。这种特殊性最直观体现在它不是书写路遥从生到死的全传模式,而是路遥晚年从重病到逝世(1991~1992)这一特殊阶段;同时,在阅读《路遥的时间》时,我们须注意到它存在一个版本变迁的过程,变化和增订的部分特别能呈现这本特殊的路遥"传记"所具备的特点与价值。

《路遥的时间——见证路遥最后的日子》脱胎于航宇于1992年底为缅怀路遥而作的《路遥在最后的日子》(1993年由陕西师范大学出版社出版,以下简称陕师大版),这篇纪实作品曾于2007年修订后收录进航宇的散文、纪实文学作品集《永远的路遥》②。2019年时值路遥诞辰七十周年,此番修订后又由人民文学出版社出版(以下简称人民文学版)。作者航宇三易其稿,从陕师大版的8万字到人民文学版的40余万字,24节内容扩充至35节,变化不仅仅是语言表达上的润色丰富,描写刻画的具体入微,更补充了大量路遥在临终前两年间有关人际与交游的珍贵史料。相较最初的陕师大版,在人民文学版35节内容中,前七节为新增加的1991年初至1992年7月,路遥获得茅盾文学奖并到北京领奖、安排"我"(航宇)组织编辑出版《塞上雄风》报告文学集、接受清涧县委邀请返乡、创作随笔《早晨从中午开始》与策划出版个人文集的有关内容,最后五节为新增加的路遥的身后事,遗体告别仪式与追思会的筹办、进行情况,"我"创作《路遥在最后的日子》并组织"路遥逝世百天纪念"活动、筹拍《路遥》电视片以及在路遥身后和路遥亲友的一些接触交往。除此之外,在人民文学版的第20、25、30节,作者航宇还补充了路遥与三弟王天乐相处的有关细节;并增加了第26节,即路遥派"我"到陕北征订文集的经过。

---

① 梁康伟:《重新开启平凡的世界——讲述〈路遥传〉背后的故事》,《光明日报》2015年2月17日。
② 航宇:《永远的路遥》,太白文艺出版社,2009。此文收录为第一辑"有关路遥"第一篇,仍以"路遥在最后的日子"为题。

通过上文粗略的"版本对比",可以见得本次出版的《路遥的时间》一书中增加、补充的其实是既往"为尊者讳"的部分:路遥安排航宇组织编辑名为《塞上雄风》的报告文学集,实际是因为路遥预感婚姻破裂,希望能够好好装修新房以更好地照顾女儿路远,迫于经济压力才决心"咱也想办法编一本能赚钱的报告文学集";而"选择效益好一点的企业(写报告文学)"另一深层的原因则是"看哪一家企业能把九娃安排进去"[①];随后接受邀请返回清涧老家,也是为了抓紧时间,亲自见一见据说能为弟弟九娃安排工作的企业经理……在新增的第 26 节中,《路遥文集》征订数量不足导致无法开印,"我"身负路遥嘱托到陕北征订却屡屡碰壁,也从侧面呈现出路遥当时不为人知的恓惶与无奈。需要特别指出的是,《路遥的时间》相较《路遥在最后的日子》最明显的补充是有关路遥三弟王天乐的部分。不同于后者蹊跷地对这位与路遥关系密切的弟弟只字未提,航宇在新版中补充了不少与王天乐有关的内容,特别是路遥临终阶段不为人知的"兄弟失和"。虽然这样的描述部分由"回避"导致的"不在场"而存在具体情境和内容的空白,部分因为来源于他人(譬如路遥另一位弟弟九娃王天笑)的描述和转述存在主观失实的可能,但是不必对这种补充做过度臧否。作为路遥临终阶段与之相处最多的人,航宇的记录为历史留下了珍贵的见证与讲述,这些暂为"孤证"的史料为探寻路遥与王天乐兄弟关系从亲密到交恶提供了线索,也为史家考证开拓了空间。

相较写于 1992 年路遥逝世百天内的《路遥在最后的日子》,《路遥的时间》在语言风格与文体特征上表现出"传记体"和"回忆录"同在的矛盾特点。初版《路遥在最后的日子》大致呈片段体,结构松散碎片化;而新版《路遥的时间》则填补了初版的叙事缝隙,对事件的前因后果、具体过程进行了细致描绘,相关人物的来龙去脉也由插叙、补叙加以说明。这样的写法一方面较为完整、全面地呈现了路遥最后阶段的生活、交际情况,有利于降低阅读门槛,也便于路遥研究者做宏观把握;另一方面,以"听(据)说……""我(后来)知道……"导入或不加说明而引入的内

[①] 航宇:《路遥的时间——见证路遥最后的日子》,第 28~29 页。

容溢出了属于"我"(作者航宇)在时在地的限制性视角,为记忆与讲述增添了更为驳杂的内容。

《路遥的时间》开篇是对路遥1991年获得茅盾文学奖前后的记述,其中路遥《平凡的世界》创作、发表过程明显参考了路遥的创作手记《早晨从中午开始》;关于《平凡的世界》编辑李金玉、《平凡的世界》电视剧导演潘欣欣的部分,大概来源于相关人员后来的讲述、回忆录或纪念文章;而对《花城》编辑廖文致路遥信(关于说明《花城》不能刊发《平凡的世界》第二部的原因)进行全文录入则可能是对新史料的发掘和应用。这样的写作方式可以理解成航宇新书意在为路遥经历进行"传记"式的记载,即综合引纳、编选组织相关材料,以尽可能还原历史的客观真实。但与此同时,《路遥的时间》中还存在大量关于作为回忆"叙述者"的"我"(作者航宇)的经历与见闻,例如路遥派我组织有偿报告文学、到陕北征订文集、与医护人员交涉,"我"帮路遥装修房子,"我"与路遥亲友的接触交往、照顾路遥期间在病房之外的活动等。至全书末尾,还有五节内容是路遥逝世之后"我"的经历,完全没有了路遥本人的参与。

由此可以发现,全书除"路遥的时间"线索之外,其实还存在着一条与之并列的"航宇的时间"线索,两条线索毫无疑问相互交织,但须注意的是"路遥的时间"中存在航宇的在场,而"航宇的时间"中路遥却是缺席的。这样的文本情况使得《路遥的时间》有些难以定位,它一方面是一本以路遥为主体的传记,提供了与路遥晚年(1991~1992)相关的记述材料;另一方面它又是以航宇为主体的回忆录,是航宇"我见、我听、我思、我感"的文字记录。在初版中,路遥是塑造和刻画的绝对中心,"我"(航宇)的存在主要是末尾沉痛悼念的悲鸣;包括在既往的路遥传记中,也绝无路遥之外的其他人物能占据并呈现堪称"主人公"的重要地位[1],但到了《路遥的时间》,作为见证者、参与者的航宇毫无疑问是无法隐藏、

---

[1] 《路遥年谱》中虽然在"社会大事记"中有关于路遥亲友与"陕西作家群"的条目,但这些仅作为正文之外的背景材料存在;《路遥传》的作者厚夫虽然是在路遥生前与之交往过的文学青年,祖父也与路遥有过深厚的情谊,但传记中相关记述篇幅比例极小,是作为路遥生平经历的组成部分而写入传记的,作者的书写也基本保持了情感的节制与语言的客观。

无可抹杀的。这样双重线索、双重核心人物的与众不同赋予了《路遥的时间》独特的魅力,一方面这种"强叙述者"的"见证"姿态使得这部特殊的"路遥传记"不如它的先行者那般"客观可靠",另一方面,它也许可以为理解路遥与路遥研究提供一点启示。

在既有的路遥研究中,几乎所有人都会关注到路遥作为"有问题的经典作家",其作品学界评价不高却广受读者欢迎且经久不衰的现象,"高校图书馆借阅量榜首""感动共和国的 50 本书""您最心仪的作家"等标签已无须赘言,在路遥逝世后的十余年里,他的作品和他的名字构成了一种密不可分又不无张力的关系:一方面他的作品还在经受审视和讨论,另一方面他的名字却已成为精神丰碑。对于这种独特的"路遥现象",对于路遥其人何以具有如此惊人的影响力,一种研究思路是从作品出发,从路遥作品的接受史的各种层面进行解读,譬如从"畅销书生产模式"、"'励志型'读法与社会心理的暗合"甚至"广播剧等公共媒介的影响"[①] 等角度来分析;另一种思路则侧重路遥自身对个人形象的塑造,即"他在《早晨从中午开始》等一系列自传体散文中对于自己'受虐式'的生活和写作方式的'书写'展示给世人一个'以文学为生命第一要务'的'圣徒'形象"[②]。在这样的研究背景下,《路遥的时间》可谓提供了一个前所未有的典型案例:不同于既往以数据统计呈现的面目模糊的读者群体,航宇作为一个具体鲜活的个人,他的讲述就使"路遥精神"受众的主动性得到凸显;同时,这种以"我"出发的双重线索、双重主人公结构,与版本变迁背后"彼时"到"此时"的时间差,又使得理解路遥、讲述路遥、建构路遥成为一个可供考察的过程。

在《路遥的时间》中,航宇对"路遥"的建构伴随着对自我的讲述,而这个"我"也是存在发展和变化的。在 1991 年最初与路遥的相处中,

---

[①] 相关研究包括邵燕君《倾斜的文学场:当代文学生产机制的市场化转型》第二章第三节;黄平《从"劳动"到"奋斗"——"励志型"读法、改革文学与〈平凡的世界〉》;侯业智、惠雁冰《"〈平凡的世界〉现象"的传播学解读》等。
[②] 杨庆祥:《路遥的自我意识和写作姿态——兼及 1985 年前后"文学场"的历史分析》,《南方文坛》2007 年第 6 期。

"我"只是一个路遥的"小老乡",被路遥差来做事,并不能理解路遥的想法和安排,对路遥的态度也是敬畏为主,常有"关键是我怕他""他知道我不敢"之类的表述,在1992年初路遥想让"我"帮他找个宾馆安静创作《早晨从中午开始》,"路遥说的这些,我不感兴趣,我关心的是他在招待所那些费用找谁报销……不办嘛,他给我交代了;办嘛,确实有些为难……哎呀,我怎就这么苦的命呢"①,出于"可那时毕竟穷,两千块钱对我来说非常重要,我确实有些捉襟见肘"②的原因,"我"鼓起勇气找到路遥朋友解决了报销问题,感受到了路遥朋友对路遥的真诚,办成事的感觉也使"我"多了一些自信。在路遥生病期间,路遥的朋友们仿佛形成了一个以路遥为核心的"共同体",为了陪伴路遥,朋友们不惜脸面偷偷摸摸翻爬医院的铁栏杆,以至于有些朋友"来医院一趟,几乎要命一样,半天吊在铁栏杆上翻不过来,经常被医生和护士发现训一顿"③;对于路遥的需求,朋友们也尽可能予以满足,一次路遥想喝莲子汤,众好友好不容易找到了莲子却没有百合,曹谷溪听后表示"这有什么难的,我家院子里不就种有一棵百合,只要路遥喜欢吃,我回去就把百合刨出来给他炖汤"④……在这样的影响下,"我"的态度也从最开始的敬畏转变成了发自内心的爱戴,作为"路遥的朋友","我"会为了路遥去郊外偷玉米⑤,还屡次顶着压力为路遥的需求与医护人员交涉⑥。有了这样的经历,才能理解路遥去世后"我"对于书写《路遥在最后的日子》与筹办"路遥逝世百天纪念"活动时的态度:"把路遥生前关心他的那些领导和朋友请到一起,怀念路遥,悼念路遥,学习路遥,了解路遥,让路遥'像牛一样劳动,像土地一样奉献'的精神,浓墨重彩地书写在中国当代文学史上"⑦,"我的主意已定,哪怕我穷得卖血,也要把这个活动搞下去,我要对得起去世的

---

① 航宇:《路遥的时间——见证路遥最后的日子》,第110~111页。
② 航宇:《路遥的时间——见证路遥最后的日子》,第122页。
③ 航宇:《路遥的时间——见证路遥最后的日子》,第385页。
④ 航宇:《路遥的时间——见证路遥最后的日子》,第239页。
⑤ 航宇:《路遥的时间——见证路遥最后的日子》,第234~236页。
⑥ 航宇:《路遥的时间——见证路遥最后的日子》,第242~251页。
⑦ 航宇:《路遥的时间——见证路遥最后的日子》,第434页。

路遥，不能让他就这样轻易地在这个世界消失"①。

从开始的时候有些懦弱和窝囊的"小老乡"，到路遥逝世后"作为他的朋友"高举"路遥精神"的旗帜要将其"浓墨重彩地书写在中国当代文学史上"，"我"（航宇）的形象变化是路遥人格魅力影响下的结果，更确切说，是一个"我"在与路遥及其身边朋友们的互动中逐渐加入他们，自觉成为"路遥精神"的奉行者与宣传者的过程。作为"路遥精神"的宣传者，正如书中每一位组织和参与路遥纪念活动的朋友都强调的那样，"路遥是我们的朋友……作为他的朋友，我们有宣传他为文学献身的责任和义务"②。与此同时，他们也在模仿和践行着"路遥精神"，在1992年底接受《喜剧世界》主编金铮约稿后，航宇在西北国棉一厂招待所用一个星期写出了六万多字的《路遥在最后的日子》，"我把门一锁，开始了我的写作工作。饿了，泡一盒方便面；渴了，水瓶就在眼前……文章完成以后，我感觉整个人麻木了，眼冒金星，昏天黑地，一副东倒西歪的样子，几乎站也站不稳，便身不由己地一头栽倒在床上……"③ 这样的写作状态可谓路遥的翻版，航宇自己也坦陈"我也深刻体会到路遥创作百万字长篇小说《平凡的世界》时，不是轻松地在搞文学创作，而是用生命完成一项伟大的事业"④。可以说，航宇作为路遥的追随者是在通过模仿路遥进行写作的方式来完成他对"路遥精神"的内化，创作《路遥在最后的日子》就是他对"路遥精神"的理解与践行。同时，由于书写的对象又恰恰是路遥，这种写作也成为"路遥精神"与"路遥形象"的一部分，成为后人想象和理解路遥的重要来源。

在《路遥的时间》近末尾处，航宇这样阐述自己彼时写作《路遥在最后的日子》时的想法："我是想回忆他在最后的日子里，怎么尊重自己的生命，同疾病进行了怎样一场惊心动魄的顽强斗争。可以说。路遥在任何时候，都是一位无比勇敢的斗士。"⑤ 毫无疑问，这样的语句置于既往任何

---

① 航宇：《路遥的时间——见证路遥最后的日子》，第432页。
② 航宇：《路遥的时间——见证路遥最后的日子》，第422页。
③ 航宇：《路遥的时间——见证路遥最后的日子》，第426页。
④ 航宇：《路遥的时间——见证路遥最后的日子》，第426页。
⑤ 航宇：《路遥的时间——见证路遥最后的日子》，第425页。

描述路遥的言论中都不显异样，这正是航宇（以航宇为代表的路遥朋友们）之前对路遥进行塑造和描绘的结果。但是，这样的塑造是不是也可能是彼时情境下的一厢情愿？在既往的研究中，这种"塑造"被放置于八九十年代之交的历史语境下进行讨论，即"面对消费主义、后现代思潮等90年代社会转型冲击下人文知识界的思想分化……需要一个'高扬理想、道义、责任等终极关怀，震撼灵魂的路遥'，一个'守望灯塔的理想、信念和道义的"路遥族群"'"①。而这种情境具体到航宇自身，则又展现出时代背景中的个人境遇的特殊性。《路遥的时间》最后五节让我们看到航宇创作《路遥在最后的日子》时微妙的处境与难言的委屈。在这种情况下，以"不是我有什么能耐，是路遥的人格魅力"②来阐明自己书写纪念文章、组织纪念活动的动机，可以见得彼时"路遥"已成为青年航宇的精神慰藉，撰写纪念和回忆路遥的文章，进而把路遥塑造成一个"勇敢的斗士"，也是出于航宇自己转化精神资源、抒发难言之隐的需要。

　　航宇的经历只是既往"路遥形象"塑造中的一例。在路遥形象的塑造过程中，那些最终可凝结为"斗士"形象的描述，譬如"像牛一样劳动，像土地一样奉献""顽强拼搏，勤奋工作"③等最初的来源其实是路遥的写作姿态，特别是通过《早晨从中午开始》等自传性散文建立起的"自虐式"的工作状态与"将文学视为生命第一要务"的精神追求。这种"文学圣徒"形象经由路遥追随者与读者的演绎，与路遥笔下的文学形象混合交织，马建强（《在艰难的日子里》）、高加林（《人生》）、孙少平（《平凡的世界》），甚至是他所描绘的柳青（《病危中的柳青》）……同时，庞杂的时代话语夹杂个人生活的经验与情绪，也随着阅读不断从我们对生活的理解和需要中溢出，渗入路遥及其作品之中。那些"我们的理解"与"我们的需要"，使我们期待通过阅读路遥来获得启示和慰藉，是这种期待逐渐将路遥从"将写作视为劳动"的作家塑造成了鼓舞万千底层青年的"人生导师"。如此看来，路遥形象问题仿佛成为柄谷行人所言的"风景"，"所

---

① 杨晓帆：《经典重读与八九十年代的转型问题》，《名作欣赏》2014年第4期。
② 航宇：《路遥的时间——见证路遥最后的日子》，第436页。
③ 航宇：《路遥在最后的日子》"后记"，陕西师范大学出版社，1993。

谓风景乃是一种认识性的装置,这个装置一旦成形出现,其起源便被遮盖起来了"①。我们不再追问路遥与属于他的时代和他的生活曾经发生过怎样的摩擦和互动、思考与困惑,我们关心的只是自己的生活与时代,以及作为符号的"路遥"所能给予的有效或者无效的答案。

但是,无论怎样期待一个"高大"的路遥,期待路遥作品"在今天依然具有意义",我们必须明白今天的现实已不再是路遥面对的那个,我们塑造出的"路遥形象"兴许也与真实的路遥相去甚远。倘若不能意识到这点,《路遥的时间》中给予的种种有违"路遥形象"的记述不免带给我们巨大的冲击和冒犯,我们大概不能接受一个将高加林打回原籍的作家会千方百计帮家人摆脱农籍"走后门"进城,大概也不能理解吃窝窝头成长起来的人还有喝雀巢咖啡、抽高档烟和吃西餐的"奢侈"习惯,大概更不能想象奉行崇高"写作伦理"的作家晚年也会迫于生计,搞"有偿报告文学",包括一个强势、任性甚至作死的人如何能扮演"青年导师"……但航宇给出的那些具体事例又恰恰使我们从自身的想象和需要中抽离出来,回到路遥与他所处的现实,把"一位斗士"还原成一个病人:"他是一个活生生的人,有自己的思维,要让他什么也不想地积极配合治疗,谈何容易。"②"路遥是一位外强内弱的人,而他的这种性格成全了他宏伟的文学事业,也毁了他年轻的生命。"③从"斗士"甚至"逐日的夸父"④到"外强内弱的""活生生的人",航宇给我们呈现了路遥与自身生活的真实面目,不总是文学作品里昂扬的理想主义,还有现实中的病痛与一地鸡毛,文学世界里"黄土,黑金,大世界"⑤的奋斗之外,路遥后期苦心经营的却是最琐碎的日常。剥除一切时代语境、个人情绪的附加与延伸,路遥确

---

① 〔日〕柄谷行人:《日本现代文学的起源》,中央编译出版社,2017,第15页。
② 航宇:《路遥的时间——见证路遥最后的日子》,第313页。
③ 航宇:《路遥的时间——见证路遥最后的日子》,第389页。
④ 《路遥的时间——见证路遥最后的日子》扉页题记:"他是逐日的夸父,倒在干渴的路上……"
⑤ 来自《平凡的世界》最初的设想:"1984年路遥构思了长篇小说《走向大世界》的基本框架,计划创作三部,六卷,一百万字,三部书分别取名为《黄土》、《黑金》和《大世界》,这部长篇小说就是后来的《平凡的世界》。"王刚:《路遥年谱》,北京时代华文书局,2016,第186页。

实只是"平凡的世界中的一员",一位"最普通的劳动者"[①]。

但同时,或许路遥的意义恰在于此。正是因为路遥"外强内弱"的敏感性格,因为他们不当户不对的不幸婚姻,因为他身为"血统的农民的儿子(长子)"而无法摆脱的家庭责任,他才能敏锐感受并把握住时代剧烈变革中普通人的挣扎和奋斗,那些勇敢突进生活、与命运迎头相撞的瞬间,与其中呈现出来的关于"理想"与"尊严"的深刻命题。同样,《路遥的时间》的意义也恰在于此,通过路遥生命最后时刻那些极尽暴露他"人性瑕疵"的细节,通过婚姻破裂、经济拮据、兄弟失和以及路遥身为病人的诸多难言之隐,通过航宇亲身的感受与细致的记述,作家病痛的血肉之身得以还原,身处复杂人际关系与社会网络之中的人之常情也得到补充。逐日的夸父躺回他临终的床上,身为读者的我们在感受到巨大的冲击和冒犯之后,也当重新思索我们阅读、理解和想象路遥的方式。

回到开篇今年七月的陕北,有一个极富象征意味的场景令我难以忘怀:面前是激流奔涌的黄河,远处是沟壑纵横的黄土,身边矗立着柳青的雕塑,求学归来建设家乡的年轻人热切地讲述着他阅读"老乡"路遥的经历。那一瞬间,路遥仿佛是一座桥,连接着外出求学的青年与家乡的父老乡亲,连接着当下与柳青的历史记忆,也连接着我这个外乡人与陕北这片土地。而航宇《路遥的时间——见证路遥最后的日子》这本书,一如火车上的一时梦回,也建起了一座桥,连接着历经演绎的"路遥形象"与那个"活生生的人",以"见证"的方式,带我们重返。

---

① 路遥:《早晨从中午开始》,北京十月文艺出版社,2013,第87页。

再提路遥写作的"交叉地带"

——评杨晓帆《路遥论》

钟鲁敏芝[*]

摘　要　路遥是当代文学创作史中一位重要的作家，他的作品是农村题材小说的典型代表：展现改革年代"新与旧"和"城与乡"的变化。杨晓帆的《路遥论》抓住路遥作品的典型特征"交叉地带"，通过与柳青比较，阐释路遥文学实践的路径和20世纪80年代现实主义文学的独特性。本文通过再读路遥《人生》和《平凡的世界》，进一步思考《路遥论》中提出的"交叉地带"，比较柳青和路遥处于不同时代的写作特点，理解路遥对"十七年"文学传统的吸收及其困境。

关键词　《路遥论》　"交叉地带"　路遥　柳青　现实主义

近十年来文学研究界出现了"路遥热"。目前关于路遥的研究主要有两种形式：记录路遥生平事迹、创作轨迹的专著及研究路遥的理论文章。前者，如《路遥年谱》《路遥传——重新开启平凡的世界》《路遥的时间——见证路遥最后的日子》[①]，以社会学史料收集、回忆录及传记的形式，还原了路遥的生平和个性。后者，则涉及以下观点：路遥是"新共同

---

[*] 钟鲁敏芝，女，上海大学文学院硕士研究生，主要研究方向为当代文艺美学。
[①] 有关这方面的著作可参见王刚《路遥年谱》，北京时代华文书局，2016；厚夫《路遥传——重新开启平凡的世界》，人民文学出版社，2015；航宇《路遥的时间——见证路遥最后的日子》，人民文学出版社，2019。

体"想象的构建人,是"十七年"写作观念和创作手法的继承者[①];从批判现实主义针砭制度之祸,切入路遥研究[②];以浪漫主义的现实主义,赞美个人意志与理想精神[③];在对80年代的文化困境及前三十年社会主义的回应的反思中,挖掘路遥写作中被遮蔽的矛盾[④]。在这样的研究视野中,杨晓帆的《路遥论》在对过往研究综合、比较、分析的基础上,提出了新看法。

一 《路遥论》:重返八十年代

2018年出版的《路遥论》以路遥为研究对象,丰富了"重返八十年代文学研究"。杨晓帆提到研究路遥时,体会到了"小说中渴望建立'尊严感'的重量"。因此她不仅仅将路遥局限于一个文学史上的"现象",更作为一名"农裔城籍"的知识青年的代表,她说:

> 特别希望能通过路遥与"柳青"传统的关联,去发现路遥如何处理五十至七十年代的历史遗留物,如何在对"人生""劳动""尊严""苦难"等主题的意义追寻里续写一种"理想性"的精神脉络。[⑤]

从《路遥论》绪论的三个标题,已经能看出杨晓帆"继承"和"反思"的焦点:"交叉地带"的发现、柳青的遗产及有问题的作家。她将路遥视为一名思考中的作家,这在过往"路遥"研究中鲜有出现。研究路遥,绕不开《平凡的世界》,这一部伟大的作品曾被多次拒稿。1986年,

---

① 有关这方面的论述可参见杨庆祥《路遥的自我意识和写作姿态——兼及1985年前后"文学场"的历史分析》,《南方文坛》2007年第6期。
② 有关这方面的论述可参见安本实、陈凤《"交叉地带"的描写——评路遥的初期短篇小说》,《当代文坛》2008年第2期;黄平《从"劳动"到"奋斗"——"励志型"读法、改革文学与〈平凡的世界〉》,《文艺争鸣》2010年第5期。
③ 有关这方面的论述可参见张书群《"80年代"文学:历史对话的可能性——"路遥与'80年代'文学的展开"国际学术研讨会纪要》,《文艺争鸣》2011年第16期。
④ 有关这方面的论述可参见张书群《"80年代"文学:历史对话的可能性——"路遥与'80年代'文学的展开"国际学术研讨会纪要》,《文艺争鸣》2011年第16期。
⑤ 杨晓帆:《路遥论》,作家出版社,2018,第282页。

《当代》杂志编辑周昌义退了路遥《平凡的世界》的稿，理由是觉得这部小说缺乏现代主义"新潮流"的气息。周昌义认为，"饥饿"了许多年的读者，如饥似渴地期盼着"悬念"和"惊奇"，《平凡的世界》那样的"恋土"趣味已经过时。1987年，在《花城》和《小说评论》编辑部联合召开的座谈会上，路遥的写作风格又受到了批判。而1988年，《平凡的世界》通过中央人民广播电台"长篇连续广播"播放，却收获了绝佳反响。从这些现象中，杨晓帆发掘了80年代"读者"的分化。在文学论争的年代，路遥坚持现实主义写作，这段十分艰苦的经历，完全基于他对自己信仰的坚守。这打动杨晓帆重回"历史"，阐释路遥的现实主义道路：

> 回到西安，路遥去了一趟长安县柳青墓。他在墓前转了很长时间，猛地跪倒在柳青墓碑前，放声大哭。有谁能理解路遥众人皆醉他独醒的悲怆呢？[①]

杨晓帆带有"温度"的文字将路遥的形象从文学"现象"的神坛，还原到有血有肉的作家，注意到了路遥在时代"转折点"的困难转身，创新地提出："路遥建构了文学想象和历史意识。"《路遥论》提出了三个重要观点：路遥作品与作家生活形成互文关系；"文化转轨"中的路遥，展现了不同于"柳青"的现实主义的意识形态，不同于新写实小说零度叙述的写作手法；必须摆脱90年代重读经典的叙事框架，重新寻找"问题"作家的文学史意义。《路遥论》脱离了通常聚焦"理想性个人"、"个人写作"或追踪改革"制度之祸"的单一视角，针对"作家与文本""个人与时代"的互动，全面地展开分析。

在2014年《经典重读与八九十年代的转型问题》中，杨晓帆就已经反对将路遥固化为"文学良心"的阅读方式，提出把作家形象历史化——既要看到作为农民的路遥，也要看到作为红卫兵、知青的路遥；在讨论历史"连续性"的同时，还要重视作家的"在场性"，脱离所谓统一的风格。2015年《当代文学六十年［路遥研究专辑］》中，她聚焦于"十七年"青

[①] 杨晓帆：《路遥论》，第139页。

年"人生观"和现实的错位;作为"潘晓讨论"的后续,高加林的"个人叙事"展现的80年代"新人"个体化和现代化追求的现实,也触及了"十七年"遗留的青年人生观。在《恐惧与希望》中,杨晓帆自述了她研究的目的:

> 我要做的,是尝试将为那一块切片供血的关系网络澄清出来,找到作家如此为时代赋形的原因,并以此为参照,去观察和想象写作中正在呈现的人生境遇与尚未澄明的未来。①

在《路遥论》中,我们能看到杨晓帆对复活"路遥"的坚持。她笔锋锐利,《路遥论》既有理论分析,又体现细腻的关怀,她试图消除二律背反的认识装置的"神圣性"并将学理资源返回50年代到70年代:

> 当批评家们仅仅抓住"现代/传统""文明/落后"的关键词来理解路遥的"交叉地带"时,恰恰没有注意到,这种意识是在新时期从"革命"到"改革"的历史转轨过程中逐渐生成的。②

在探讨艺术创作时,人们常常问:什么是作者创造"形式"的中心源泉?对于路遥来说,柳青"现实主义"思想是源泉,"城乡交叉地带""集体经验"是基础。新时代的小说要克服自身缺点,成为一部有意义的史诗,不得不向现实主义文学学习。正如路遥在《早晨从中午开始》中表白的那样,他希望《平凡的世界》是一部史诗,而不是单纯的爱情故事。他要在"自我"和"我们"的关系中,书写在"大历史"的探测下才能显影的"真实"细节。为分析路遥如何接受和改造柳青的现实主义,杨晓帆走出二元对立观念。她祛魅了90年代"复活"路遥论题的认识装置、80年代"重评柳青"研究视野、新时期重塑"五四"反传统与国民性批判的认识方式,反思了80年代的"文化热"和"现代化理论"带来的两个潮流:以西方哲学和文艺资源重塑"人"与"真实"的现代主义思

---

① 杨晓帆:《恐惧与希望》,《南方文坛》2016年第5期。
② 杨晓帆:《路遥论》,第3页。

潮和以"去政治化"强调文学性的纯文学知识谱系。这两种潮流使修复社会主义现实主义文学统治地位的声音陷入尴尬境地。《路遥论》结合路遥的文本细节分析作家写作特色,又追踪作家"交叉地带"认识的形成和改变,解释作家对"十七年"文学传统的运用。它的分析方法既有作者的情感色彩,又有严密的逻辑组织,呈现出有活力的思维及丰富的理论依据。

二 "交叉地带":拼接历史的缝隙

《路遥论》的一大亮点,就是以柳青为对照分析路遥。《早晨从中午开始》中,路遥深感写作一篇《创业史》类型的史诗的艰难,尤其是安排人物出场和作品的开头。《路遥论》第一章开始,就将目光放在历史转折处,分别以"与文革文学有染""'交叉地带'的发现""走进'新时期'",交代了路遥作品扎根故事、回乡知青的爱情、和解"伤痕"三种认识的转变:

> 至于高加林这个形象,我写的是一个农村和城市交叉地带中,在生活里并不顺利的年轻人的形象,不应该离开作品的环境要求他是一个英雄,一个模范。①

杨晓帆在第一章挑选的所有文本,都存在与路遥个人经历的互文关系,在"文本内部张开自圆其说的缝隙"的同时,又存在"无法自圆其说的写作困境"。这些文本描述了作家如何将"无力脱离社会的差别的痛苦"和"柳青的理想性精神"结合,尽力让写作的美不同于"伤痕文学"。柳青的时代是社会主义新农村建设的高潮期,而路遥面对的是经济建设中的城乡不均,他所处时代的背景具有蔡翔指出的平等主义和社会分层的矛盾,处理的是告别阶级的"和解"故事。《路遥论》抓住了路遥与柳青的交集及"经验"残余部分,比较"十七年"文学传统,反思80年代:

---

① 路遥:《路遥全集:散文、随笔、书信》,广州出版社、太白文艺出版社,2000,第128页。

对于路遥个人来说，"交叉地带"不仅是人生路上艰难跨越的城乡结合部，还是社会差别在身份意识与自我认同方面的心理投射；对于八十年代文学思潮来说，"交叉地带"不仅是农村题材小说的内容，还要在写法和观念上完成清理"工农兵文学"遗产走向"世界文学"的过程；"交叉地带"不仅仅是新时期城乡制度变革的结果，更是描述中国社会转型期各种经验层叠的历史寓言。①

将路遥表达为一个远离伤痕文学主流的作家，可谓抓住了新旧结合点，"交叉地带"更体现改革的丰富性：

无论是在批评家的总结，还是路遥越来越丰富的创作自述中，交叉地带都不再仅仅指涉单纯的"城/乡"空间区域或制度差别，而是成为象征改革时代中国社会转型的一个文学符号。就像路遥用另一个词"社会的断层"所描述的："旧的正在消失，新的正在建立。消失的还没消失，建立的也还没建立起来"，"不论生产上，人们的日常生活、人们的意识都处于过渡、转折、斗争、矛盾的这种状态"。②

除具体的地理空间和时间空间外，《路遥论》还开拓了读者对其他"交叉地带"的发现：理论空间、情感空间、文化空间和现实主义写作方法等。比如，当人们过往经验中的"集体""农民阶级""知识分子"等词发生意义转变时，路遥如何使个人继续展望世界？《人生》置青年于超越个体的社会文本中，高加林遭遇了知青返城大潮带来的就业压力，最终黯然收兵；而在《创业史》中，梁生宝走出了一条创社立业的路，成功解决阶层差别。同样是农村青年的出路问题，《人生》还以《创业史》中的段落开幕："人生的道路虽然漫长，但紧要处常常只有几步，特别是当人年轻的时候……你走错一步，可以影响人生的一个时期，也可以影响一生。"③ 这是柳青抉择是否让徐改霞"进城"时发出的感慨。

---

① 杨晓帆：《路遥论》，第7页。
② 杨晓帆：《路遥论》，第137页。
③ 路遥：《人生》，中国青年出版社，1982，扉页。

杨晓帆抓住了富起来并没有解决"活得有尊严"的问题，重读路遥的写作："物质上的富裕反而会加剧农村青年在精神追求上面的相对剥夺感。"①虽然80年代户籍开始松动，城乡对立在缩小，但是路遥笔下的高加林十分讨厌土地。与高加林不同，柳青笔下的改霞不那么迫切地去城市，轻松地放弃了工厂的招工。这是因为柳青相信农村青年不一定需要进城，通过集体事业也可以实现个人价值。而在路遥那里，集体劳动的群像没有了，个人奋斗的形象出现。

三 现实主义创作与80年代痛觉

《路遥论》还在"中西之辩"视野中，考察路遥写作中的城乡之变。"中西之辩"视野不仅看到了小说如何再现现实的问题，还看到了小说所包含的80年代如何与西方他者对话的自觉意识。杨晓帆将研究扩大到路遥如何继承和转换农村题材小说传统。这使她断言路遥并不从个人偏好出发，还预见到了改革时代中国文学发展的必然趋势，并在这洞察中孕育出现实主义作品。由此，她给予路遥的现实主义写作一个更宏大的视野，强调它与新时期多种思潮对话的功能。

倘若继承杨晓帆的"中西之辩"视角，我们看到路遥至少承担了80年代"书记官"的职能。他经历新旧时代，既是70年代继承"十七年"文艺传统的"最后一人"，也是见证纯文学和改革文学初登历史舞台的"第一人"。他试图在80年代现代主义的废墟上建立新的"共同想象"，这是杨晓帆在《路遥论》中肯定路遥的地方。面对时代的转变，路遥坚持阅读柳青的《创业史》，然而时空变了，梁生宝式的"社会主义新人"已经不再适合新时代精神，"文革"文学也已经退出历史舞台。1981年10月30日，在《文艺报》农村题材小说创作座谈会上，发言者针对《创业史》中"新人"的形象，认为柳青笔下的"新人"已经无法代入"非集体化"的联产承包等农村生活实际，无法回应改革的新方向。当

---

① 杨晓帆：《路遥论》，第6页。

时发言者辩证地看待《创业史》塑造的典型情节和典型人物，并指出其中已经过时的部分："一部分人，没有进行改革的能力，但有传统的美德，积极向上的美好心灵，和进行艰苦卓绝的劳动的毅力。"① 杨晓帆也认为，梁三老汉所代表的"传统的美德"，的确无力回应80年代改革者形象，但路遥正是用刘巧珍和德顺老汉身上的传统美德来召唤高加林迷失的心灵，可是对农村新青年高加林来说，却是那么无力。我们从中感受到，路遥的美学趣味和80年代现代化叙事模式下的"纯文学"不同。倘若挺进心态史，路遥在情感上又更靠近柳青的"十七年"文学，他将现实主义作为有意味的形式，以弥合和回应新旧时代的裂痕与冲突。

杨晓帆将这种变化概括为：路遥在人民性方面背离了柳青及其代表的"十七年"文学体系，却在形式的保留中回到了柳青，并继承了社会主义现实主义的基本精神②，这是她的洞见。与其说路遥背离了柳青传统，不如说是不得不远离，他扮演了一个"倒行"着走向未来的角色，如本雅明眼中历史的"新天使"：

> 保罗·克利的《新天使》画的是一个天使看上去正要从他入神地注视的事物旁离去。他凝视着前方，他的嘴微张，他的翅膀展开了。人们就是这样描绘历史天使的。他的脸朝着过去。在我们认为是一连串事件的地方，他看到的是一场单一的灾难。这场灾难堆积着尸骸，将它们抛弃在他的面前。天使想停下来唤醒死者，把破碎的世界修补完整。可是从天堂吹来了一阵风暴，它猛烈地吹击着天使的翅膀，以致他再也无法把它们收拢。这风暴无可抗拒地把天使刮向他背对着的未来，而他面前的残垣断壁却越堆越高直逼天际。这场风暴就是我们所称的进步。③

不让路遥安静地守着柳青文学墓碑的，正是这场历史的风暴。面向"十七年"文学，他沉湎于过去，又不得不与时俱进，这位"农裔城籍作

---

① 杨晓帆：《路遥论》，第79~80页。
② 杨晓帆：《路遥论》，第226页。
③ 〔德〕瓦尔特·本雅明：《历史哲学论纲》，张旭东译，《文艺理论研究》1997年第4期。

家"关注着农村的状况和农民的命运。当经济建设成为核心,当现代作家纷纷投入先锋文学与寻根文学的潮流中,当现实主义农村改革小说被边缘化,农村青年在交叉地带的痛苦中无处纾解——作为时代的路标,路遥记下了他们。正是在"历史天使"的痛觉里,路遥的文学不止于批判和呈现。他笔下的农村保留了杨晓帆说的叙事功能:不再只是与城市相对的前现代的洞穴,还是从平凡人的生活形式中提炼出一个理想形态,并有可能成为现代青年情感的"缓冲剂和精神家园"[1]:

> 他以重新划分文学空间的方式,让那些曾被拒斥在外的人走进来,让他们在文学世界里寻找到与现实抗衡的人生支点,也让闭塞其中的人,去看到那些曾被"墙壁"阻隔在外的——"他们"的生活世界。[2]

李陀说:"路遥的写作能够对改革历史做出这样的一个文学的、艺术的概括,我以为是他的一个很大的贡献。"[3] 作为读者,在被路遥作品打动的同时,杨晓帆指出了另一个现代价值:

> 城市并不必然因其在物质和精神生活方面都比农村发达,就能以"现代"之名绝对优于农村;就像"十七年"文学中国的城市形象那样,城市现代生活既是丰富的,又是危险的,可能腐化革命青年的正确人生观,而经济落后的农村作为革命的策源地,反倒可能提供另一种有别于城市的"现代"想象。[4]

同样作为一名读者,我曾对路遥写的《黄叶在秋风中飘落》里破碎的爱情难以释怀,也在阅读《人生》时,勾勒了一个淳朴善良的农村想象。他笔下的文字既是细腻的,也是令人震撼的,我一度怀疑是否该将路遥归于经典作家。爱情故事似乎是一件太小的事,不同作品的文本中还充满了

---

[1] 杨晓帆:《路遥论》,第13页。
[2] 杨晓帆:《路遥论》,第235页。
[3] 刘净植:《忽视路遥,评论界应该检讨》,《北京青年报》2015年3月13日。
[4] 杨晓帆:《路遥论》,第4页。

相仿的场景：煤矿、乡村、学校。然而就是这样的作品，却拥有同时代文学作品不具备的，能刺透、深入人心的能量。这种能量来自哪里？又如何打动不同时代的读者？我曾希望能从《早晨从中午开始》中找到答案。《早晨从中午开始》提到他写作的思想源泉，一方面是柳青的《创业史》体现出的现实主义写作的抱负和能力，另一方面则是苏联当代文学等外来文学的启发，尤其是尤里·纳吉宾的《清水塘》。可是当我读完这部《平凡的世界》的创作随笔，接着阅读了柳青《创业史》、尤里·纳吉宾《女法医》《清水塘》以及达尼伊尔·格拉宁的《建立塑像的地方》等多篇苏联当代小说后，却更加坚定了路遥文学具有一种特殊性。这些苏联当代小说读起来是枯燥的，人物的形象覆盖在政治变革的迷茫里，人物的血肉情感被"伤痕"淹没，可路遥作品中的每个人物却都那样鲜活生动。读"路遥"，像是扮演他笔下的人物角色，跌宕的人物命运不断捉紧读者的心。随之而来的一个疑惑萦绕在我心中：路遥是怎样突破这些小说带来的思维固视，创造出影响广泛的"路遥"文学的？杨晓帆的《路遥论》解释了这个疑问：路遥吸取了现实主义的笔法，他有特殊的观察视角和抒情天赋；作为一名有历史意识的时代的"书记官"，他又有宏大的抱负和政治敏感。

路遥的矛盾及其他

——从《路遥的时间》与《路遥在最后的日子》的比较阅读出发

周仪钧[*]

摘　要　2019年为路遥诞辰七十周年，学界对于路遥的关注未曾有过间断，近年亦有路遥相关评传陆续出版。本文根据今年航宇撰写的《路遥的时间——见证路遥最后的日子》展开讨论，该书在路遥研究脉络中有相当特殊性，通过与1993年出版的《路遥在最后的日子》交叉比对，整理了《路遥的时间》在史料意义、取材、书写上的特质及其限制。再根据《路遥的时间》延伸思考路遥的写作劳动与生活实践上的矛盾问题。

关键词　路遥　航宇　《路遥的时间》　作家传记　《路遥在最后的日子》

2019年是路遥诞辰七十周年。路遥离世至今已经有28个年头，但其实路遥从未离开我们，尽管有着所谓"路遥现象"——路遥作品在文学史上的位置仍有待深入分析与评断，广大读者对于路遥作品接受之高和广——对于路遥的关注未曾间断过。

而关于路遥的评传，在近十年内接连完成整理和出版，除了早在1997年王西平、李星、李国平的《路遥评传》，还有2014年海波的《我所认识的路遥》，以好友的身份描写记忆中的路遥；2015年厚夫的《路遥传——重新开启平凡的世界》，厚夫主要负责路遥文学馆的创建，资料掌握全面，

---

[*] 周仪钧，台湾淡江大学硕士研究生，目前主要研究方向为陕西文学。

能更为理性客观地呈现路遥传记；2016年王刚的《路遥年谱》客观呈现史料、书信，并整理了国家重大事件和陕西文学界大事记作为参照；2017年张艳茜的《路遥传》，其与路遥有过同事之缘，传记书写带有文学性，同时也有丰富文献资料的支持；以及2019年，航宇根据1993年《路遥在最后的日子》重新修订出版的《路遥的时间——见证路遥最后的日子》，为路遥研究提供了新的史料。讨论路遥的热度随着评传陆续出版，史料的整理、公开，得以再开展。本文在此背景下，对2019年7月出版的《路遥的时间》进行讨论，同时讨论路遥在劳动观中的矛盾。

一

航宇（本名张世晔）与路遥是清涧的同乡，1989年从清涧文化局调到了陕西作家协会担任编辑，两人在陕西作协大院作为同事，有了交集和互动，航宇增修的《路遥的时间》便是从作协院子里的路遥讲起：路遥院中来回踱步，等候茅盾文学奖评选的过程和结果。《路遥的时间》是经过三次修订的稿件。在1992年路遥过世之初，航宇未脱离路遥离世的悲伤，起先拒绝了所有怀念路遥文章的邀稿；后来《喜剧世界》杂志主编金铮希望航宇能将在医院陪伴路遥期间的经过书写下来，为读者、研究者呈现有血有肉、真实的路遥；航宇不好推辞，完成了《路遥在最后的日子》，自1991年7月路遥装修房子开始，写至路遥追悼会，一口气写了6万字，之后由陕西师范大学出版社出版。2007年因报告文学集《永远的路遥》出版，又再次修订。此后，航宇又费时三年，修订三稿至40万字，在2019年作为路遥诞辰七十周年的纪念，由人民文学出版社出版为《路遥的时间——见证路遥最后的日子》。他将记录时间往前调整至1991年3月，记录刚获茅盾文学奖的路遥，那是路遥离世的前600天，往后则延至路遥逝世一周年纪念活动，多了航宇出版《路遥在最后的日子》，以及筹备拍摄电视片《路遥》的过程，对于生活上的细节也交代得更为详细。

航宇比路遥小15岁，航宇1964年出生清涧，也许是同出于清涧、同出于陕北的渊源，路遥与航宇在相处上自然多了一份亲切，也由于是前后辈关系，路遥时常嘱托航宇协助处理事务，《路遥的时间》里航宇数次提到，路遥惯于在晚上散步过后来到他的房间，除大部分是给航宇布置任务，偶尔畅谈陕北的人、事和民歌，还有收到获茅盾文学奖的电报的那个夜里，带着激动和热情告诉航宇这个消息。那时航宇27岁，也是一个文学青年，已发表过几篇中短篇小说，作为路遥的后辈，在路遥病倒住进医院以前，为路遥前后操办了许多要事，协助路遥为陕北企业编报告文学集，组织路遥返乡回清涧的事宜，替必须专心工作的路遥找合适的环境，统筹装修房子的事情。在那时路遥的体力已经明显下降，而后路遥住院，从延安到转院西安，航宇更是每日在医院陪伴、照料路遥，可见航宇与路遥两人的情谊深厚。

因此，《路遥的时间》在路遥研究脉络里有相当特殊性，是其作者身份之特殊，一个在路遥离世前有密切互动的友人，以下从几个面向谈这本书的特点。

程光炜在《文学年谱框架中的〈路遥创作年表〉》一文中，便有提到在构建当代文学史的工作中，现下史料文献搜集、整理的重要性和必要性，时间持续前行，第一手数据将会随着当事人和参与人的年迈而消逝，史料的收集和考订也只会愈来愈加深难度。从史料意义而言，航宇这部书的价值已经从书名显露出来——见证路遥最后的日子，航宇在这段时间中，是一个见证者，在许多事情更是直接参与者，近距离地、连续性地呈现路遥这一时期的生活，包括路遥的经济状况、人际交往、行迹之处，以及饮食、容貌、各种生活细节，巨细靡遗。而同样记录路遥离世前的回忆文章，相对完整的还有邢小利写在1992年的《从夏天到秋天——路遥最后的岁月》。邢小利当时为《小说评论》编辑，也同是活动在作协大院里，作为一个旁观者，记录了路遥从夏日到告别期间的行程和"形容"变化。其文章中也记载了航宇的陪伴："作协委办一个叫张世晔的文学青年去延安照看路遥。张世晔是路遥的同乡。延安与西安每天通话。几天之中，不断有路遥病情加重的消息传来。"[①] 邢小利也是少数谈及航宇的人，此外

[①] 李建军主编《路遥十五年祭》，新世界出版社，2007，第75页。

还有晓雷在《男儿有泪——路遥与谷溪》《故人长绝——路遥离去的时刻》分别写到了谷溪为躺在延安医院的路遥准备餐饭的过程，及路遥在医院最后治疗的过程，而其他关于路遥住院时期，观看相关友人、作家的纪念文章，多是提到在医院探望路遥的片段纪录，以此，航宇提供丰富的一手资料，提高了路遥研究文献的完整度。

《路遥的时间》是带有回忆录性质的纪实文学，其为人所顾忌的便是记忆上存在误差，以及带有主观性质的印象和感受，然先不论细节真伪，通过《路遥的时间》，可见路遥1991~1992年组织过的主要工作，顺着其记载内容的时序前行，可见到路遥赴北京领茅盾文学奖、主编陕北报告文学、荣归清涧老家、编辑路遥全集、创作随笔《早晨从中午开始》、装修西安住家、住进延安地区人民医院、转院西安西京医院、托航宇赴陕北征订文集等重要事迹。

在材料的选择方面，比较20年前6万字的初版，可以观察出航宇对这部修订版是以真实呈现的态度去写的，1993年的版本则相对有为贤者讳的倾向。关于路遥的性格，1993年版本对于路遥的情绪变化，多是偏向呈现路遥的困倦、疲惫、悲伤，提到路遥生气、情绪急躁也只是点到为止；新修版则毫无保留地表现路遥的固执、倔强、好赌气，同样当然也有路遥的逞强、敏感、忧愁，保留路遥犯脾气时的真实细节，在生活习惯上的不拘小节，扩写路遥对于陕北小米稀饭执着和渴望。通过比对还能看到，路遥对于就医一事的固执和坚持，1993年版在路遥整修家期间，因高烧39.7度首次赴医院时，航宇当时写下："医院没多检查就走了"[①]，然新修版却修正为："值班医生建议路遥先住院，然后做进一步检查。可路遥坚决不同意，说自己只是感冒了，其他没什么大问题。"[②] 航宇在此一改前言，记下了值班医生对路遥病情的警告，也记下了路遥坚决不住院的执着，其实路遥在当时早就对自己的身体状况有底，然因为林达与女儿马上就要回到西安，还有很多事必须完成的路遥不能待在医院里，两权相较下

---

① 航宇：《路遥在最后的日子》，陕西师范大学出版社，1993，第20页。
② 航宇：《路遥的时间——见证路遥最后的日子》，人民文学出版社，2019，第145页。

路遥往往选择承担责任，而搁置自己的身体状况，同样的情况，在《早晨从中午开始》的创作随笔中也可看出来，《平凡的世界》写到第二部时其身体已经每况愈下，仍坚持以高强度的劳动，争取时间完成第三部的写作。

对照1993年版本，也可看出航宇在新修版对路遥的兄弟情感及婚姻状况的揭示。在与林达的婚姻方面，航宇在28岁写回忆录谈及路遥首次告诉他离婚打算时，极真诚地保留自己对于路遥与林达婚姻发展的不理解，然航宇在55岁时修正了对于此事的结论："在家庭问题上，很难说得清谁对谁错，恐怕这是一个世界性的难题。"① 航宇在感情观上的态度有所转变，带开放态度看待两人的关系，因此在材料上也多提供了路遥谈论林达和林达在得知路遥住院后的反应。原本只字未提路遥与林达在病床上签订离婚协议的事，新修版中却整理出来，更侧重写了路遥对于此事的豁达态度，以及作者本身的感受："我以为他会在我面前大发雷霆地痛骂一阵林达，因为只有这样才符合有血性的路遥的性格。可在此时此刻，彻底颠覆了我对他的认识，跟以前判若两人，简直就不是我所认识的路遥。"② 先前或许由于时机选择避而不谈，事过境迁后选择呈现，路遥在病床上的性格转变，也因而有机会被公开出来。另一增修，则是路遥与王天乐关系转恶的过程。此事1993年版本是完全回避的，以致路遥最好的兄弟，支持路遥完成《平凡的世界》艰难工作的兄弟，在路遥生命后期是呈现缺席的状况，航宇选择在新修版写下王天乐的几次出现，以及路遥在与王天乐见面后的情绪变化。王天乐回到了路遥的文献中。然目前只有航宇的记载，在文献上的意义还是显得有些单薄，因航宇作为一个旁观者，与路遥相处时间长，关于兄弟之间的互动多是看见路遥一方，对事情的解读有着视角上的局限性，且王天乐也在2007年肝硬化离世，难以考证此材料的因由原委。

此外，航宇还整理了路遥文集的出版过程。早在1991年5月路遥便有

---

① 航宇：《路遥的时间——见证路遥最后的日子》，第131页。
② 航宇：《路遥的时间——见证路遥最后的日子》，第329页。

了筹备文集的打算，其间与陕西人民出版社的好友陈泽顺多有往来和讨论。1992年3月路遥便开始紧锣密鼓地整理编辑文集，航宇记录下当时身边人对路遥壮年时期就打算出版文集的不解，以及路遥碍于名气无法全心全意投入工作的状况，经陕北老乡的资助，才得以躲在招待所完成工作，而沉浸在工作中的路遥，不分日夜、不顾吃食。这样的状况也可参照路遥在《早晨从中午开始》随笔的记载，创作《平凡的世界》那些年亦是完全失去了写作以外的生活自理能力，全靠弟弟王天乐的协助才能撑过那段时间。《路遥的时间》还呈现了路遥全集在出版前期并不顺利，因订数不够无法开印，经航宇上陕北征订却处处碰壁，尽管路遥在当时已获茅盾文学奖，仍碰上这样的窘境，道出了80年代中后期的文学出版在社会上的困境，及作家重新被纳入资本在产业结构中的种种限制。

  航宇在《路遥在最后的日子》里是以回忆与写作当下，虚实交错完成叙事，文字间可以感受到路遥在沉痛的情绪中写下文稿的状态；而在《路遥的时间》中，航宇则多了些理性的处理，原文的哀伤、感叹都有所去除，采取纪实文学的体例，叙述中会交代人物和事件的前后渊源，而笔法则流水账般描写过程、细节，以小说形式写对话、描述动作，添增了还原现场的临场感，然而这却削弱了文献的真实性，使人感受到作者在文中高度的主观性，进而提示我们这是经过作者转述的。书中有28岁的航宇因年龄体会不足，在记忆中对路遥所言做的诠释，亦有55岁的航宇因时间的流逝，对于模糊记忆再追想后，对于路遥的再理解。这或许能更贴切形容路遥当时的情绪和模样，又或许有所远离，此为《路遥的时间》在文献认识价值上的难免限制。

  然而，尽管路遥的表现与现实有可能产生误差，航宇亲历、亲见的体验仍是一种真实，能真实看到路遥日常生活的人，路遥给他的直接感受为何。作为一个文学青年，他旁观的路遥又是什么样子？观察航宇的行文，对于路遥他多少是带有崇拜、敬畏文豪的心理与其相处，并且在书写中透露出来，他会不时地提起路遥的成就、路遥为大作家的身份，不时为路遥名誉和生活条件的落差而为其感慨、可惜，不时在与路遥的对话中给他应有的肯定，当然对路遥的解读便多为偏向正面的看法。

二

且不论感官上的解读与对话重构的问题，航宇对路遥交办工作的记录、事实发生的记录是翔实且可以参考的。经由《路遥的时间》可以看到路遥对陕北土地的认同，这亦可从其他纪念文章中得证，路遥是每年都要回陕北一趟，住院过程中，可见其对陕北吃食的爱好，陕北小米稀饭、洋芋擦擦、荞面饸饹、白面揪片，只有朴实简单的小米稀饭，能让承受病痛之苦的路遥勉强开口进食，以及路遥自觉为陕北的主人，特别叮嘱航宇，对于前来延安探病的客人要处处周到的照顾，对方上火车后的晚餐也一并安排妥帖；或是一次陕西省作协的好友李国平、王观胜、徐志昕来探望，路遥争取出院，欲带朋友去参访延安大学和枣园，可见路遥自觉地将自己定位为陕北的主人，依恋陕北的土地，也为陕北的土地承担责任。

除了对于陕北土地的认同，还能从书中看到路遥沉浸在劳动里的样子。在航宇书中记录的这600日期间，路遥没有再进行小说创作的劳动过程，不过能从路遥在招待所亲自编辑全集和创作随笔《早晨从中午开始》的那段过程，看到在投入工作时的状态，完全弃置对生活质量的维持。本文想补充讨论路遥全身心地投入、倡导劳动的信念，和他搁置生活、身体产生重病的矛盾，路遥何以会有这样类似于殉道者的精神？对于路遥而言，"劳动"在其人生中视为相当高尚的价值，且散见在他的小说、散文、访谈当中。

观看小说《人生》的结尾，劳动是路遥在《人生》中最高、最为肯定的精神价值，也是路遥给高加林最后的出路。在高加林受第二次打击，从城市回到农村的路途上，亚萍是已经高不可及的对象，巧珍也成为他人的妻子，高加林都无法从这两者得到安慰，如同他无法取得进入现代性秩序的资格，又无心扎根于土地，处于交叉地带上的高加林，在不上难下之间，他感到飘零无靠，此时是德顺老汉给予了高加林心灵上的出路，劳动，"只要咱们爱劳动，一切都还会好起来的"[①]。一生专情的德顺老汉以

---

① 路遥：《人生》，北京十月文艺出版社，2011，第247页。

自身经验证明："我爱过，也痛苦过；我用这两只手劳动过，种过五谷，栽过树，修过路……这些难道也不是活得有意思吗？——拿你们年轻人的词说叫幸福。"① 劳动支持着单身老汉活过半辈子的人生。路遥也透过失恋的巧珍表达巧珍在劳动中的救赎："她曾想到过死。但当她一看见生活和劳动过二十多年的大地山川，看见土地上她用汗水浇绿的禾苗，这种念头就顿时消散得一干二净。她留恋这个世界；她爱太阳，爱土地，爱劳动，爱清朗朗的大马河，爱大马河畔的青草和野花……她不能死！她应该要活下去！她要劳动！她要在土地上寻找别的地方找不到的东西！"② 见劳动的成果而对生活、对土地产生眷恋，巧珍的伤和不幸在劳动的过程中消释。高加林也是以此得到安慰，路遥在终章特别标注了（并非结局）。我们看高加林的人生追求过程是每况愈下。野心勃勃的青年，在开篇之初便是受挫，开头还有着力气与生活搏斗，但在一次次的重击——第一次民办教师工作被不合理换下，第二次好不容易进入城市，但走后门被告发而遭回，第三次回乡将要面对还爱着的人却已成婚，面对曾经负心而受舆论压力，这一切似乎使他难有力气再往前迈步，但在检讨生活被自己的想望和虚荣搅乱的同时，路遥还是给了他一个光明的收尾，给了他父老乡亲的问候，给了他巧珍的善意，给了他未完待续的结局，给他德顺老汉的叮咛："一个男子汉，不怕跌跤，就怕跌倒了不往起爬，那就变成个死狗了……"③ 现实生活或许没有这么幸运，跌跤了还有人搭把手，但继续向前，继续劳动是必需的，未来不可测但仍保持着光明。对于农村青年在社会制度下求无出路的心理状态，路遥无法也难以提供制度革新的思考，凸显此一矛盾便是最大的贡献；此外便是先为农村青年在心灵上的安顿找出路，路遥为他们提示了要把浮躁的心安顿在劳动之上，然未来可以走向何处，此处没有答案。

《人生》的问题路遥在《平凡的世界》给予了回应。孙家兄弟的发展，一个留在农村养家、耕耘，一个出外打拼闯荡，成为路遥交叉地带上两个不同人生选择的典型人物。孙少平像是成熟了的高加林，相较于高加林，

---

① 路遥：《人生》，第 246 页。
② 路遥：《人生》，第 204 页。
③ 路遥：《人生》，第 248 页。

他对自己的状态有更清楚的认识，也有更沉着的心态，同样也是中学毕业后在村里任民办教师，借由田晓霞为他寄来的报纸和书没有中断学习和关注外界，在结束教师生涯之时，孙少平能承担也愿意承担自己是农民的身份和农民的劳动，并不怕付出劳动，甚至他在外头的揽工、挖煤都比在农村劳动辛苦，他不安于的是农村里已既定好的平凡的生活，因为读书让他知道外头有更大的世界，青春的躁动使他不安于现处的小世界，不安于稳定，可见使孙少平出走的是外在世界的召唤，不是基于自己的有志难伸，也不是基于仰慕虚荣。总的来看，孙少平离开双水村后的发展并不理想，没有条件、背景和高学历使他只能从事底层的劳动工作，他在黄原城里靠揽工生活，其间换过多个东家，后来在田晓霞的暗中协助下，进入煤矿场成为正式工人，不过他并无任何怀才不遇、愤世嫉俗的想法，也没有因为自己不亮丽风光的工作感到妄自菲薄，其在于他能够自在于他的状态，无论是在农村、揽工处、煤矿井底下，孙少平都能维持读书的生活习惯，读《牛虻》《简·爱》《红与黑》《马克思传》……参与在底层的、世俗的生活环境里头，但能不停止思考，从生活中反省、提炼出更深的认识，或从中把握可以发展的机会，比如孙少平在矿场工作仍关心国家的煤炭的开采技术，计划着要自修报考煤炭技术学校，平心面对眼前存在的现实，踏实地生活。

而孙少安作为家中大哥，因家中光景穷得一烂包，书读到小学结束就放弃考上的初中，主动返家协助下田务农，13岁便协助父亲担起家庭的责任，也因此，他在人生的发展上没有太多选择的筹码。孙少安尽管与城里教书的青梅竹马田润叶情投意合，然两人条件的差距，还是促使理性的孙少安决定放下对于田润叶的感情，在叔父引荐下，娶了能与他安生过日子的山西婆姨。不过选择不多，并没有影响孙少安对生活的热情。他作为生产队长在可以发挥的领域内尝试突破，为农民的劳动状况和收获想方设法，也随着政策的调整，办起砖瓦厂，带着村民改善经济条件。孙少安一生都没离开双水村，一生在此劳动耕耘，然回望其所为，也为家乡交了漂亮的成绩单。

粗略地来看，路遥通过《平凡的世界》给予我们答案，当我们直面生活，踏实劳动，尽管起点不同，尽管走法各异，且未必会"成功"，但能问心无愧。《平凡的世界》在书稿出版之前原书名为《普通人的道路》，提醒着我们都是普通人，平凡的世界是由普通人走出来的，切忌不甘于平凡，路遥也是这么提醒着自己："我在稿纸上的劳动和父亲在土地上的劳动本质上是一致的，由此，这劳动就是平凡的劳动，而不应该有什么了不起的感觉。由此，你写平凡的世界，你也就是这平凡的世界中的一员，而不是高人一等。由此，一九八八年五月二十五日就是一个平平常常的日子，而不是特殊的日子。由此，像往常的任何一天一样，开始你今天的工作吧！"[1] 无论自己有多少成就，完成了多壮大的事，都是一个平凡人，每日须回归平凡的劳动，对于成就采取乐观其成的心态。陕北的人民也是，在贫瘠的土地上生活，收成只能交由老天决定，于是选择勤恳劳动，信天而游。我所知道的陈忠实也是如此的写作态度。"只问耕耘，不问收获"是他的座右铭，也是路遥、多数陕西人民认同的人生观。

三

然而这样的价值观与路遥的生活实践存在矛盾。路遥是沉浸在高强度劳动而搁置生活、放逐世俗的殉道者，他在事业上是有高度的理想追求的，好友曹谷溪也这么评价他："路遥是一个'事业型'的人物。他为自己确定了一个很高的人生目标，他对这个目标的诚挚追求，几乎使他忽略了自己的亲情、友情中的许多事情。他对文学艺术事业的追求，执着到懒于与人谈文学的地步。""路遥创作《平凡的世界》的几年里，他几乎脱离了家庭，脱离了社会，全身心地投入到自己的创作之中。"[2] 他对理想的高度紧张把自己推到了极致的边缘。在航宇的书中也能看见，路遥在日常生活、与人相处上不拘小节，其进食习惯也是有一餐、没一餐，或是随意凑合，一天必须抽两包烟，甚至在病房中也无法克制对香烟的依赖，自患病以来时常无视医学治疗，身体似乎只是助路遥完成精神使命的载体，但未

---

[1] 路遥：《早晨从中午开始》，北京十月文艺出版社，2012，第112页。
[2] 李建军主编《路遥十五年祭》，新世界出版社，2007，第9页。

能以身实践价值认同。

  路遥在创作随笔《早晨从中午开始》里公布了为创作《平凡的世界》所做的知识准备工作、小说架构规划和意义思考，尤其是在写作过程中自我苛求、自我囚禁的状态，为大事业奉献的感性和激情。如今透过航宇记录了解此时的路遥，其实也是重演了其笔下同样的写作状态，将自己关在房里、招待所里将近半年的时间，无顾吃喝地高强度劳动，同时整理出版文集和写下这篇创作回顾，以致身体开始出现明显病兆。通过航宇的旁观描述以及路遥对书写状态的自我坦诚，我们能看到路遥的生活、工作态度与作品主题价值观之间是有矛盾的。路遥的确能深入劳动，沉浸于劳动，但并不满足于为了劳动而劳动。如何理解这样的矛盾？或许可理解为路遥紧张于宿命的不可预测，有文学教父柳青走在前头，未完成《创业史》的遗憾所带来的焦虑；或许可从路遥的演讲、访谈中理解，其致力于关心农村知识青年，正面积极肯定青年向前、向上，没工夫停下来稍微关心、关注自己的心意；又或许我们能在阅读《路遥的时间》的过程中，进入航宇旁观者的视角，感受那份从书中透出的急迫感，生命最后600天的路遥，无论是由于性格，还是自知身体状态的变化和衰弱，追赶着时间办事，包括与陈泽顺筹划出版个人文集，写下《平凡的世界》的创作随笔，为女儿装修房子等。黄文倩对于路遥困境的一种理解则是："路遥可能在某些程度上，陷入了王安忆以前在《叔叔的故事》中所意识到的困境——有时候，生命和情感都微妙地消耗在写作过程中，写作成了生命的主体与目的，个人的身体与生活反而退居其次，成了手段与不重要的过程。当然，每个严肃的作家可能都多多少少如此，一个追求高峰体验的创作者，是不可能全然地在每种状态里维持清醒与不麻木的。但当他攀爬高峰，眼中只有最高的皓月与理想时，路遥和他的主人公们，生命余裕或者说弹性可能也有一些不足，他之所以英年早逝，或许也跟这样的生命失衡，没有被彻底地自觉与反思不无关系。"[①] 路遥可能也未发觉自己同样处在交叉地带的

[①] 黄文倩：《召唤路遥》，《灵魂余温：两岸现当代文学批评集》，台湾学生书局，2017，第175页。

精神困境中，他关心这片土地上的青年，创作《平凡的世界》表达甘于平凡的平常心生活，是为最理想的精神价值，引导那些因梦想的伟大、理想的炽烈怀才不遇、患得患失的青年，在平实的劳动中找寻安顿。路遥以悲壮的行动落实创作工作，在精神上已经脱离了陕北子弟务实当下的人生观，深陷在完成理想事业的自我要求里，为我们留下孙少平这样农村青年的生命轨迹，指引"安于平凡的劳动"于作品中。

  航宇《路遥的时间——见证路遥最后的日子》的出版，让我们共同见证了劳动者路遥最后的日子，见证路遥的勤恳、执着，为路遥的研究提供了多面向的材料。

◎ 古典文学、文献学

古代"七夕"诗词曲综论

赵逵夫*

摘　要　在中国古代近两千年吟咏岁时节庆的诗词曲中，七夕诗的数量很大，很多直接是以"七夕""乞巧"等为题，还有些是在篇题开头标出"七夕"，说明作于七夕之夜。这些作品或写乞巧节俗，或写自己七夕节的经历、处境，抒发个人念家、怀旧的情感，或联系现实抒发感慨，甚至借以抨击当时官场及社会不良现象。由这些作品不仅可以看出各个朝代、各个地方乞巧节俗的不同和七夕节俗传播中的一些现象，而且可以看出当时的社会状况、诗人们的创作心态和借七夕抒写个人情怀的艺术手法。所以对古代七夕诗词曲的综合考察可以成为一种对古典诗词曲创作手法的纵向抽样观察。

关键词　七夕　七夕诗　乞巧　鹊桥仙　牛郎织女

历代的岁时节令中诗，就南宋蒲积中编《古今岁时杂咏》所收而言，重阳、中秋、七夕这三个节日的最多。七夕下来是元日，所收朝贺之作不少，但真正书写社会状况及个人抒怀之作不多。该书所收历代有关岁时节令之作并不全，有些佳作并未收入，所收个别作品也未见得精彩，但大概反映了历代诗人创作中什么节庆最能触动诗人的心灵，引起诗人的创作情

---

* 赵逵夫，男，西北师范大学文学院教授、博士生导师，主要研究方向为中国古代文学与文化。主要著作有《屈原与他的时代》《屈骚探幽》《先秦文学编年史》《古典文献论丛》等。

绪。陆机《文赋》中说："若夫应感之会，通塞之纪，来不可遏，去不可止。藏若景灭，行犹响起。"好的诗作不是造作出来的，而是思想与情感涌动的结果。为什么写重阳、中秋、七夕这三个节日的作品最多？因为重阳有登高的习俗，官员走出府第，文人跨出书斋，登高所见，忆昔抚今，感兴而发者多。中秋则全家团聚之日，天伦之乐，烦恼尽去；而游子怨妇则难免牵情。为什么七夕这一天诗人们也兴致很大、感慨很多呢？因为七夕和鹊桥相会传说有关，有新婚而欢喜者，有分离而思念者；七夕又是乞巧节，妇女儿童之乐，引起全家之欢；而巧又是无论男女老少都希望具备者，又因人所处环境不同、社会地位不同、价值观不同，既能因具巧而得福，也会因他人之弄巧而遭祸；故有的人因七夕而欣喜，有的人因七夕而忧愁。这些俱可以感兴之发，书而成篇。所以历代以"七夕"为题创作的诗词曲特别多，其中有不少脍炙人口之作。

首先，由这些作品可以看出，不同时代、不同地域的七夕节俗有所不同，显示出在漫长的传播过程中及不同地域间产生的变化。其次，这些作品虽然都是由"七夕"生发出，却情感各异，看法有别，既反映出不同社会的不同色调，也反映出诗人当时的思想情绪和对一些事情的不同看法。最后，从表现手法上说，即使看法相近者，也往往独出心裁，出人意表，反映出诗人不同的创作风格与学术素养。

本文根据诗、词、曲三类体式和作品篇题的类型分别探讨历代诗人笔下的七夕节俗与诗人们复杂的社会阅历、思想感情，以及诗人对七夕节俗的解读和借以抒怀明志的艺术手段。当然由这些我们也可以看出"七夕"作为一种文化符号在古代诗词创作中所占的地位。本文以篇题作"七夕""乞巧""七月七"或题中标出"七夕""乞巧"等与七夕节相关词语者为限（个别词作无标题者看其内容）。

从体式上说，作品可按诗、词、曲分为三类。因为诗的部分数量多，故按篇题分为两类：一类为题作"七夕"或"七夕诗"者，一类以"乞巧"为题或篇题中有"七夕""七月七日"者。

这些作品从内容上说，大体包括四个方面：一是侧重描写七夕节俗，附带表现个人情怀；二是着重写牛郎织女鹊桥相会，也往往联系自身，或有所联想；三是由鹊桥相会引出自身悲苦的倾诉，或表现对有情人分隔两地的同情之心；四是借乞巧的话题引到"巧""拙"的评说上抒发对个人遭遇及对当时政治的感愤之情。这几方面内容常相互连带，甚至形成诗人构思上的起承关系。本文的论述侧重于写七夕节俗及借七夕、乞巧风俗抒情写志之作。各部分大体以时为序，同时之作稍加归纳，以便于从内容上与表现手法上进行比较。

一 以"七夕"为题之诗作

历代诗人直接以"七夕"、"七夕诗"或"某某（干支）七夕"为篇题的诗作很多。因为"七夕"是这个节日的正式名称，因而包含着与节日有关的各个方面，借以抒怀的面便很宽。

咏"七夕"最早之作是晋初潘尼（247～311）的《七月七日侍皇太子宴玄圃园诗》，此后还有王鉴、苏彦等人之作（按篇题类别放在下一节说）。东晋李充（300？～359？）有《七月七日诗》，云：

> 朗月垂玄景，洪汉截皓苍。牵牛难牵牧，织女守空箱。河广尚可越，怨此汉无梁。①

前二句写七夕夜景。后四句实是借牵牛之难以牵牧和织女守着空织机无法织作，写当时社会之艰难，连男女农民正常的生产也难以进行。这不是写个人的困境，而是写当时社会。晋王族南渡之初虽恢复了晋朝统治，但社

---

① 作品出处可依作者所处朝代按其生年在下列相关总集中查出。《先秦汉魏晋南北朝诗》，逯钦立辑校，中华书局，1983。（清）彭定求等编《全唐诗》，中华书局，1980。《全唐诗补编》，陈尚君辑校，中华书局，1992。（清）李调元编《全五代诗》，何光清点校，巴蜀书社，1991。曾昭岷、曹济平、王兆鹏、刘尊明编《全唐五代词》，中华书局，1999。北京大学古文献研究所编纂《全宋诗》，北京大学出版社，1991。陈新、张安如、叶石健、吴宗海等补正《全宋诗订补》，大象出版社，2005。唐圭璋主编《全宋词》，中华书局，1965。阎凤梧、康金声主编《全辽金诗》，山西古籍出版社，1999。杨镰编《全元诗》，中华书局，2013。唐圭璋编《全金元词》，中华书局，1979。章培恒等主编《全明诗》，上海古籍出版社，1990。饶宗颐初纂、张璋总纂《全明词》，中华书局，2004。谢伯阳编纂《全明散曲》（增补版），齐鲁书社，2016。不一一加注。下同。

会问题很多。"河广尚可越"有可能是指晋王族南渡，末句指老百姓的艰难无法越过。

南朝宋孝武帝刘骏（430～464）有《七夕诗二首》，为我们提供了认识南朝初期乞巧节俗的信息。其第一首开头云："白日倾晚照，弦月升初光。炫炫叶露满，肃肃庭风扬。"然后由牛郎织女相会从青年男女的身份联想及自身。第二首写乞巧：

> 秋风发离愿，明月照双心。偕歌有遗调，别叹无残音。开庭镜天路，余光不可临。迎风披弱缕，迎辉贯玄针。斯艺成无取，时物聊可寻。

写了民间乞巧之俗，如月下穿针等。特别应该注意的是其中说到姑娘们在乞巧中唱歌的情节："偕歌有遗调，别叹无残音。"所谓"遗调"即以前的姑娘们所唱而传下来的有固定曲调的歌；"别叹"指歌词之外表感叹情调的声词，即在句末或一小段之间反复出现的音节、句子。这些同近代很多地方乞巧活动中唱的乞巧歌一样，有一些反复出现的表感情与节奏的声词。古代妇女乞巧中唱歌，《西京杂记》所记西汉时宫廷乞巧风俗中已有（见后）。这里从另一个方面证明乞巧中唱乞巧歌这个节俗在南北朝以前已经产生。

南朝梁萧衍、何逊，陈张文恭，北朝邢邵、庾信、江总均有《七夕诗》，梁萧纲、庾肩吾均有《七夕》，然均以写牛郎织女相会为主，这里就不谈了。

初唐祖咏的五律《七夕》主要写姑娘们的乞巧活动。其诗云：

> 闺女求天女，更阑意未阑。玉庭开粉席，罗袖捧金盘。向月穿针易，临风整线难。不知谁得巧，明旦试相看。

祖咏为洛阳人，所写自然为中原一带的节俗。穿针乞巧是西汉之时已经产生的七夕节俗。《西京杂记》卷一载："汉彩女常以七月七日穿七孔针于开襟楼，俱以习之。"此七孔针，笔者以为即同时拿七根针，针孔眼并列如扇，将一根线依次从七个针孔中穿过。故上引刘骏诗中说"贯玄针"，"贯"是接连穿过之义。穿针乞巧之俗是七夕节俗中流传最广的一项活动。

宋之问（656？～712），汾州西河人。其五律《七夕》写牛郎织女相会的当中也写到与七夕相关的风俗，如："停梭借蟋蟀，留巧附蜘蛛。"蟋蟀在农事已完妇女开始纺织前后叫，其叫声"织、织、织！"如催人快织，故又名"促织"。诗中言织女停梭去与牵牛相会，而让蟋蟀去叫着，把纺织之巧给蜘蛛，让它去启发人间的女子。蜘蛛织网的技巧令人惊叹，所以七夕之夜小孩子们在各处取蛛网，以多为得巧，也是七夕的一个节俗，南北俱有。颈联"去昼从云请，归轮伫日输"，说明当时北方乞巧在七夕节前先要从云里迎织女，乞巧活动结束后又有送巧活动（"输"，送的意思）。可见唐代北方有的地方是先一天迎巧。诗中似写牛郎织女相会，却反映出当时七夕节乞巧的情节，很有韵味。沈佺期（656？～716），相州内黄人。其五律《七夕》云：

> 秋近雁行稀，天高鹊夜飞。妆成应懒织，今夕渡河归。月皎宜穿线，风轻得曝衣。来时不可觉，神验有光辉。

第三句悬想织女必然停织并进行了打扮，因今夜是渡天河与牵牛相会的日子。民间传说中牛郎是在人间，所以诗中言织女神灵下凡也会给人间女儿赐巧。沈佺期为唐相州内黄（今属河南）人。由"神验有光辉"一句看，当时中州之地乞巧也供织女像，虔诚祀之。言神灵显出光辉，以示灵验。

联系以上几首所写，初唐时不少地方的七夕风俗已同晚近陕西西部、甘肃南部一带保留之乞巧风俗大体一致。如祖咏诗中除行穿针竞赛之外，说到在庭中设席捧金盘乞巧，特别"更阑意未阑"，一直到深夜。这同现在甘肃礼县永兴、西和长道（均距秦人先公先王陵墓群大堡子山、圆顶山较近）在七月七白天举行的转饭仪式和乞巧至子夜的情形相近。

孟浩然（689～740）的五律《他乡七夕》由七夕引起对家乡与家人的思念。其前四句云：

> 他乡逢七夕，旅馆益羁愁。不见穿针妇，空怀故国楼。

因七夕而想到家中的妻子，文字不多而感情真挚动人。诗中的"故国"指故乡。"故国楼"即家中妻子所居住处。这首诗在历代七夕诗中是有代表性的，因为历代长期宦游在外的文人当七夕之时思家念亲是很普遍的，这方面的诗也很多。

崔颢（704？~754）的《七夕》云：

> 长安城中月如练，家家此夜持针线。仙裙玉佩空自知，天上人间不相见。长信深阴夜转幽，瑶阶金阁数萤流。班姬此夕愁无限，河汉三更看斗牛。

"长信"为汉代宫名。借汉而说唐，是唐代诗人惯用的手法。诗人想象七夕之夜皇家后宫中的寂寥和嫔妃们的无限愁思，她们只能数流萤，惆怅地看着天上的牵牛织女星，想象他们相会的情景。晚唐诗人唐彦谦（？~893？）的《七夕》也是以皇宫为题材：

> 露白风清夜向晨，小星垂佩月埋轮。绛河浪浅休相隔，沧海波深尚作尘。天外凤凰何寂寞，世间乌鹊漫辛勤。倚阑殿北斜楼上，多少通宵不寐人。

联系人世间处于后宫中的女子，对失去情意中人而无可得救的女子充满了同情，而表现十分含蓄。"绛河"即银河。天上的事，自有凤凰管，人间的乌鹊空忙什么？这其中的含意是：人间大量被阻隔而不能相会之有情人，并无人同情。

卢殷（746~810）的五律《七夕》，借"牵牛织女期"而抒发个人情怀，末言"全胜客子妇，十载泣生离"。白居易（772~846）的七绝《七夕》中说："几许欢情与离恨，年年并在此宵中。"究竟是说牵牛织女，还是说人间之欢情与离恨，读者可自己去想。两诗都体现七夕诗借以抒发情感、反映社会现实的共同特征。

刘言史（？~812）的《七夕歌》由牛郎织女相传想到人间。末四句云：

> 人间不见因谁知，万家闺艳求此时。碧空露重彩盘湿，花上乞得

蜘蛛丝。

可以看出当时北方乞巧的状况。刘言史，洛阳人，与陇西成纪（今甘肃秦安）人李翱有交往。白居易《七夕》诗佚句："忆得年少长乞巧，竹竿头上愿丝多。"小孩子们将竹竿头上曲成一个圆圈在各处取蛛网，更增添了七夕节的热闹气氛，延展了乞巧活动的人群范围。

卢纶五律《七夕诗二首》，其一用"星彩光仍隐，云容掩复离"，写诗人在七夕之夜仰天看织女渡河的云朵，却总是等不到。末云："何事金闺子（富贵人家的子女），空传得网丝。"说七夕牛郎织女相会不过是一个传说而已，但已形成风俗，小姑娘找到蛛网，便以为已经得巧。该诗表现了现实与童趣之间的差距，体现出一种莫名的惆怅。

权德舆（761~818）七绝《七夕》：

今日云軿渡鹊桥，应非脉脉与迢迢。家人竟喜开妆镜，月下穿针拜九霄。

"云軿"指织女过桥所乘的车。"家人"即家中人，指家中的妇女。这里反映唐代天水一带七夕节妇女们打扮之后向天拜织女，然后穿针乞巧的风俗。权德舆又有五律《七夕》主要写牛郎织女相会，末云："别有穿针处，微明月映楼。"也写到穿针乞巧。

杜牧（803~853）的《七夕》：

云阶月地一相过，未抵经年别恨多。最恨明朝洗车雨，不教回脚渡天河。

这是说，七月初八有雨，民间看作为织女洗车之雨，言今年已用过，洗净收起，织女想再回头去一趟已不能。权德舆为唐天水略阳（今秦安）人。白居易祖籍太原，而后迁居下邽（今陕西渭南）。杜牧为京兆万年（今西安）人，自然都是表现了西北的风俗与传说。以往的诗都只在七月七这一天找话题。这里却着眼于鹊桥相会之后的第二天，一见作者善于从民间传说中找素材，二则见作者诗笔之灵动。

赵璜（804～862）七律《七夕诗》云：

> 莫嫌天上稀相见，犹胜人间去不回。

李商隐（812～858）的《七夕》：

> 鸾扇斜分凤幄开，星桥横过鹊飞回。争将世上无期别，换得年年一度来。

因传织女为天孙故乘有凤幄，行有鸾扇。诗言牛郎织女毕竟一年中能相聚一次，而人间有多年难以相聚者。诗人借牛郎织女而抒发个人情怀，语意深沉。此二首着眼点又与历代诗人不同。

以上各诗都反映了北方的乞巧风俗。七夕、乞巧的节俗起于西北，先流传于中原一带。如月下穿针、做贡品、祈请织女、唱乞巧歌等，在北方的七夕风俗中一直保持着这些活动内容，伴随着经济、文化交流和战乱中士族大户的南迁而传播至南方各地。

晚唐的新城（今浙江富阳）诗人罗隐的七律《七夕》则写出了南方七夕的节俗：

> 络角星河菡萏天，一家欢笑设红筵。应倾谢女珠玑箧，尽写檀郎锦绣篇。香帐簇成排窈窕，金针穿罢拜婵娟。铜壶漏报天将晓，惆怅佳期又一年。

诗中说与角星等二十八宿相交的银河明亮，正当初秋荷花盛开之时，富家"设红筵"，女子倾珠玑而串花，俊美男子作文赋诗，及女子乞巧后的拜月许愿。这些都是南方上层社会乞巧的特征。至今江浙、广东乞巧中妇女仍做各种精致的工艺品、摆供案[①]。当然，作为一个节俗，它必定有受当地风俗影响形成的各种特征，但总体上南方乞巧活动带有由上层社会的特征。自然，它也会扩散到中下层社会形成带有突出地方特色而又简单的节俗。

---

① 赵逵夫：《从广东七夕节的传播源流看其文化特征》，《文化遗产》2011年第3期。

总体来看，唐代咏七夕之诗，反映出近代以来西北一些地方尚存的七夕乞巧风俗同汉魏六朝七夕乞巧风俗之间的源头关系，和南方七夕乞巧风俗在传播中的变化。而诗人在咏七夕中借以抒怀或表达一种思想观念、表示对某一事件的看法者为多，不是纯粹地写七夕节俗。这样，就大大强加了七夕节俗的文化内涵，扩大了因七夕而感怀的人群。

北宋著名诗人王禹偁（954~1001）的《七夕》一诗，五言 70 句，在历代七夕诗中是最长的，写于作者被贬谪商州（今陕南）时。诗先写先一年七月七值庐闲坐，无事而进入梦乡。忽然宫中传旨，皇帝有诗，令其属和，至暮方从宫中出。

　　归来备乞巧，酒肴间瓜果。海物杂时味，罗列繁且夥。家人乐熙熙，儿戏舞婆娑。

王禹偁是济州钜野（今山东巨野）人，写当地乞巧风俗，也是陈列很多瓜果，姑娘们跳舞唱歌。下面再写当年乞巧之后"九月谪商於，羁縻复穷饿"。"稚子啼我前，孺子病我左"，其情景很似杜甫由秦州入蜀途中悲惨状况。其结尾说："自念一岁间，荣辱两偏颇。"因而决定对人生抱着一个"委顺信吾生，无可无不可"的态度。这里表面上是对"乞巧"采取否定的态度，实质上是对正道直行难容于世的社会现实的批判。其后梅尧臣（1002~1060）的五律《七夕》表面上看来是写牛郎织女渡河与人间乞巧，实际上也是借以论世情。"巧意世争乞，神光谁见过？""五色金盘果，蛛丝浪作窠。"诗人的愤激之情溢于字里行间。张耒（1054~1114）的五律《七日晚步园中见落叶如积感而作》末两句云："放逐逢艰岁，藜羹未敢轻。"也与王禹偁《七夕》一诗所抒发情感相近。

晏殊（991~1055）的七律《七夕》首联云："百子池深涨绿苔，九光灯迥绿浮埃。"这是联系《西京杂记》卷三"戚夫人"条所记汉初宫中乞巧事："至七月七日，临百子池，作于阗乐。""于阗乐"本是当时宫中对玉门关以西音乐的泛称。乞巧节俗是秦文化的遗留。① 因天水、陇南处于

---

① 赵逵夫：《七夕节的历史与七夕文化的乞巧内容》，《民俗研究》2011 年第 3 期。

丝绸之路上，更西的于阗一带的音乐、舞蹈、戏剧也会对其产生影响，使其艺术形式带有一定的于阗乐风格，故宫中妇女统称其为"于阗乐"。联系刘宋时刘骏《七夕诗二首》中"偕歌有遗调"和王禹偁诗中"儿戏舞婆娑"之句来看，乞巧中的歌舞活动起源很早。甘肃省西和县和礼县一带乞巧中仍保留七天八夜的歌舞跳唱，并非孤立现象，而是因为其属于早期秦文化中心地带和处于比较闭塞的地理环境，保留了更早时期的文化传统。

司马光（1019～1086）的《和公达过潘楼观七夕市》中写道：

> 帝城秋色新，满市翠帘张。伪物逾百种，烂漫侵数坊。谁家油壁车，金碧照面光。土偶长尺余，买之珠一囊。

诗中说的"土偶"，即宋代兴起的磨喝乐。《东京梦华录》中说："七月七，京城几条外街皆卖磨喝乐，乃小塑土偶耳。悉以雕木彩装栏座，或饰以金珠牙翠，有一对值数千者，禁中及贵家与士庶为时物追陪。""磨喝乐"也作"摩睺罗"，显然为译名，学者们都认为来自佛经。胡适以为即摩睺迦罗[①]，傅芸子以为即摩诃罗迦[②]。司马光作为一位卓越的史学家，将其称为"伪物"，因其与中国具有悠久历史的乞巧风俗毫不相干。此物之所以在七月七日风行起来，因七夕为妇女乞巧之日，而这种儿童形象的泥塑，一方面迎合一些青年妇女喜爱白胖幼子的心情，另一方面满足一些青年妇女求子的欲望。在陇南、天水一带及全国很多地方，直至近代，这种"磨喝乐"风习也没有与七夕节俗相混，后来演变成了"胖娃儿"和戏曲人物泥塑，加以彩绘，在腊月集市和各处庙会上出售。买胖娃儿的多是青年妇女，买各种戏曲人物的多是儿童。

这说明七夕节俗一方面因为时代和地域的不同形成分化，或掺杂进一些其他的文化因素；另一方面也因其有悠久的历史和明确的传说依据，在不断地清除一些与其不能融合的杂质，像水在流动中的自洁

---

① 胡适：《摩合罗》，《益世报》的《读书周刊》1936年6月6日。
② 傅芸子：《宋元时代的"磨喝乐"之一考察》，《支那佛教史学》1938年第二卷第四号。

作用一样，保持着主体节俗的稳定性。乞巧节俗作为一个典型的个案，有力地说明了中华文明数千年中保持主体而不中断的原因。我们今天研究和弘扬乞巧文化，一定要注意将它与"磨喝乐"之类外来的文化因素分开来。

西汉初年，民间姑娘即将七夕节俗带入宫中，宫中不可能允许表现追求婚姻自由的歌舞，因而变为单纯的乞巧。《西京杂记》卷三载："至七月七日，临百子池，作于阗乐。乐毕，以五色缕相羁，谓为相连爱。"又载十月十五日"共入灵女庙"，所奉应即织女。"以黍稷乐神，吹笛击筑，歌《上灵》之曲，既而相与连臂踏地为节，歌《赤凤凰来》"，也正与后代陇南、天水及陕西宝鸡以西几个县乞巧风俗一致。"《上灵》之曲"相当于后代所唱的"迎巧歌"。[①] 秦人以凤凰为图腾，故乞巧中歌《赤凤凰来》。过去陇南、天水一带有女孩子的人家都在院里种凤仙花。陇南、天水之山多有以"凤凰"为名者。西和长道镇凤凰山上有织女庙。武都县红女祠又名织女祠，清康熙初年阶州知州连登科《题水帘洞》诗中即有"织女祠边题跨凤"之句（红女祠在武都城西北五里的水帘洞中）。又《水经注》卷二十《漾水注》：武都秦冈山，"悬崖之侧，列壁之上，有神像若图，指状妇人之容。其形上赤下白，世名之曰圣女神"。当时武都治下辨道（今成县红川镇），下领故道，即今两当县，秦冈山即今西坡乡嘉陵江边上的琵琶崖。因这一带靠近交通要道，虽失去有关节俗，则古代亦牛郎织女传说盛行之外。我国乞巧风俗以"牛郎织女"传说为根，承传有自，与外来文化无关。所以司马光这首诗很值得重视。

强至（1022～1076）的七古《七夕》更突出地表现出借题发挥的特征。其前半部分写有关传说与节俗，后半部分借乞巧节发议论：

吾闻朴散形器作，人夺天巧天无余。匠心女手剧淫巧，工与造化

[①] 《西京杂记》卷三"十月十五日"文字或有误。因此下所叙时间依次为"七月七日"、"八月四日"、"九月九日"、"正月上辰"和"三月上巳"，是以七月为始向年底推，然后又从第二年向后推。"七月七日"之前应为小于此日之日子。或者是"七月初一"之误，"七"与"十"形体相近，"十"与"五"字之中上部为"初"之误，"一"误识为"五"下部之横。无其他证据，仅供参考。

分锱铢。荐绅大夫一巧宦，坐取公相如指呼。间乘巧言惑主听，能改荼蓁成甘腴。纤辞丽曲骋文巧，剞劂圣道无完肤。星如有巧更可乞，益恐薄俗难持扶。我愿星精遗人拙，一变风化犹古初。

表面看来其主旨同女儿们的乞巧恰相反，是否定、反对乞巧，其实作者完全在谈官场，在抨击上至朝廷下至郡县一些巧言利口的小人。作者对于当时政治黑暗、奸邪得势的愤慨，溢于言表。

陆游（1125～1210）的《癸丑七夕》：

风露中庭十丈宽，天河仰视白漫漫。难寻仙客乘槎路，且伴吾儿乞巧盘。秋早时闻桐叶坠，夜凉已怯纻衣单。民无余力年多恶，退士私忧实万端。

表现了诗人深沉的忧国忧民之心。"年多恶"即农田普遍歉收，多为荒年。当时连年打仗，青壮年不能从事耕作，官府又强为征调。他所谓"私忧"，实是为国为民之忧。比起前一首来，这首诗诗人不仅因为自己的切身体会而借说"巧"对当时官场进行揭露批判，而且在陪着小儿子乞巧的过程中因夜凉衣单而想到整个社会的危机：老百姓多处于饥寒之中。诗人表现忧国忧民之心，十分自然。

宋金坛（今属江西）人刘宰（1166～1239）和《七夕》：

天孙今夕渡银潢，女伴纷纷乞巧忙。乞得巧多成底事？只堪装点嫁衣裳。

这首诗反映了当时南方一带乞巧者主要是未出嫁的姑娘。诗人这里似乎也表现了因有能力而受困产生的牢骚，只是十分含蓄。

宋末王镃的《七夕》诗中说："倚得画栏和袖暖，看人儿女学穿针。"这里"儿女"应是偏义复词，指女儿。小姑娘在这一天开始学穿针，作为一生从事于绣花缝纫之事的开端。自古以来民间参加乞巧的主要是小姑娘，有的少妇、中年妇女也参加，但不是主体。这从古代七夕诗的其他篇中也可以看出。如元代郝经（1223～1275）的五古《牵牛》的后一部分写乞巧，说"处处乞巧筵，家家喜相庆"，又说"遥怜小儿女，昏嫁俱未竟"。特别提到"小儿女"。

由宋入元的诗人于石的五古《七月七日》，二十一韵，写婺州兰溪（属今浙江）一带的七夕风俗。前部有四句：

> 翩翩联鹊桥，亭亭拥龙辀，多少乞巧人，笑语穿针缕。

前两句写织女渡天河，很多俊美的姑娘相拥而过。楼上穿针而庆七夕者，笑语喧哗。

总体上看来，唐宋时期七夕诗表现出历代七夕节俗主要是以陈酒水、瓜果，进行穿针、歌舞、验蛛网等活动和以未婚女子为主的特征，也表现出带有地方性和阶段性的一些节俗，如设乞巧筵、置金盘果、乞巧盘、金盒（巧盒，置蜘蛛以验巧者）、数流萤、拜月、买磨喝乐。这些诗都具有借七夕以抒怀的特征。唐诗的表现较为随意而自然，更多是给读者留以想象的余地；宋诗则往往发议论，由七夕、乞巧引出话题之后明白畅言。看起来由写七夕乞巧节俗转向借题发挥的发展过程是由少到多，由描述后的"余味"变成几乎对等甚至超过前者内容。这同唐诗、宋诗的整体风格有关。七夕诗可以成为研究唐诗、宋诗特征之专题，这比随意地引录一些作品论述更具说服力。

金朝元德明（1156~1203）的《七夕》：

> 天河唯有鹊桥通，万劫欢缘一瞬中。惆怅五更仙驭远，寂寥云幄掩秋风。

诗人是站在牵牛的角度来写，表现出对牵牛的极大同情，其中似乎也表现了作者的某种感情。

元好问（1190~1257）的《七夕》表现了与他父亲元德明诗相近的情调：

> 天街奕奕素光移，云锦机闲漏箭迟。谁与乘槎问银汉，可无风浪借佳期。

"素光"即月光。"漏箭迟"言夜已深。后二句用张华《博物志》中"八月槎"的典故,言看谁能上天问银河,有没有大风浪在天明前后兴起,使织女在难得的相会时能多留一会儿。这在字面上的意思如此,已是出人意表。但恐不仅如此,诗人似乎在借以表达自己当下的情怀。很多高手名家之作如果只看表面文字,那实际上是只读懂一半。

宋泽州晋城(今山西晋城)人李俊民(1176~1260)《七夕》:

> 云汉双星聚散频,一年一度事还新。民间送巧浑闲事,不见长生殿里人。

"长生殿里人"指杨贵妃,七月七与唐玄宗"密相誓心,愿世世为夫妇"(《长恨歌传》),然而不免于马嵬坡"竟就死于尺组之下"。诗作表面上是说人间七夕不能与帝王贵妃相比,实际是赞扬了一般人婚姻感情的真诚。值得注意的是诗中说到"送巧"的情节。乞巧之前是迎巧(迎织女神),结束之后送巧(送织女神上天),这两个仪式于今陇南、天水一带的乞巧风俗中得到保留。

女真族诗人乌林答爽(1203~1232)的《七夕曲》今只存两句,但很有意思:

> 天上别离泪更多,满空飞下清秋雨。

看来当时的少数民族也关注七夕节,也有相关的传说,认为七夕下雨是牛郎织女的伤心泪。

七夕节在两千多年的发展中,一方面受到各种因素的影响,发生一些变化,另一方面也逐渐排除一些后来加入的其他因素,在活动的形式上保持着最主要的内容。从妇女乞巧的方面说,诗作主要体现对女红技能的追求和对忠贞爱情的向往,而历代诗人则借这一节俗表现对个人遭遇、社会现状、世俗民风等诸多方面的看法与情绪。很多诗人直接以"七夕"为题,却各出新意,而且涉及社会生活很多方面。由此也可以看出七夕节作为一个具有悠久历史的节日,同人们的生活广泛联系。

二 篇题与"七夕"相关的诗作

这部分包括三类：一类是由七夕之某事为题，一类是以"乞巧"为题，一类是以"幼女""牵牛""牛女"等为题。

（一）以"七夕"之某事为题者

齐梁间诗人柳恽（465～517）、徐勉（466～535）、刘遵（488～535）的《七夕穿针诗》等是这方面时代较早的作品，笔者以"同题共作"现象在另一文中谈过①，这里不再讨论。初唐沈佺期七古《七夕曝衣篇》写自古宫中七夕曝衣之俗，写出了皇宫中乞巧节的奢华。其开头云：

> 君不见昔日宜春太液边，披香画阁与天连。灯火灼烁九微映，香气氤氲百和然。此夜星繁河正白，人传织女牵牛客。

以下铺排描写"宫中扰攘曝衣楼"，各种珍奇衣帐、舒罗散縠加以罗列，而语言富于变化。其小序言"按王子阳《园苑疏》，太液池边有武帝曝衣阁。帝至七月七日夜，宫女出后衣登楼曝之"（"夜"恐是衍文）。此唐代诗人借汉朝而说唐的办法，由此可以知道唐代宫中的七夕是何种情景。

中唐权德舆《七夕见诸孙题乞巧文》：

> 外孙争乞巧，内子共题文。隐映花奁对，参差绮席分。鹊桥临片月，河鼓掩轻云。美此婴儿辈，吹呼彻曙闻。

这首诗值得注意的有三点：第一，联系前面所论宋代刘宰、王镃的《七夕》等诗看，自古乞巧的主体为未出嫁的姑娘。中青年妇女也有参加月下穿针之类活动的，但不参加跳唱。第二，乞巧中小孩子歌呼之声很大。第三，彻夜歌唱。这三点及前面所说乞巧活动之前先迎巧，供奉织女像，活

---

① 赵逵夫：《关于古代七夕诗的几种创作现象》，《西北师大学报》2019 年第 3 期。

动结束时送巧的风俗同至近代仍保留在天水、陇南一带的乞巧风俗一样，并不是只摆一些水果，仅穿针为戏而已。可以说，陇南保留的乞巧习俗是有悠久传统的。

宋祁有《七夕二首》，七绝《七夕》《和玉龙图七夕直宿》，也都句工而意深，不一一评述。可注意的是其《七月六日绝句》反映出宋代有从七月六日开始乞巧的风俗。诗云：

> 积雨古墙生绿衣，幽花点点弄秋姿。黄昏楼角看新月，还是年年牛女时。

宋祁是开封雍丘（今河南杞县）人。这就反映出古代北方乞巧活动有从七月七日之前就开始的，直至近代陇南、天水一带是从七月初一至初七为乞巧日。看来北方有的地方乞巧时间相对要长一些，这二者的关系，值得思考。

梅尧臣《七夕有感》云：

> 去年此夕肝肠绝，岁月凄凉百事非。一逝九泉无处问，又看牛女渡河归。

从第三句看应是其夫人于先一年七夕逝去，心中的悲切凄凉使他一时觉得百事无趣。看天上之牛女渡河，他无法与天上人相见。由此可知他何以在其五律《七夕》中用否定的态度写七夕及有关传说。

北宋郭祥正有《七夕不饮》一诗：

> 明河初月静涓涓，楼阁帘开斗管弦。不饮一樽当此夕，我心于巧久无缘。

表现出对当时政界投机取巧的不满与反感情绪。郭祥正为当涂（今属安徽）人，其第二句"斗管弦"反映出当时安徽一带乞巧中还有管弦音乐伴奏，则也是有乞巧歌的。

北宋末年的诗人李新（1062～?）有《七夕日宿长江》一首：

> 去岁龙城乐事多，楼头乞巧傍青娥。今年织女知何处？不见星郎送渡河。

李新是蜀人，曾为南郑（今陕南汉中）县丞。北宋末今陇南一带皆属蜀统管，故有可能到这一带。诗中说的"龙城"应即王昌龄《出塞》一诗"但使龙城飞将在"的"龙城"。《史记》中言："李广，陇西成纪人也。"这"陇西"指陇山以西。"陇山"实以"龙"名山，左耳旁为"阜"，表示为山名，实即"龙山"。"陇城"也即"龙城"。这同后来行政命名的龙城无关。北魏太和十一年（487）在今甘肃岷县以北洮河东岸置龙城，亦非李新诗中所指。诗中所写为今天水、秦安一带（今秦安东部有陇城镇）乞巧风俗及有关牛郎织女相会的传说。

两宋之间陈渊的七绝《七夕闺意戏范济美三首》，同样很有情味。如第二首后二句："看罢巧楼归小阁，床头重检近来书。"用重读家信的情节很含蓄地表现对亲人的思念。

南宋江陵人项安世（1129~1208）的七律《七夕谢孟漕品味》写主人于乞巧节待客之丰盛："木桃瓜李秦民风"，"帝子秋盘饼饵丰"。我们由唐宋时诗人的真实描述中，可以看到不同类型、不同层次的人对七夕节俗的体现。诗中所写，应同乞巧中给织女供饼饵、水果之类，女儿们要在七夕活动中学习做果饵有关。

金代磁州滏阳（今河北磁县）人赵秉文（1159~1232）的《七夕与诸生游鹊山》：

> 七月七日人间秋，兴来飘然鹊山游。灵仙役鹊渡河去，白云岭上空悠悠。手持云腴酒，与云更献酬。云既不解饮，且可与子消百忧。云不饮，我无愁，不愁不饮空白头。但愿年年岁岁得相见，长看云驭织女会牵牛。

因为牛郎织女传说的广泛流传，全国很多地方有同牛郎织女传说有联系的名胜景点。本诗写诗人与诸生游鹊山时通脱潇洒的情怀，说明七夕这一天一些地方文人士子也借乞巧以求提高文才。

婺州东阳（今浙江金华）人陈樵（1278～1365）的七律《七夕宫词》除写"内人拜月金铺户"的景况之外，还特别写到"织署锦工催祭杼"。看来设在南方为朝廷作织事的织署七夕还有祭机杼之俗。这里实际上将织女看作了织神。表面看来同民间妇女敬织女的情形一样，实际上目的不同：民间妇女乞巧是姑娘们希望自己变得心灵手巧，而织署敬织女是希望织得快、织得多、织得好。

生活中会有各种各样的事情发生，而诗人多在七夕之时吟而成篇，因借着七夕乞巧节俗和有关传说便于表达，含蓄而不露痕迹。因为在封建社会中，无论是政治环境方面，还是礼俗上，有些话不便直说；所以，七夕节给诗人以抒发情感的机会。

（二）以"乞巧"为题者

从汉初，乞巧即成为七夕节俗的主要内容。此后七夕节的很多活动，很多感受、联想、回忆也都与乞巧有关。

中唐时的施肩吾有《乞巧词》一首云：

> 乞巧望星河，双双并绮罗。不嫌针眼小，只道明月多。

晚唐的神童林杰（831～847）六岁时所作《乞巧》一诗：

> 七夕今宵看碧霄，牵牛织女渡河桥。家家乞巧望秋月，穿尽红丝几万条。

两诗都写到月下穿针和"望星河""看碧霄"。这是一千多年中很多地方乞巧活动的重要内容。

北宋李朴七律《乞巧》借乞巧抒发他对投机取巧、丧失道德各种行为的反感。其诗云：

> 处处香筵拂绮罗，为传神女渡天河。休嫌天上佳期少，已恨人间巧态多。齰舌自应工妩媚，方心谁更苦镌磨。独收至拙为吾事，笑指双针一缕过。

同前面所论梅尧臣《七夕》、强至《七夕》所表现思想一致，但更为明朗有力，充满愤慨。这里古代七夕诗中最具讽刺力量的一首。

（三）以"幼女""巧夕""牵牛"等为题者

历代之乞巧大多以未出嫁的姑娘为主，尤其参加跳唱，只限于少女。所以，古代写七夕节俗之诗，有以幼女为题者。如施肩吾《幼女词》云：

> 幼女才六岁，未知巧与拙。向夜在堂前，学人拜新月。

拜月为南方七巧节俗较普遍的现象。施肩吾为晚唐睦州分水（今浙江桐庐）人，借小女孩学大姐姐们的行为表现了当地的习俗，显得更有趣味。

杜牧的《秋夕》是写皇家后宫嫔妃们在七夕时的心情的，极具含蓄地表现出她们在婚姻生活上的孤寂和无奈：

> 银烛秋光冷画屏，轻罗小扇扑流萤。天街夜色凉如水，坐看牵牛织女星。

这里也写到望星河，但情感不同。与本文第一部分所录崔颢、唐彦谦二人之《七夕》对读，其含意可知。

郝经（1223~1275）的五古《牵牛》后部由乞巧而感及个人为生计客游在外的境况："处处乞巧筵，家家喜相庆。五年江馆客，万事成堕甑。"后面说道"对花泪盈目，坐起不觉暝"。诗的前面大半部分所写牵牛居处的农家庭院，似乎就是据自己所居而写。可以说诗人是以牵牛自喻，与其他侧重于咏织女或牛郎织女之事者不同。

据《三辅黄图》中所载秦始皇时"渭水贯都以象天汉，横桥南渡以法牵牛"（法，取法），则战国时秦人传说中很早就有牵牛织女渡天汉相会的情节，西汉时代民间已有七月七牛郎织女鹊桥相会的传说。但宫廷中严防嫔妃、宫娥的情绪"失范""走邪"，所以提倡在七夕乞巧，以消解有关传说中不利于"三从四德"之类的思想因素。在民间，父母同样遵从封建礼教规范女孩子的思想行为，所以女孩子也以乞巧为七夕活动的主要内容。这同魏晋以后大力宣扬"董永"的故事而遮盖、替代"牵牛织女"的传说的情形是一样的。① 乞巧节俗古今有所变化,南北也有差异。但是,乞巧活动以姑娘们为主,以穿针等乞求女工之巧为主要内容;且总是同牛郎织女传说、同鹊桥相会联系在一起。南北朝以来很多以"七夕"为题的诗均以牛郎织女传说为题材,便是一个有力的证据。牛郎织女传说不仅同汉以后的门阀制度相对立,而且与历代的封建礼教相对立。

乞巧风俗传到南方之后,供织女像、对其唱歌的习俗淡了,很多地方形成拜月之俗,主要活动由室内移向室外,这同南方气候炎热有关。

有的诗人抛开七夕的传统节俗只以牵牛织女或乞巧为引子抒发个人情怀。如元代邵武(今福建邵武市)人黄清老(1290~1348)的七律《巧夕偶书》:

几叶梧桐暮雨收,彩棚尊俎候牵牛。青鸾西去瑶池冷,乌鹊南飞碧水流。屋角月明三尺竹,河边云湿数星秋。天风扫退尘间梦,一曲金徽独倚楼。

七夕诗中多写到织女,而此诗是单说到祭牵牛的情节。黄清老为泰定三年(1326)乡试第一,第二年登进士,任翰林检阅、翰林应奉文字兼国史院编修,其诗飘逸有盛唐风。由尾联上句看此诗也在抒发某种失望与忧思"金徽"(本系琴弦之绳索,这里指琴、琴曲)。诗人弹琴以抒发情感,然而仍不能去怀,故倚楼惆怅而立。

历史上以"七夕"为题之诗特别多,虽都是由"七夕""乞巧"而引起,却从不同方面下笔,立意各异,从七夕文化、乞巧节俗的各方面引出个人的感想以至对社会、人生的看法,给人以多方面的启迪。

三 词牌或篇题同七夕相关的词作

(一)"鹊桥仙"词牌

"鹊桥仙"词牌起于欧阳修。清代陈廷敬、王奕清等合编《钦定词谱》

---

① 赵逵夫:《牛女传说在魏晋南北朝时期的传播与分化》,《长江学术》2002年第1期。

云:"始自欧阳修,因词中有'鹊迎桥路接天津'句,取为调名。"欧阳修词云:

> 月波清霁,烟容明淡,灵汉旧期还至。鹊迎桥路接天津,映夹岸、星榆点缀。　云屏未卷,仙鸡催晓,肠断去年情味。多应天意不教长,恁恐把、欢娱容易。

意绪婉曲,格调清空,多用映衬、烘托、暗示之法,在表现上比诗更为含蓄、婉转。词中设想牛郎织女相会的景致与心绪也同牵牛织女传说的主题一致。欧阳修《鹊桥仙》一词之成功,为后代很多诗人、词坛高手选定了一个借牛郎织女故事抒情的词牌。此后一些诗人词家常用"鹊桥仙"创作,其内容、思想与七夕节俗及牛郎织女传说在不即不离之间;有用以咏他事者,情境上也多相近。

其后苏轼有《鹊桥仙·七夕送陈令举》《鹊桥仙·七夕和苏坚韵》,都是写朋友情义的。如后一首:

> 乘槎归去,成都何在,万里江沱汉漾。与君各赋一篇诗,留织女鸳鸯机上。　还将旧曲,重赓新韵,须信吾侪天放。人生何处不儿嬉,看乞巧,朱楼彩舫。

同他的《念奴娇》(大江东去)、《水调歌头》(明月几时有)等词一样抱着顺天而行的思想,大气磅礴,在豪放之中,隐隐显出一点幽怨之意,只是有几处同牛郎织女传说、乞巧节俗相联系。

黄庭坚(1045~1105)的《鹊桥仙·席上赋七夕》抒发个人情怀,其立意与苏词各有千秋。

以"鹊桥仙"词牌咏牛郎织女的词作中,流传最广、影响最大的要数秦观(1049~1110)的"纤云弄巧"一首。秦观这首词,除了凝练含蓄的辞藻、严谨精巧的结构外,还借牛郎织女的传说道出了人生情感,尤其夫妻情感方面的至理。这首词为大家所熟知。古代咏牵牛、织女者绝大部分是为其一年中只有一夕的相会而表示惋惜与同情,但秦观认为感情是否深厚,不在于在一起的时间长短。"金风玉露一相逢,便胜却人间无数",

"两情若在久长时,又岂在朝朝暮暮"已成为表现夫妻真情的脍炙人口的名句。这一反以前以牛郎织女分离为悲的主题。作者对真正爱情的肯定十分明确,对封建礼教、门阀制度及追求金钱地位等种种不良婚姻观念的否定,也在不言之中。同时,此词虽咏牛郎织女的故事,但表现含蓄,除"银汉""鹊桥""金风玉露"这几个词之外,又似泛论人间爱情,理解上较为灵活,读起来很亲切,所以具有永久的感染力。

谢薖(1074~1116)的《鹊桥仙》,其末云:"人间平地亦崎岖,叹银汉、何曾风浪!"与人间比,牛郎织女虽一年一次会面,但毕竟无大阻碍。其对现实生活中家庭婚姻上不合理制约、破坏的批评,含蓄而有力。以后有葛胜仲(1072~1144)的《鹊桥仙·七夕》二首。其二云:

> 鹊桥仙偶,天津轻渡,却笑嫦娥孤皎。平时五夜似经年,问何事、今宵便晓。 云车将驾,神夫留恋,更吐心期多少。支机休浪与闲人,莫倚赖、芳心素巧。

上阕后三句言相会的一夕感到时间比平时的一夕短得多。"云车将驾"言织女将离去。"神夫"指牵牛。下阕末尾两句是借着牵牛的口吻,意思是说,不要轻信闲人的巧慧言语。全篇自有新意。

南宋女词人朱淑真的《鹊桥仙·七夕》借七夕以抒个人情怀,也是传诵名篇:

> 巧云妆晚,西风罢暑,小雨翻空月坠。牵牛织女几经秋,尚多少、离肠恨泪。 微凉入袂,幽欢生座,天上人间满意。何如暮暮与朝朝,更改却、年年岁岁。

这是将人间同天上连起来写,乞巧满座欢欣,羡慕牛郎织女的永久真情。那么,把人间天天在一起生活的夫妻俩拆开,也变成一年一会,情形会怎样?同秦观之词比起来,又翻出一新意。词的末尾似乎是提出了一个问题,但具体情形多种多样,结果也难以预料,读者可根据具体情况自己思考其含义。北宋王之道、史浩和南宋范成大、袁去华的《鹊桥仙·七夕》,杨无咎(1097~1171)的《鹊桥仙》(云容掩帐),卢炳的《鹊桥仙》(余霞散绮）等，也都各见灵感、自抒情怀、各有佳句，不再缕述。

南宋的吴潜（1196～1262）有《鹊桥仙·乙未七夕》二首，其二云：

> 馨香饼饵，新鲜瓜果，乞巧千门万户。到头人事挖持难，与拙底、无多来去。　　痴儿妄想，夜看银汉，要待云车飞度。谁知牛女已尊年，又那得、欢娱意绪。

借七夕以表现年老后之意绪，又出人意表。其中又说到乞巧中除陈列瓜果之外，还有"饼饵"，并且家家都参与。这同近代陕甘一带风俗一致。宋末有几位诗人作"鹊桥仙"词咏七夕牛郎织女，各有特色。不一一介绍。

元代李齐贤《江神子·七夕冒雨到九店》首句为"银河秋畔鹊桥仙"，称织女为"鹊桥仙"，应该说是顺俗而称，用了"江神子"词牌，大约也有这个意思。

古代七夕有的文人相聚唱和也常用"鹊桥仙"词牌。如明末徐士俊的《鹊桥仙·七夕和谢勉仲韵》：

> 胭脂万斛，蒲萄千古，溜向银河高映。人间莫自叹沧桑，看岁岁、佳期秋胜。　　乌丝闲写，鹊香频炷，一夕桥头销尽。长生私语玉环痴，翻笑道、天孙薄幸。

上阕写人间乞巧活动之盛及劝一些人莫以牛郎织女一年只相会一次而感慨。下阕牛郎织女之会在世人的颂祝、焚香祈祀之中幸福地度过，死于马嵬坡的杨玉环还曾笑织女无福。行文含蓄，但引人深思之处不少。

元明时代也有一些以"鹊桥仙"词牌写牛郎织女之事与七夕风俗者。如明代吴江女诗人沈宜修（1590～1635）《鹊桥仙·七夕》二首、吴江另一诗人毛莹（1594～？）《鹊桥仙·七夕》、同时的浙江海盐人彭孙贻的《鹊桥仙·七夕》都是借七夕以抒怀，韵味十足。年轻即守寡而卒的钱塘女诗人吴柏的《鹊桥仙·七夕》云：

> 金针穿巧，花瓜斗丽，争看天孙出嫁。欢娱莫恨隔年遥，还胜似嫦娥终寡。　　桥边鹊羽，盘中蛛网，休论有无真假。天仙日月较凡

常，可知是千年一夜。

吴柏许配陈氏。年十七，未婚夫卒，守节十年，二十七卒。词中婉转地表现她个人的悲苦。七夕诗词中多写夫妻分离之悲苦，而像吴柏这首词所写，为仅见。

明末沈麐、吴绡、易震吉的《鹊桥仙·七夕》，还有易震吉《鹊桥仙·七夕日》、曹元方《鹊桥仙·七夕，和曹修徵韵》、朱衣《鹊桥仙·七夕初霁》、陈恭尹《鹊桥仙·闰七夕》、袁焞《鹊桥仙·巧夕思乡》、杜熙揆《鹊桥仙·七夕》、太原女诗人张桓少《鹊桥仙·七夕忆金沙长姊于夫人》等，或展示乞巧场面，或联系牛郎织女传说以抒情，或忆旧，或感怀，都是各有所见，下笔不同。诗人们用"鹊桥仙"这个词牌表现了多方面的思想认识，抒发了种种情感思绪。

（二）"思牛女"等词牌

同牛郎织女传说有关联的词牌还有"思牛女"、"夜飞鹊"和"乌啼月"。又南宋胡翼龙《夜飞鹊》上阕第一句"星桥度情处"，下阕第一句"忍记穿针儿女"，可见其词牌与内容的关系。用这些词牌写七夕、牛郎织女之事似起于北宋词人贺铸（1052～1125）。"思牛女"又名"踏莎行"。贺铸《思牛女》词云：

楼角参横，庭心月午，侵阶夜色凉经雨。轻罗小扇扑流萤，微云度汉思牛女。　拥髻柔情，扶肩昵语。可怜分破□□□。□□□□有佳期，人间底事长如许？

虽有缺文，也仍为脍炙人口的佳篇。贺铸作词往往根据其内容而以词之篇名代词牌，因成异名。此词也还有几个异名，如"芳心苦"，也与牛郎织女传说所蕴含的思想感情相合。

贺铸又有《乌啼月》一词云：

牛女相望处，星桥不碍东西。重墙未抵蓬山远，却恨画楼低。细字频传幽怨，凝缸长照单栖。城乌可是知人意，偏向月明啼。

将牛郎织女之分离同现实中男女双方不能相聚一起融为一体书写，韵味深长。这个词牌名来自本词结句甚明，后来也常有一些词人用来咏牛郎织女故事和乞巧节俗。

此外，诗人、词家用字面上看与牛郎织女传说可以联系的其他词牌写牛郎织女和七夕的也有一些。其中有些写牛郎织女相会的情节细致生动，曲尽其情。谢邁的《定风波·七夕莫莫堂席上呈陈虚中》上阕云：

> 牛女心期与目成，弥弥脉脉得盈盈。今夕银河凭鹊度，相遇，玉钩新吐照云屏。

李治《敬斋古今黈》卷八说，"定风波"词牌名由唐欧阳炯《定风波》首句而来，其开头"暖日闲窗映碧纱，小池春水浸晴霞"句意为"定风波"。此说似较牵强。敦煌发现唐代曲子词也有《定风波》，其中说"谁人敢去定风波"，则此词牌起于民间。因唐代人词作多据词牌而定题材，故得吻合。后来之《定风波》词牌多写男女分离及思念之情，但自然同鹊桥相会的传说联系起来：为了二仙能顺利相见，希望天河上不要起风波。

应该看到，有的词牌其始与牛郎织女传说并无关系，但作者巧妙地利用了词牌字面的意思而表现七夕节有关内容，表现出诗人的睿智，也由此看出七夕风俗和牛郎织女传说对历代诗人创作的影响之大。

（三）敦煌曲子词

敦煌曲子词中的《喜秋天》五段，都是写乞巧活动的。每段开头分别由"一更""二更"等领起，至"五更"止。这组诗给我们提供了认识唐代西北乞巧节俗的很多信息：一是由"在处敷陈结交伴"一句看，乞巧并不只是在自己家中，女孩子们相聚在一起乞巧；二是由"今晨连天暮"一句看，乞巧不只在晚上，乞巧的几天中乞巧的地方从早到晚都有人；三是由"供献数千般"一句看，乞巧不只摆一些水果之类，而要向织女供各种各样的供品。以上这些同近代陇南、天水一些县尚保留的乞巧习俗是一致的，使我们认识到西北乞巧活动中的一些习俗沿丝绸之路向西传播的历史事实。由此可以看出，在古代以秦人早期活动之地今陇南、天水为起点，随着秦人的东迁主要是向东传播,在陇南、天水至咸阳、西安之间形成一个乞巧风俗最浓、最原始的基地,不断地传向全国,也随着丝绸之路的文化交流,向西传播,直至敦煌。

歌词的"二更"一段说"月落西山观星流,将谓是牵牛",认为天上的流星便是牵牛赶去相会。其"三更"一段云:

> 三更女伴近彩楼,顶礼不曾休。佛前灯暗更添油。礼拜再三候。诸女彩楼畔,烧取玉炉烟,不知牵牛在那边,望作眼睛穿。

从第二句可知,当时女孩子乞巧要向织女像上香行礼。第三句"佛前灯暗更添油"的"佛"应是民俗中泛称神佛之语,与"菩萨"泛称神灵的情形相同,这里指织女的供像。联系本文第二部分开头所录权德舆《七夕见诸孙题乞巧》,会更为清楚。可以说,这是目前所发现最早的一首乞巧歌。因为历来封建文人男尊女卑的观念,认为女子们的跳唱等有违女诫,将其视为非礼,看作淫祀,都不完整记载它,只是一些诗人借以抒怀,零星点到一些情节,或只写小女孩幼稚地学习乞巧的行为,故古代乞巧歌没有能够流传下来。这应是一篇难得的"标本"。

(四) 篇题与七夕相关联的词作

北宋张先(990~1078)的《菩萨蛮·七夕·般涉调》二首为人所熟知。张先为乌程(今浙江湖州)人。词中写出东南一带乞巧的风俗和有关传说。如第一首说到"洗车昏雨过","暗蛩还促机"。第二首着重写乞巧:

> 双针竞引双丝缕,家家尽道迎牛女。不见渡河时,空闻乌鹊飞。
> 西南低片月,应恐云梳发。寄语问星津,谁为得巧人?

将乞巧活动中的穿针、看银河等结合在一起,又融入有关传说(织女渡河时会有片云在天河上飘过)等,但均在表现人物情绪、心情时自然带出。末两句是将乞巧活动与鹊桥相会的情节联系起来:问织女,人间这么多乞巧人中究竟谁得了巧?可谓独出心裁。

苏轼的《渔家傲·七夕》与其是写七夕相会,不如说是诗人自己抒发想家念亲的情怀：

> 皎皎牵牛河汉女，盈盈临水无由语。望断碧云空日暮。无寻处、梦回芳草生春浦。　　鸟散余花纷似雨，汀洲蘋老香风度。明月多情来照户。但揽取、清光长送人归去。

写牛郎织女与抒发个人情怀融为一体，不即不离，难以分辨。著名词人晏几道（1038~1110）的《蝶恋花》二首，其一由乌鹊桥成催织女快过写及月下乞巧人，再及于人间有情人希望永不分离的愿望。词云：

> 喜鹊桥成催凤驾，天为欢迟，乞与初凉夜。乞巧双蛾如意画，玉钩斜傍西南挂。　　分钿擘钗凉叶下。香袖凭肩，谁记当时话。路隔银河犹可借，世间离恨何年罢。

写妇女当七夕时细致打扮，西南天空初月明照，青年妇女于树荫暗处分钿、擘钗，表示对心爱者的永不相忘，表现出青年妇女感情的纯真与对爱的执着追求。第二首上阕写牛郎织女相会，下阕云：

> 楼上金针穿绣缕，谁管天边、隔岁分飞苦。试等夜阑寻别绪，泪痕千点罗衣露。

写妇女们一起穿针乞巧时很热闹，也想不到牵牛织女分离之苦。至深夜想到自家和心上人的分隔两处，才悲从中来。曲折变化，很有情致。

谢逸（？~1113）的《减字木兰花·七夕》：

> 荷花风细，乞巧楼中凉似水。天幕低垂，新月弯环浅晕眉。　　横桥乌鹊，不负年年云外约。残漏疏钟，肠断朝霞一缕红。

写出七夕初秋之时清凉的意境，而对乌鹊的不负约定，年年架桥以帮助其完成欢会之愿望大为赞赏。这当中是否寄托有诗人的什么情意不得而知，但很耐品味。谢逸的《虞美人》（乌鹊成桥架碧空），谢薖的《蝶恋花·留董之南过七夕》、《蝶恋花》（一水盈盈牛与女）等也都各有所长。谢薖

《蝶恋花·留董之南过七夕》云：

> 一水盈盈牛与女，目送经年、脉脉无由语。后夜鹊桥知暗度，持杯乞与开愁绪。　君似庾郎愁几许，万斛愁生、更作征人去。留定征鞍君且住，人间岂有无愁处。

七夕之时与即将远征而去的朋友把盏释愁，以牛郎织女的分离说明无处不有愁怀，"人间岂有无愁处"一句用以安慰朋友，其中也颇含哲理性。

李清照（1084～1155?）有《行香子》一首，词云：

> 草际鸣虫，惊落梧桐。正人间、天上愁浓。云阶月地，关锁千重。纵浮槎来，浮槎去，不相逢。　星桥鹊驾，经年才见，相离情、别恨难穷。牵牛织女，莫是离中。甚霎儿晴，霎儿雨，霎儿风。

浮槎是用张华《博物志》中载旧说天河与海通，有人每年八月浮槎至天河见到牵牛、织女的典故。本词写人间、天上难以相通，但都有离情别恨没有尽头，表现出现实人生中复杂的情绪。将人间之愁恨与天上之愁恨融为一体，手法新颖，而语言自然，明白如话，颇耐人寻味。

两宋之间蔡伸（1088～1156）的《减字木兰花·庚申七夕》云：

> 金风玉露，喜鹊桥成牛女渡。天宇沈沈，一夕佳期两意深。　琼签报曙，忍使飚轮容易去。明日如今，想见君心似我心。

借写牛郎织女相会的情景，表现了一种短暂相逢又将分手的情感，尤其是末二句写出了分别后的相互信任，言简而意深。作者借七夕以抒发自己在现实生活中的情感，但看不出其间有语意的转折，表现极为自然。大体同时的曹勋（1098～1174）有《忆吹箫·七夕》，是由七夕节时诗人看到、感受到的自然环境写起，说当牵牛已渡之时一些佳丽"拥坐于缯筵之上，斗巧嬉游"，一片欢乐景象。在这时却有人因与有情人分离一时无法见面而愁思。欢和愁，明和暗，互为映衬。词云：

> 烦暑衣襟，乍凉院宇，梧桐吹下新秋。望鹊羽，桥成上汉，绿雾

初收。喜见西南月吐，帘尽卷、玉宇珠楼。银潢晚，应是绛河、已度牵牛。　　何妨翠烟深处，佳丽拥绮筵，斗巧嬉游。是向夕、穿针竞立，香霭飞浮。别有回廊影里，应钿合、钗股空留。江天晓，萧萧雨入潮头。

下阕后几句由《长恨歌》中"钗留一股合一扇，钗擘黄金合分钿。但教心似金钿坚，天上人间会相见"而来。这里所写同上一部分谈到的晏几道《蝶恋花》一词中所写"分钿擘钗"的情形一样。

南宋时胡铨（1102~1180）的《菩萨蛮·辛未七夕戏答张庆符》写牛郎织女相会之时有女子已与丈夫离别，因而拜月乞愿，当七夕之时，一夜长似一年。说明夫妻分别之情平时可能因种种事情而暂时忘却，至七夕之夜则一直萦思不能去怀。诗云：

银河牛女年年渡，相逢未款还忧去。珠斗欲阑干，盈盈一水间。玉人偷拜月，苦恨匆匆别。此意愿天怜，今宵长似年。

辛弃疾（1140~1207）的《绿头鸭·七夕》上阕先由个人生活感受说起："叹飘零，离多会少堪惊。又争如、天人有信，不同浮世难凭。"感慨万端。然后写牛郎织女相会。下阕先写七夕乞巧风俗，而以自己当时的心情作结。上下阕首尾照应。大体同时的陈三聘的《南柯子·七夕》写牛郎织女"旧怨垂千古，新欢只片时"，对牛郎织女传说的情节做了提炼；赵师侠的《鹧鸪天·七夕》写七夕时人们在节令气候方面的感受；高观国的《隔浦莲·七夕》借牛郎织女故事而抒两情阻隔下各自的情怀等。这些词都各有感受，各有诗情，手法各异。

赵长卿还有一首《菩萨蛮·七夕》：

绮楼小小穿针女，秋光点点蛛丝雨。今夕是何宵？龙车乌鹊桥。经年谋一笑，岂解令人巧。不用问如何，人间巧更多。

写到穿针乞巧的姑娘年龄很小，同权德舆《七夕见诸孙题乞巧文》以来不少诗中所写一样。这里说的"人间巧更多"，应是语意双关：一方面赞姑娘们的心灵手巧，另一方面有对世风的批评在里面，这从用"人间"概括"巧更多"的范围可知。借写小姑娘穿针乞巧的天真可爱，表现对政界作风的不满。愤慨之事，以轻松之语出之。高观国的《摊破浣溪沙·七夕》云：

> 嫋嫋天风响佩环，鹊桥有女夜乘鸾。也恨别多相见少，似人间。
> 云浦无声云路渺，金风有信玉机闲。生怕河梁分袂处，晓光寒。

以织女与牛郎的离多会少，衬托人间同样的哀愁。立意新奇。末二句写相互分手之时的依依不舍，也简洁而生动。

吴文英（1207～1269?）的《诉衷情·七夕》上阕的"银河万里浪"等句也很有想象力。其下阕云：

> 河汉女，巧云鬟，夜阑干。钗头新约，针眼娇颦，楼上秋寒。

由织女而说及人间乞巧，颇有意趣。

宋末陈德武的《玉蝴蝶·七夕》上阕描摹牛郎织女相会的情节，表现了他们的坚贞爱情，由此给人间儿女以启示：

> 金井梧桐飞报，秋期近也，乌鹊成桥。为问双星何事，长待今宵。别今年、新欢暂展，更五鼓、旧恨重摇。黯魂销。两情脉脉，一水迢迢。　　寂寥。寄言儿女，纵能多巧笑，奚暇相调。暗想离愁，人间天上古来饶。但心坚、天长地久，何意在、雨暮云朝。宝香烧。无缘驾海，有分吹箫。

作者认为离愁是"人间天上古来饶"，这实际上是对几千年封建社会中普遍存在婚姻悲剧和家庭悲剧的一个简要总结。"但心坚、天长地久"，更是对同牛郎织女一样的纯真爱情的高度评价。末句的"有分吹箫"是用《列仙传》中萧史的典故。萧史善吹箫，秦穆公将其女弄玉嫁他，他"日教弄玉作凤鸣。居数年，吹似凤声，凤凰来止其屋。公为作凤台，夫妇止其上。不下数年，一日皆随凤凰飞去"。此应是早期织女传说的分化。秦人是以凤为图腾的。

北方金人统治地区的诗人马钰（1123~1183）有《临江仙·七夕吟》一词：

> 天上初流火，人间乍变秋。鹊桥银汉瑞云浮，织女今宵何处唤牵牛。　闺女离闺阁，无愁自起愁。焚香乞巧拜无休。恁肯灰心，守拙列仙俦。

与其他同类之作相比，又是独出机杼。这首词同本文第一部分说到的女真诗人乌林答爽的《七夕曲》一样，说明在金人统治下的北方，乞巧风俗也很兴盛。元代白朴的《摸鱼子·七夕用严柔济韵》"彩楼瓜果祈牛女"等句则反映了蒙古人统治下北方的乞巧风俗，也写得十分生动。

明钱塘人瞿佑（1341~1427）的《风入松·七夕》：

> 新虹收雨暮天晴，河汉倍分明。梧桐叶底金蝉噪，惊飞起、点点流萤。天上桥成乌鹊，人间采结云輧。　几家瓜果设中庭。银烛照娉婷。晚凉浴罢残妆在，花枝颤、鬓乱钗横。但愿长如此夜，也应胜似双星。

写乞巧活动中的自然环境，表现出南方的景致特征，富有诗意，展现了现实生活之情趣。下阕的"鬓乱钗横"等句写出妇女们狂欢后的状态。末两句同各家有关乞巧的诗词的思想情感不同，表现的是对现实生活的肯定。这当中既有作者自己生活环境方面的因素，也有当时整个社会状况的因素。

黄淮（1367~1449）的《南乡子·七夕嘲牛女》写人间乞巧邀请织女显灵指点，而天上的织女正愁明朝即将别牛郎而去，立意也很奇特。又其《浪淘沙·七夕遇雨》：

> 牛女未成欢，别意相关。几回偷把泪珠弹。散作一天凉雨过，秋满人间。　瓜果漫堆盘，夜漏将阑。佳人惆怅蹙春山。孤负穿针良会也，空倚栏杆。

诗人利用当地关于织女泪的传说写七夕逢雨，秋意更浓，即引起有心事妇女深深惆怅的情形。

从明代以前有关七夕的各类诗词不仅可以了解到七夕风俗的发展、演变、分化情况，看到南北乞巧活动的同与异，看到从两千多年前的西汉到宋元之时七夕节活动的不断丰富及文人学士对它的不同看法；还可以窥测到各个时代文人的创作心理，看到他们如何利用七夕乞巧中的各种传说因素与习俗来表达他们对自身与社会各方面问题的看法。虽然很多作品的表现比较含蓄，甚至隐晦，往往是借此以言彼，但这种心灵的关照更为真实。

四 以"七夕"为篇题的散曲

散曲分为小令、带过曲和套曲三种形式。小令指散曲的单个曲子，是散曲的基本单位。如果在同一篇题下用两支或三支宫调相同、音律相协的曲子联结起来填写的，叫"带过曲"。把四个以上同一宫调曲子联缀起来的，叫"套曲"，也叫"套数"。套曲和带过曲中三首以上联缀者，我已在《论古代"七夕诗"中的几种创作现象》一文的"组诗"部分谈过，这里只涉及小令和二首以内的带过曲。这类曲子中写七夕的不是很多。

元初卢挚（1242？~1315？）有《双调·沉醉东风·七夕》：

银烛冷秋光画屏，碧天晴夜静闲亭。蛛丝度绣针，龙麝焚金鼎。庆人间七夕佳令。卧看牵牛织女星，月转过梧桐树影。

卢挚为河南颍川人，弱冠任元世祖忽必烈的侍从，后至翰林学士、迁承旨。曲中写士大夫之家乞巧，同样是穿针、觅蛛网、封香拜织女、举首看天河。联系白朴等人的作品看，蒙元代统治者在节令习俗上并不做过分干涉，同宋王朝没有什么变化。

元代杰出作曲家王举之的《双调·折桂令·七夕》也是写牛郎织女传说与七夕风俗的佳作：

> 鹊桥横低蘸银河。鸾帐飞香,凤辇凌波。两意绸缪,一宵恩爱,万古蹉跎。 剖犬牙瓜分玉果,吐蛛丝巧在银盒,良夜无多。今夜欢娱,明夜如何。

由牛郎织女传说而转向对七夕风俗的描写。"吐蛛丝巧在银盒"是写自宋代开始形成的将蜘蛛放于盒中,第二天看所吐丝之多少验是否得巧的风俗,多为小孩子七夕所玩。本曲前后两段的末两句给人留下思考,二者又能联系起来。

元刘伯亨《双调·朝元乐》中《好精神》:

> 七月七,牛郎织女期。好相别,还相会,一年一度不差别,则这天象有姻缘,世人无恩义。在他乡结新婚,与别人为娇婿。

与绝大部分借七夕、乞巧写爱情的不同,该诗表达的不是因恩深而分两处忧愁,而是其中一方另有新欢造成悲剧。本诗从比较的角度展现这种社会现象,对社会现实中家庭婚姻中的不良行为进行了抨击。

元代一些唱"十二个月"的曲子中,"七月"都是唱七夕或牛郎织女。无名氏的《商调梧·叶儿·十二月·七月》为:

> 金风动,玉露滋,牛女会合时。人别后,无意思,折花枝,闲倚定桐梧树儿。

写已婚妇女当七夕之时因夫妻分离的无聊与寂寞。再如无名氏的《中吕·迎仙客·十二月·七月》:

> 乞巧楼,月如钩,聚散几回银汉秋。遣人愁,何日休。牵牛织女,万古情依旧。

以牵牛织女之事比喻现实婚姻上的忠贞。

金元之时,一些作家尤其少数民族作家在七夕节的吟诵抒怀,表明了这个节俗传播范围的扩大。内蒙古、东北、西南等地也流传着牛郎织女传说和有地域特色的七夕风俗就说明了这一点。

明代王克笃（1526~1594）《北双调·拨不断·七夕》：

> 七月七，是何夕？河边牛女遥相忆，滚滚银涛作雨飞。人言都是双星图，只因多离少会。

在写牛郎织女传说中很含蓄地将个人的情感经历写于其中。这是以七夕为题材的词曲中最典型的表现手法，只是这首曲子更为含蓄。

以上只是从明代以前以"七夕"为题及篇题与"七夕"相关的诗、词、曲为范围，考察了历代诗人七夕诗中个人情感的抒发和对当时社会的反映，以便对明代以前七夕诗的题材、主题、思想内容有一个较清晰的认识；并借以了解七夕节俗的传播情况及其对文人创作的影响。文中举出了一些较有代表性的诗篇与段落、句子。篇题与之无关却以七夕为题材或作于七夕的诗、词、曲作也很多。如晚唐王建与和凝都有《宫词》写宫中乞巧等。王作首句"画作天河刻作牛"，说明唐代宫中乞巧供有表现"牛女相会"情节的画，并供有木刻或石刻的牛。再如元代中期青年女诗人孙淑（1306~1328）的《绿窗十八首》之第十七首：

> 乞巧楼前雨乍晴，弯弯新月伴双星。邻家小女都相学，斗取金盆看五生。

孙淑为元曲作家孙周卿之女，诗人傅若金之妻，二十三岁病故。可以说她作此诗时去乞巧之年不远，写到乞巧中妇女种五生之习。种五生即七月初七以前将绿豆、小豆、小麦等泡在碗、盆之中生芽，待乞巧时中腰用彩纸或彩绸束之，供于织女像前，卜巧之时可投于水中看其投影像什么，以定是否得巧。种五生起于宋元之时，而至今陇南、天水一带尚存，叫"生巧芽"。这类从篇题上看不出而实际写七夕或借乞巧以抒怀的诗，也很值得进一步考察与研究。

浏览历代诗人七夕之作可以看出，大部分写七夕、乞巧风俗或借七夕、乞巧风俗抒发个人情怀之作，同牛郎织女传说联系在一起，有的虽然没有明确叙及，但用到"云汉"、"双星"、"渡河"、"乌鹊"、"云耕"、"凤驾"及"望断碧云"之类词语，也暗含着牛郎织女相会之类的情节。

所以说，七夕、乞巧节俗的传播同牛郎织女传说的传播是联系在一起的，二者起着相互带动的作用。

七夕节在全国大部分地方只有七月七日一天，北方有的地方是七月六日、七日两天，只有天水、陇南一带西汉水流域及秦人由陇南经今天水、清水、张川等地至咸阳这一段路上的一些县曾为七天八夜，而至今仍为七天八夜的只有西和县、礼县的漾水河、西汉水流域。但是，历代诗人在七夕节诗兴大发而作诗、词、曲的情形很多，思想内容超出于亲情、忆旧等个人经历。

秦人主要生活在陇南漾水河下游至漾水河与盐官河交汇处，故其早期以漾水河为汉水的正源，所以这一带的乞巧节俗得到较完整的保留。每个时代的主流思想都是统治阶级的思想，应该说，秦人的七夕节俗从西汉独尊儒术思想确立之后，经过了自然的改造变化。今天我们从晋南北朝的七夕诗谈到七夕的仪式只是"乞巧"。不过，诗人们仍然借着七夕的话题，表现对于婚姻、家庭方面的痛苦与愿望，也表现对当时政治社会的看法，抒发不平与愤激之情。在整个封建社会中，要追求婚姻自主、在婚姻上反对门阀制度，这在文人阶层是不可能的。古代所有七夕诗、词、曲基本没有这类文人之作，这也是我们应该注意到的。

论韩愈的"尊扬"思想

沈相辉[*]

摘　要　面对举世佞佛的局面,作为儒者的韩愈以道自任,仿效孟子,排斥异端,建立起自己的道统体系。在此谱系中,扬雄被置于孟、韩之间,被韩愈视为异代知己。韩愈选择扬雄的原因主要有三:一是扬雄乃唐前最为尊孟者,故为尊孟之韩愈所瞩目;二是扬雄同样排斥异端,不与世俗苟合,韩愈与其极为类似;三是扬雄模拟圣人的创作实践,与韩愈文以明道的主张有相通之处。

关键词　韩愈　扬雄　道统　文以明道

桓谭曾认为"扬子之书文义至深,而论不诡于圣人"[①],故而断定其书"必传"。在《新论》中,桓谭更是直接说扬雄不仅是"西道孔子",亦是"东道孔子"[②],其意犹谓扬雄乃再生孔子。自桓谭之后,班固、王充、张衡等学者都对扬雄持肯定态度[③],但并未如桓谭一样将扬雄视作圣人重生。

---

[*] 沈相辉,男,北京大学中文系博士研究生、哈佛大学东亚系访问学人,主要研究方向为先唐文学与文献学、中国经学。
① (汉)班固:《汉书·扬雄传》卷87下,中华书局,1962,第3585页。
② (汉)桓谭:《新辑本桓谭新论》,朱谦之校辑,中华书局,第62页。
③ 班固对扬雄的肯定,除见于《汉书·扬雄传》外,其《叙传》云:"渊哉若人!实好斯文。初拟相如,献赋黄门,辍而覃思,草《法》纂《玄》,斟酌《六经》,放《易》象《论》,潜于篇籍,以章厥身。"(《汉书》卷100,中华书局,1962,第4265页)王充则将扬雄作《太玄》比拟孔子作《春秋》,称扬雄"卓尔蹈孔子之迹,鸿茂参贰圣之才"(黄晖撰《论衡校释》,中华书局,1990,第608页)。张衡曾对崔瑗说:"吾观《太玄》,方知子云妙极道数,乃与五经相拟,非徒传记之属,使人难论阴阳之事,汉家得天下二百岁之书也……"(范晔:《后汉书·张衡传》卷59,中华书局,1965,第1897页)

真正再度将扬雄推崇为圣人,并将其纳入道统谱系的,是唐代的韩愈。韩愈为何如此推崇扬雄?其尊扬的主张对于他个人乃至当时整个学界又产生了怎样的影响?类似的问题,既是韩愈思想研究的重要组成部分,也是扬雄接受史研究的关键一环。因此,本文试图从扬雄与韩愈二人的共性上寻找答案,以请教于同仁。

一 进入道统的"圣人之徒"

陈寅恪先生在《论韩愈》一文中曾从六个不同的方面论述韩愈在唐代文化史上之特殊地位,其一即为"建立道统,证明传授之渊源"[①]。韩愈言及道统的文字主要有二,其一见于《原道》篇:

> 曰:斯道也,何道也?曰:斯吾所谓道也,非向所谓老与佛之道也。尧以是传之舜,舜以是传之禹,禹以是传之汤,汤以是传之文、武、周公,文、武、周公传之孔子,孔子传之孟轲。轲之死,不得其传焉。荀与扬也,择焉而不精,语焉而不详。[②]

在韩愈的论述中,儒家的道统谱系始于尧、舜而终于孔、孟,扬雄与荀子虽被提及,但因"择焉而不精,语焉而不详",故而"不得其传",即荀、扬皆未能成为谱系中的正式一员。但在《重答张籍书》中,韩愈的论述又稍有不同,其云:

> 前书谓吾与人商论不能下气,若好胜者然。虽诚有之,抑非好己胜也,好己之道胜也;非好己之道胜也,己之道乃夫子、孟轲、扬雄所传之道也。若不胜,则无所为道。吾岂敢避是名哉![③]

针对张籍的批评,韩愈解释了自己好胜的原因乃在于明道。而在论述

[①] 详参陈寅恪《论韩愈》,《金明馆丛稿初编》,生活·读书·新知三联书店,2015。
[②] (唐)韩愈:《韩昌黎文集校注》卷1,马其昶校注、马茂元整理,上海古籍出版社,2014,第20页。
[③] 《韩昌黎文集校注》卷2,第152页。

自己所持之道时，韩愈明确将扬雄置于孔、孟之后，其意乃谓扬雄乃孔孟之后道之传人。很显然，与《原道》篇相比，在《重答张籍书》中扬雄被正式安排进了谱系之中。对于韩愈的这一安排，宋人表示非常不理解。吕祖谦文集中著录的一道策问就曾言及这一问题，其云："韩愈氏《原道》之篇谓轲死不得其传，用法严矣；至《答张籍书》又谓己之道乃夫子、孟轲、扬雄所传之道，何遴于前而宽于后耶！"[1] 对于这个问题，清人李光地也曾言及。李氏认为："韩文公二十来岁，数传道，多一扬雄；三十岁作《送文畅序》，又少一孟子，都是识见未定。到四十岁作《原道》，便斩钉截铁云：'轲之死不得其传'，卓有定见矣。至《与孟尚书书》乃是晚年之作，专提出孟子，以为功不在禹下，而自己几幸续在后，荀扬半字不提起，学识精进如此。"[2] 按李氏的说法，韩愈对道统的认识，在不同时期曾发生过若干转变。若此说成立，则韩愈"遴于前而宽于后"也就可以得到一个貌似合理的解释。

但《原道》中"不得其传"的"得"字，南宋孝宗淳熙元年锦溪张监税宅翻刻潮州本《昌黎先生集》注："得，赵作'绝'。"南宋绍熙重刻本祝充《音注韩文公文集》，以及南宋宁宗庆元六年建安魏仲举刊本《新刊五百家注音辩昌黎先生文集》的注皆同。[3] 若作"不绝其传"，则"谓周孔之道代代相传，未曾断绝"[4]，故"荀、扬虽有小疵，而不失大体，仍为道统传人"[5]。若作"不得其传"，则摒荀、扬于道统之外。赵德《昌黎文录序》云："昌黎公，圣人之徒与。其文高出，与古之遗文不相上下。所履之道则尧、舜、禹、汤、文、武、周公、孔、孟、扬雄所授受，服行之实也，固已不杂。"[6] 赵德其人，韩愈在《潮州请置乡校牒》中曾推荐他负责州学[7]，可知赵德应为韩愈同时之人。据饶宗颐先生的考证，赵德为

---

[1] （宋）吕祖谦：《东莱外集》卷2，《四库全书》本。
[2] （清）李光地：《榕村语录》卷19，陈祖武点校，中华书局，1995，第342~343页。
[3] 见刘真伦《韩愈文集汇校笺注》卷1，岳珍校注，中华书局，2010，第14页。
[4] 《韩愈文集汇校笺注》卷1，第14页。
[5] 《韩愈文集汇校笺注》卷1，第14页。
[6] 吴文治编《韩愈资料汇编》，中华书局，1983，第29页。
[7] 见《潮州请置乡校牒》，《韩昌黎文集校注》外集上卷，第772页。

韩愈编集，远在李汉之前，"以生并世之人，而知宝贵其文，至为选录成编，赵德不能谓非韩公知己第一人"①。赵德当时人，而其言韩愈之文与道，并及扬雄，则其所见《原道》中作"不绝其传"的可能性更大。

有学者为了弥补"不得"与"不绝"之间的矛盾，借鉴了李光地的说法，认为"绝"乃韩愈早年所写，晚年则改为"得"。② 笔者认为不必强作调和，主要理由：其一，我们无法完全证实是韩愈将"不绝"改为了"不得"，毕竟从逻辑上来讲，亦可能是后人所改。其二，《原道》的作年并不确定，如程颐、朱熹认为是少作，李光地则断为晚年之作。其三，《送文畅序》不言孟子，并不意味着韩愈不重孟子，《与孟尚书书》中专提孟子，亦只表明韩愈特别推崇孟子，而并不意味着不重视其他人。不然，《与孟尚书书》中不仅未提及荀、扬，亦未提及尧、舜、禹、汤、文、武、周公，孔子亦仅引一言而已，难道韩愈于此诸人皆不重视吗？答案显然是否定的。事实上，就目前的文献来看，对于扬雄进入道统谱系的质疑，主要始于宋人。宋人对扬雄的否定，带有强烈的时代烙印。特别是到了南宋，由于北宋灭亡时许多士大夫变节投敌，气节问题成为程朱理学的重要议题，曾有仕莽美新之举的扬雄自然遭到道学家们的贬斥。③ 在宋代以前，对于扬雄的评价，仍以肯定为主。故而韩愈尊扬雄为圣人，置于道统谱系之中，与东汉以来的尊扬是一脉相承的，不足为奇。

无论如何，韩愈的尊扬都是一个不可否认的历史事实。

二 由"尊孟"而"尊扬"

以道自任的韩愈，本身也是唐代古文运动的领袖，故其所重虽在道，但同样重文。可以说，韩愈之道乃合儒道与文道为一。故韩愈在确定谱系名单时，亦会同时考虑这两方面的因素。就经学而论，扬雄是经学家中最

---

① 饶宗颐：《赵德及其〈昌黎文录〉》，收入黄挺编《饶宗颐潮州地方史论集》，汕头大学出版社，1996，第381页。
② 见《韩愈文集汇校笺注》卷4，第14页。
③ 关于此问题，可参看拙文《论宋代的"贬扬"思潮》，待刊。

能文的；就文章而论，扬雄亦是文学家中最宗道的。孟子之后，要寻觅一个文道统一的历史人物来延续道统，扬雄无疑就是最佳候选人。

事实上，汉代儒学传承中，荀子的贡献远大于孟子①。故孔子之后，似应首推荀子。然而韩愈何以选择了孟子呢？笔者认为，这与韩愈建构道统之目的直接相关。陈寅恪先生说："南北朝之旧禅学已采用阿育王经传等书，伪作付法藏因缘传，已证明其学说之传授。至唐代之新禅宗，特标教外别传之旨，以自矜异，故尤不得不建立一新道统。"② 也就是说韩愈建立道统，是排斥异端的必要手段。唐时佛老大行，与孟子之时杨、墨塞路一样，皆使儒道不显。战国之时，孟子以当仁不让的勇气，"出而佐之，辞而辟之，圣人之道复存焉"③。身处佛老大行其道之时，欲起而辟之，自然会将孟子引为知己，将其纳入谱系之中。而与孟子相比，荀子的"战斗性"就远远不及了。就此角度来说，韩愈是按照自己的现实需求，才将孟子引为"战友"。前引《重答张籍书》中韩愈对自己好胜的辩解，显然就是孟子"予岂好辩哉，予不得已也"④的唐代翻版，这也说明韩愈非常看重孟子排斥异端的卫道精神。

逻辑上，能够继承孟子之道的人，应是一个尊崇孟子的人，就像孟子尊崇孔子一样。在这一点上，扬雄与汉代儒者尊崇荀子不同，他尊孟远远超过尊荀，是汉代最早大力推崇孟子的儒者，故而很快进入韩愈的视野范围之内。⑤ 笔者曾统计《法言》中人物出现的频率，儒家人物之中，除孔子、颜回之外，孟子出现10次，远远超过荀子的2次。《法言·吾子篇》云："古者杨、墨塞路，孟子辞而辟之，廓如也。后之塞路者有矣，窃自

---

① 清人汪中在《荀卿子通论》中就曾指出汉代诸经多为荀子所传，故其云："荀卿之学，出于孔氏，而尤有功于诸经。"（见汪中著《述学校笺》，李金松校笺，中华书局，2014，第451页）近人刘师培亦称荀子乃"集《六经》学术之大成者"，谓"两汉诸儒殆皆守子夏、荀卿之学派"。（见刘师培《经学教科书》，吉林人民出版社，2013，第24页）
② 陈寅恪：《论韩愈》，《金明馆丛稿初编》，生活·读书·新知三联书店，2015，第319页。
③ （宋）柳开撰《柳开集》卷6《答臧丙第一书》，李可风点校，中华书局，2015，第73页。
④ （清）阮元刻《孟子注疏》卷6下《滕文公章句下》，中华书局影印本，2009，第5903页。
⑤ 就尊孟的角度而言，荀子曾批评子思、孟子曰："略法先王而不知其统，犹然而材剧志大，闻见杂博。案往旧造说，谓之五行，甚僻违而无类，幽隐而无说，闭约而无解。"（王先谦：《荀子集解》卷3《非十二子》，中华书局，1988，第94页）故而孟子之后，荀子也不太可能进入韩愈的道统谱系之中。

比于孟子。"① 《汉书》言扬雄创作《法言》的目的，主要也是辟邪说。② 此亦扬雄效仿孟子以卫道自任之表现。《君子篇》载："或问'孟子知言之要，知德之奥'。曰：'非苟知之，亦允蹈之。'或曰：'子小诸子，孟子非诸子乎？'曰：'诸子者，以其知异于孔子也。孟子异乎？不异。'"③ 可见在扬雄看来，孟子不仅知道，而且行道，并与孔子一致。结合《吾子篇》所说，可知扬雄之推崇孟子，正在于孟子辟杨、墨与自己辟邪说一致，故而扬雄也就"自比于孟子"了。扬雄对孟子的推崇，与韩愈对孟子的推崇，实质上都是看中孟子的卫道精神，这显然博得了韩愈的好感。韩愈在《读荀》中曾说：

> 始吾读孟轲书，然后知孔子之道尊，圣人之道易行，王易王，霸易霸也。以为孔子之徒没，尊圣人者，孟氏而已矣。晚得扬雄书，益尊信孟氏。因雄书而孟氏益尊，则雄者，亦圣人之徒欤！④

韩愈因读扬雄之书而愈加尊崇孟子，故而认为孟子地位的提高与扬雄的推崇密切相关。按韩愈的逻辑，扬雄会推崇孟子，自然是理解了孟子之道的人，故而也就是"圣人之徒"了。"圣人之徒"这个词，出自《孟子·滕文公章句》，其云："能言距杨、墨者，圣人之徒也。"⑤ 赵岐注："孟子自谓能距杨墨也。徒，党也。可以继圣人之道，谓名世者也，故曰圣人之徒也。"⑥ 圣人之徒继承了圣人之道，则自然有资格进入道统的谱系。另外值得注意的是，扬雄对孟子的推崇，增强了韩愈对道的信仰。韩愈在唐代大力推崇孟子，一开始并未得到时人的支持，故而大有空聊寂寞之感。在此背景下，同样要辟邪说的扬雄在《法言》中对孟子的尊崇，

---

① 汪荣宝撰《法言义疏》，陈仲夫点校，中华书局，1987，第81页。
② 《扬雄传》载："雄见诸子各以其知舛驰，大氐诋訾圣人，即为怪迂，析辩诡辞，以挠世事，虽小辩，终破大道而惑众，使溺于所闻而不自知其非也。及太史公记六国，历楚汉，讫麟止，不与圣人同，是非颇谬于经。故人时有问雄者，常用法应之，撰以为十三卷，象《论语》，号曰《法言》。"（《汉书》卷87下，中华书局，1962，第3580页）
③ 汪荣宝撰《法言义疏》，陈仲夫点校，第498页。
④ 《韩昌黎文集校注》卷1，第40页。
⑤ 阮元刻《孟子注疏》卷6，第5904页。
⑥ 阮元刻《孟子注疏》卷6，第5904页。

无疑使得韩愈有寻得一异代知己之感。从孟子到扬雄,再到韩愈,三者的共同点都在于排斥异端的卫道精神,而扬雄恰好是连接孟子与韩愈的关键点。

韩愈对扬雄的推崇,也与当时士林对他的期望有关。张籍在写给韩愈的信中,曾明确表明希望韩愈能成为继孟、扬之后,重振儒道之人。其《与韩愈书》云:

> 宣尼殁后,杨朱、墨翟恢诡异说,干惑人听。孟轲作书而正之,圣人之道复存于世。秦氏灭学,汉重以黄老之术教人,使人寖惑,扬雄作《法言》而辩之,圣人之道犹明。……自扬子云作《法言》,至今近千载,莫有言圣人之道者;言之者惟执事焉耳。习俗者闻之多怪而不信,徒相为訾,终无裨于教也。执事聪明,文章与孟轲、扬雄相若,盍为一书,以兴存圣人之道,使时之人、后之人知其去绝异学之所为乎?①

林简言《上韩吏部书》说得更为明白,其云:

> 人有儒其业,与孟轲同代而生,不遂师于轲,不得闻乎道,阁下岂不谓之惜乎?又有与扬雄同代而生,不遂师于雄,不得闻乎道,阁下岂不谓之惜哉?……去夫子千有余载,孟轲、扬雄死,今得圣人之旨,能传说圣人之道,阁下耳。今人睎阁下之门,孟轲、扬雄之门也。小子幸儒其业,与阁下同代而生。阁下无限其门,俾小子不得闻其道,为异代惜焉。②

张、林二人所说,正表明不仅韩愈自己引孟、扬为知己,时人同样将韩愈视为孟、扬之后的继承人。盖对当时的儒者而言,辟佛老乃第一要务,故而同样排斥异端的孟、扬都受到儒者的重视。韩愈是当时排斥佛老最为激烈的人,同时又担任过国子监博士,"以兴起名教、弘奖仁

---

① 张籍撰《张籍集系年校注》卷10,徐礼节、余恕诚校注,中华书局,2011,第993~994页。
② 董诰编《全唐文》卷790,中华书局,1983,第8280页。

义为事"①，自然会为海内儒士所瞻望，希望他能够像孟、扬一样排斥异端邪说，"以兴存圣人之道"。韩愈自己引孟、扬为知己，而时人复以孟、扬相期，这也就难怪韩愈所建立的谱系中孔子之后即是孟、扬了。

三　模拟圣人与文以明道

建立谱系只是排斥异端的第一步，更为重要的是如何证明儒道优于佛老之道。证明的方式有两种，一是见于事功，一是见于文辞。《原道》中说："由周公而上，上而为君，故其事行；由周公而下，下而为臣，故其说长。"② 周公以上的圣人得位而行道，故其道见于事功；周公以下的圣人，不得其位，故而明道的方法在于"说"。《争臣论》中说："君子居其位，则思死其官；未得位，则思修其辞以明其道：我将以明道也，非以为直而加诸人也。"③ 韩愈非常清楚地意识到，为臣而不得位的自己，若想排斥异端，只有以文明道这一种方法。由此一来，就必然会涉及文与道的关系。

在《送陈秀才彤序》中，韩愈说："读书以为学，缵言以为文，非以夸多而斗靡也。盖学所以为道，文所以为理耳。苟行事得其宜，出言适其要，虽不吾面，吾将信其富于文学也。"④ 在韩愈看来，"学"与"文"的目的都是为了道和理。而其所重之道、理，即是儒家之道与儒家之理。不从这个角度来理解韩愈的文，我们就很难理解为何"行事得其宜，出言适其要"可被视为"富于文学"。《论语》中子夏说："贤贤易色；事父母，能竭其力；事君，能致其身；与朋友交，言而有信。虽曰未学，吾必谓之学矣。"⑤ 子夏所说之"学"，即是儒家主张的孝悌忠信之道。将韩愈所说与子夏所说进行对比，可以发现二者的模式一致。韩愈在子夏所说之"学"前加上"文"字，实质上就是要将"文学"转换或者限定在子夏所

---

① 刘昫等撰《旧唐书》卷160，中华书局，1975，第4203页。
② 《韩昌黎文集校注》卷1，第20页。
③ 《韩昌黎文集校注》卷2，第126页。
④ 《韩昌黎文集校注》卷4，第291页。
⑤ 阮元刻《论语注疏》卷1《学而第一》，中华书局影印本，2009，第5337页。

说的"学"之中,即儒家之道中。

认识到了韩愈明道的方法之后,便能更好地理解韩愈为何会推崇扬雄。道只有一个道,明道的方法也只有"修其辞"一种。如此一来,如何"修其辞"以明道便成为当务之急。《答刘正夫书》中云:"或问:为文宜何师?必谨对曰:宜师古圣贤人。曰:古圣贤人所为书具存,辞皆不同。宜何师?必谨对曰:师其意,不师其辞。"①"师其意"之"意",即是文所要表达出来的"道"。"师其意不师其辞",意味着表达的内容不变,只是表述的方式发生改变而已。更具体来说,韩愈所主张的"文",所明之"道"仍是尧、舜、禹、汤、文、武、周公、孔、孟所主张的那个道,但具体到言辞及表达方式则有所不同。所谓"惟陈言之务去"②,便是要在文辞上下功夫。从这个角度而言,扬雄模拟《周易》作《太玄》、模拟《论语》作《法言》,无疑就是"师其意不师其辞"的最好例证。韩愈在《与冯宿论文书》中对《太玄》推崇备至,其云:

> 昔扬子云著《太玄》,人皆笑之。子云之言曰:"世不我知无害也;后世复有扬子云,必好之矣。"子云死近千载,竟未有扬子云,可叹也!其时桓谭亦以为雄书胜老子。老子未足道也,子云岂止与老子争强而已乎?此未为知雄者。其弟子侯芭颇知之,以为其师之书胜《周易》。然侯之他文不见于世,不知其人果如何耳。以此而言,作者不祈人之知也明矣。直百世以俟圣人而不惑,质诸鬼神而不疑耳,足下岂不谓然乎?③

韩愈之所以认为《太玄》应与《周易》相比,而不应与《老子》相比,是因扬雄作《太玄》,所师之意为《周易》之意,乃儒家之道,而非道家《老子》之意。桓谭以《太玄》比《老子》,则扬雄所传之道便成为道家之道,也就不能进入儒家的道统谱系中了。韩愈的学生李翱曾说韩愈:"深于文章,每以为自扬雄之后,作者不出。其所为文,未尝效前

---

① 《韩昌黎文集校注》卷3,第231~232页。
② 《韩昌黎文集校注》卷3,第190页。
③ 《韩昌黎文集校注》卷3,第220页。

人之言，而固与之并。"① 韩愈自认为与扬雄并，而扬雄也"窃自比于孟子"，故而扬雄所师之意只能是儒家之道，不能是道家之道。韩愈曾对冯宿抱怨道："仆为文久。每自则意中以为好，即人必以为恶矣。小称意人亦小怪之；大称意即人必大怪之也。时时应事作俗下文字，下笔令人惭。及示人，人以为好矣。小惭者亦蒙谓之小好，大惭者即必以为大好矣。"② 扬雄著《太玄》之遭遇，正与韩愈同。《扬雄传》谓《太玄》成："观之者难知，学之者难成。客有难《玄》大深，众人之不好也。"③因此，扬雄不得已而作《解难》。扬雄这种不为世人所理解的孤独，无疑让同样不为人所理解的韩愈产生相惜之感。当他感叹"子云死近千载，竟未有扬子云"时，言下之意其实是说自己懂得扬雄，俨然也以唐之扬子云自居了。

必须指出的是，如果严格按照韩愈对道统的认识，他读书应做到"所读皆圣人之书，杨墨释老之学无所入于其心"，其作文应是"所著皆约六经之旨而成文"。如此一来，韩愈所说的"文"将被严格限制在道统之内，与后来宋人所说之"文"别无二致。但当韩愈将"道"与"文"置换为"意"与"辞"时，"文"的概念便突破道统的范围，呈现自身的个性。无论文如何具有个性，它都被冠以一个明道的终极目的，故而为实现个性所采取的任何一种手段都得到了道统的保护。所以遍师古圣贤人，仍然符合明道的目的。罗立刚先生曾指出韩愈"师其意不师其辞"的意义所在："首先，不再提'道'与'文'，而是将之具体化为文章中的'意'和'辞'，更贴近文学本体。其次，对其'意'所指的目的，笼统地以'古圣贤人'代替，这又带有遍师之意，而遍师的终结点，又在那个众所周知的'道'。"④ 从这个角度来比较韩愈和扬雄，可以发现二人有着惊人的相似。在宗经征圣时，扬雄说："好书而不要诸仲尼，书肆也。好说而不要

---

① 李翱：《故正议大夫行尚书吏部侍郎上柱国赐紫金鱼袋赠礼部尚书韩公行状》，吴文治编《韩愈资料汇编》，中华书局，1983，第27页。
② 《韩昌黎文集校注》卷3，第220页。
③ 《汉书》卷78下，第3575页。
④ 罗立刚：《史统、道统、文统：论唐宋时期文学观念的转变》，东方出版中心，2005，第167页。

诸仲尼，说铃也。"① 这与韩愈所主张的"所读皆圣人之书"、"所著皆约六经之旨而成文"毫无二致。但看《法言》可知，扬雄对儒家之外的诸子百家，其实无所不窥。故王安石说："扬雄虽为不好非圣人之书，然于墨、晏、邹、庄、申、韩亦何所不读。彼致其知而后读，以有所去取，故异学不能乱也。惟其不能乱，故能有所去取者，所以明吾道而已。"② 韩愈与扬雄一样，其视野也没有局限在儒家范围之内。《进学解》中韩愈假人之口说自己"口不绝吟于六艺之文，手不停披于百家之编"③，又云其作文"上规姚、姒，浑浑无涯。《周诰》、《殷盘》，佶屈聱牙。《春秋》谨严，《左氏》浮夸。《易》奇而法，《诗》正而葩。下逮《庄》、《骚》，太史所录，子云、相如，同工异曲。先生之于文，可谓闳其中而肆其外矣"④。韩愈为文所效仿的对象，如《庄子》《离骚》等，显然已超出儒家之范围，并不符合其严格意义上的道统观念。扬雄、韩愈在宗经征圣时，都以儒为标准，但在实际的操作中，却都超出了儒的范围。这实质上意味着二人的道统意识之中，夹带着文学独立性的"私货"。如果说在扬雄那里这尚且属于一种不自觉的行为，那么当韩愈正式提出"师其意不师其辞"时，则表明其道统建构的同时，实际上也在有意识地建构文统。《新唐书》中载："（韩愈）每言文章自汉司马相如、太史公、刘向、扬雄后，作者不世出，故愈深探本元，卓然树立，成一家言。其《原道》、《原性》、《师说》等数十篇，皆奥衍闳深，与孟轲、扬雄相表里而佐佑六经云。"⑤ 言文章有四人，言"佐佑六经"则只举孟、扬，乃因前者所重在文，后者所重在道。《旧唐书·韩愈传》载："大历、贞元之间，文字多尚古学，效扬雄、董仲舒之述作，而独孤及、梁肃最称渊奥，儒林推重。愈从其徒游，锐意钻仰，欲自振于一代。"⑥ 将扬雄与董仲舒并提，此亦文道统一之一证。而韩愈之所以能"成一家言"，也正在于他巧妙地对文与道

---

① 汪荣宝撰《法言义疏》，陈仲夫点校，第 74 页。
② （宋）王安石：《答曾子固书》，《临川文集》卷 73。
③ 《旧唐书》卷 160，第 4196 页。
④ 《旧唐书》卷 160，第 4196～4197 页。
⑤ （宋）欧阳修、宋祁撰《新唐书》卷 176，中华书局，1975，第 5265 页。
⑥ 《旧唐书》卷 160，第 4195 页。

进行了统一。

从文学的角度而言，作为古文家的韩愈，其对扬雄的辞赋也应是十分推崇的。韩愈在论及前代能文者时，往往举扬雄为例。如《答刘正夫书》云："汉朝人莫不能为文，独司马相如、太史公、刘向、扬雄为之最。"①在《答崔立之书》中，他又称扬雄为"古之豪杰之士"，将其与屈原、孟轲、司马迁、司马相如并列。②于《进学解》中则云："子云、相如，同工异曲。"③可见在韩愈的心中，扬雄是杰出的能文者。韩愈志同道合的好友柳宗元在《答韦珩示韩愈相推以文墨事书》中说："退之所敬者，司马迁、扬雄。"④韩、柳以迁、雄相推，可见二人都以迁、雄为能文者，并且希慕之。邓开国先生在讨论"尊扬"思潮与唐代古文运动的关系时，曾详细论述过扬雄在文学上对韩愈的影响，更加表明韩愈对于扬雄文学才能的肯定和推崇。⑤

苏轼《潮州韩文公庙碑》云："自东汉以来，道丧文弊，异端并起……独韩文公起布衣，谈笑而麾之，天下靡然从公，复归于正，盖三百年于此矣。文起八代之衰，而道济天下之溺，忠犯人主之怒，而勇夺三军之帅。"⑥东坡对于韩愈的评价，一则言其道，一则称其文，而最重者在其文。就韩愈有关文道关系的论述而言，他以道为终极目的，而以文为实现此目的的方法，即以文明道。然就韩愈在事实上所取得的成就而言，他"于道的方面所窥尚浅，于文的方面所得实深"⑦。故韩愈所建道统谱系，亦同时具有文统的内涵。纯就体道而言，扬雄未免"大醇而小疵"；但若考虑到扬雄的明道之文，则称其为"圣人之徒"也未尝不可了。

概言之，以道统自任的韩愈，发现了扬雄的卫道精神；致力于革新

---

① 《韩昌黎文集校注》卷3，第232页。
② 《韩昌黎文集校注》卷6，第687页。
③ 《旧唐书》卷160，第4197页。
④ 《柳宗元集》卷34，中华书局，1979，第882页。
⑤ 参邓开国《论唐宋间的"尊扬"思潮与古文运动》，《文学遗产》2011年第3期。
⑥ 苏轼撰、茅维编《苏轼文集》卷17，孔凡礼点校，中华书局，1986，第509页。
⑦ 《中国文学批评史》（上卷），百花文艺出版社，1999，第215页。

文风的韩愈,则发现了扬雄"师其意不师其辞"的创作意义。故而在韩愈建构地包含文统意识的道统谱系中,兼具道与文的扬雄超越了董仲舒、郑玄、司马迁、司马相如等专精于文或道的学者,成为继孟子之后的另一位"圣人"。

中国古代白话小说"史补"功能发生与取向研究[*]

何悦玲[**]

摘　要　中国古代白话小说"史补"功能成为自觉意识，既与明初以来政治思想文化、伦理状况紧密相关，也同人们对白话小说文体认知有紧密关系。补"史"之穷成"教化"，补"史所未尽"以传"奇"是白话小说两种最重要"史补"取向。前者是在小说地位不高状况下，以"史"的不足与缺限为据，为自己发展拓展空间，体现出小说灵活通变的性格特征。后者是对有别于"史"的叙述风格与功能的开发。在这两种"史补"取向中，小说通俗易懂、生动形象、虚饰夸张等艺术特征得到肯定并获得充分发展。补"史"以存历史材料之"阙"是白话小说第三种"史补"取向，它主要存在于历史题材小说领域，在其他领域则鲜有表现。三种"史补"取向中，补"史"之穷成"教化"与补"史"以存历史材料之"阙"体现的是对"史"功能的仿效，补"史所未尽"以传"奇"体现的是对"史"叙述风格与功能的背离。三种"史补"取向相互交织，既促进了小说内涵的丰富、境界的提升，也促进了小说自身个性的成熟与发展。

关键词　中国古代白话小说　"史补"功能　"史补"取向

---

[*]　基金项目：本文为陕西省社会科学基金项目"中国古代小说'史补'观念发展变迁研究"（2017J045）的阶段性成果。

[**]　何悦玲，女，文学博士，现为陕西师范大学文学院副教授、硕士生导师，主要从事古代小说及元明清文学研究。

中国古代白话小说"史补"功能发生与取向研究

"史补"不只是中国古代文言小说专利,在中国古代白话小说中,也同样贯穿着浓郁、自觉而为的"史补"目的。不过由于生成背景与受众对象不同,古代白话小说在"史补"取向与表现程度上和文言小说相比,有着一定差别。对此进行分析,既有利于了解文言小说与白话小说两种不同小说体式"同而不同"的艺术特征,也有利于了解中国古代小说整体灵活通变的民族性格特征。鉴于目前学界已有成果对此问题的阐述还不够充分,本文拟就此展开专门深入研究。

一 "史补"功能的发生

古代白话小说"史补"的目的不是与生俱来的。为《三国志·魏书》卷二十一《王粲》作注时,裴松之引《魏略》记述曹植:"傅粉。遂科头拍袒,胡舞五椎锻、跳丸击剑,诵俳优小说数千言讫。"[1] 隋笑话集《启颜录》载:"白在散官,隶属杨素。爱其能剧谈,每上番日,即令谈戏弄",并专门载其为素子玄感讲"一个好话""大虫"故事。[2] 唐郭湜《高力士外传》载:"每日上皇与高公亲看扫除庭院,芟薙草木。或讲经论议,转变说话,虽不近文律,终冀悦圣情。"[3] 明朗瑛《七修类稿》卷二十二载:"小说起宋仁宗,盖时太平盛久,国家闲暇,日欲进一奇怪之事以娱之。"[4] 明绿天馆主人《古今小说叙》云:"按南宋供奉局,有说话人,如今说书之流。其文必通俗,其作者莫可考。泥马倦勤,以太上享天下之养。仁寿清暇,喜阅话本,命内珰日进一帙,当意,则以金钱厚酬。于是内珰辈广求先代奇迹及闾里新闻,倩人敷演进御,以怡天颜。"[5] 在这些片段论述中,无论是俳优小说与其他娱乐伎艺的相提并论,还是作品命名、故事本身与讲述目的的端直说明,都表明作为白话小说的前身,"说话"主要以

---

[1] (晋)陈寿撰,(宋)裴松之注《三国志》,中华书局,2007,第449页。
[2] (宋)李昉等编《太平广记》,中华书局,2010,第1920页。
[3] (宋)王仁裕等撰,丁如明辑校《开元天宝遗事十种》,上海古籍出版社,1985,第120页。
[4] (明)朗瑛《七修类稿》,上海书店出版社,2009,第229页。
[5] (明)冯梦龙编,许政扬校注《古今小说》,人民文学出版社,1958,第1页。

娱乐为目的。白话小说由"说话"发展而来,现存最早的白话小说总集为明代洪楩编刊的《清平山堂话本》,由该作品编辑时使用的《雨窗》《长灯》《随航》《欹枕》《解闷》《醒梦》等六集命名来看,对作品的功能期待也仍以消闲娱乐为主。这些情况,足以说明,白话小说最初创作功能是用来消闲娱乐,尽管作品本身不乏历史题材的叙述,也含有劝善惩恶的功效,但总的来说,不以"史传"补足为有意功能。

"史补"成为白话小说的自觉功能,主要发生于以《三国志通俗演义》为开创的白话小说之后。"史补"能成为白话小说创作自觉功能,原因是多方面的。这首先与明初以来日益严苛的政治思想文化生态紧密相关。明政府建立以来,为巩固统治,除尊崇程朱理学、推行八股取士科举制度、编纂图书、大兴文字狱等专制思想文化政策之外,同时加强对文化领域的规范与审查。如《御制大明律》专设《禁止搬做杂剧律令》,其中规定:"凡乐人搬作杂剧戏文,不许妆扮历代帝王后妃、忠臣烈士、先圣先贤神像,违者杖一百;官民之家,容令妆扮者与同罪。"明成祖永乐九年七月,颁布禁词曲法令,云:"但有亵渎帝王圣贤之词曲驾头杂剧,非律所该载者,敢有收藏传诵印卖,一时拿送法司究治。奉圣旨,但这等词曲,出榜后,限他五日都要干净将赴官烧毁了,敢有收藏的,全家杀了。"[1] 在此状况下,生成于市井"说话"伎艺,又以广大市民百姓为主要阅读对象的白话小说,不论是为了推广发行获得收益,还是为了自身发展拓展更广空间,都会在内在精神上向国家要求的标准趋同。"史"尊"说"卑,史家文化承载着中国正统思想观念,两者又同属叙事一科,在此状况下,攀缘"正史"以求发展,自然成为白话小说获得发展最必要与最佳途径。对此途径的选择,是白话小说"史补"功能发生的契机之一。

白话小说"史补"功能发生,还同明中叶后的伦理现状紧密相关。明中叶后,城市经济迅速发展。在商品经济刺激下,人们欲望泛滥,越来越沦为对酒、色、财、气等形而下物质与感官欲望的追求,传统伦理道德秩序受到了挑战。《金瓶梅》中的潘金莲、西门庆为了"色"的满足,不惜

---

[1] 王利器:《元明清三代禁毁小说戏曲史料》,上海古籍出版社,1981,第13、14页。

毒死无辜的武大郎；《型世言》中的薛素姐，为了独霸家产，竟然要阉割公公，这些虽是小说家言，却也是对晚明现实的高度艺术概括。《明史》卷二八六载吴中祝允明唐寅辈，"以放诞不羁，为世所指目，而文才轻艳，倾动流辈，传说者增益而附丽之，往往出名教外"①。这些话语，更是对晚明伦理现实的直接说明。中国古代知识分子素有以"道"担当的传统，对社会的伦理现实也往往抱有高度责任感。明中叶以来伦理危机的加深，使有责任心的知识分子痛心疾首，他们在批判的同时，也在探讨着改变现实的途径与方法。效"史"以劝惩便成为白话小说自觉的选择。《三国志通俗演义序》中，明庸愚子讲："夫史，非独纪历代之事，盖欲昭往昔之盛衰，鉴君臣之善恶，载政事之得失，观人才之吉凶，知邦家之休戚，以至寒暑灾祥，褒贬予夺，无一而不笔之者，有义存焉"，并提醒读者阅读时，"若读到古人忠处，便思自己忠与不忠；孝处，便思自己孝与不孝。至于善恶可否，皆当如此，方是有益"②。《锋剑春秋序》中，清四和氏断言《锋剑春秋》虽"残篇断简，不外忠臣孝子，各尽臣道，各尽子职之两途。即以发明《春秋》之大义也"③。这些追源于"史"的小说创作功能阐说均流露出对于"史"劝惩功能与方式的肯定与仿效。此仿效，正是白话小说"史补"功能发生的契机之二。

白话小说"史补"功能发生，还同人们对白话小说文体认知有紧密关联。此中，对文言小说文体认知无疑具有先导作用。唐时，顺应小说实践中长期对史家遗弃之事拾取记载现实，有了对小说"史官之末事""史氏流别"的明确界定，小说"史补"的功能，也因此而获得自觉发展。在中国后世文言小说发展中，不管其状态如何，也不管其"史补"取向经历了怎样变化，其补史的功能存在一直获得人们普遍认同。对此，从小说作品命名中惯于使用的"外史""史补""逸史""阙史""野史"等字眼可看出，也可从大量小说作品序跋中明显感受得到，此无须再赘。白话小说虽来源于市井，生成状况也与文言小说有明显不同，但人们对其文体认知则

---

① （明）张廷玉等：《明史》，中华书局，1974，第7353页。
② （明）罗贯中：《三国志通俗演义》，人民文学出版社，1975，卷首。
③ 丁锡根：《中国历代小说序跋集》，人民文学出版社，1996，第873页。

继承了这一观点。《醒世恒言叙》中,明可一居士断言"六经国史而外,凡著述皆小说也。……以二教为儒之辅可也。以《明言》、《通言》、《恒言》为六经国史之辅不亦可乎?"① 《今古奇观序》中,明笑花主人称:"小说者,正史之余也","吾安知闾阎之务,不通于廊庙;稗秕之语,不符于正史?"② 《珍珠舶自序》中,清烟水散人指出:"天下有正史,亦必有野史。正史者,纪千古政治之得失;野史者,述一时民风之盛衰。譬之于《诗》,正史为《雅》、《颂》,而野史则《国风》也。"③ 《照世杯序》中,清谐道人把小说看成"史之余",认为小说"采间巷之故事,绘一时之人情,妍媸不爽其报,善恶直剖其隐,使天下败行越检之子,惴惴然侧目而视曰:'海内尚有若辈存好恶之公,操是非之笔,盍其改志变虑,以无贻身后辱。'"④ 《东周列国志序》中,清蔡元放同样把"稗官"看成"史之支派",认为较之于"史","稗官"不过"更演绎其词耳",并断言《东周列国志》一书"聊以豁读者之心目,于史学或亦不无小裨焉"。⑤ 在上述诸家阐述中,尽管言辞态度不一,使用的概念术语也有稍许差别,但都同以白话小说为"史之余""史之支派",认为白话小说无论在题材内容上,还是文本功能上,都体现出补"史"的特征。人们对白话小说文体的这一认知,是白话小说"史补"功能发生的原因之三。

正是在以上三个原因激励下,《三国志通俗演义》之后白话小说的创作与评论逐渐彰显出鲜明自觉的"史补"功能。这一功能,既是白话小说在现实境遇下为拓宽自身发展空间所做的一种明智选择,也是对中国古代优秀传统文化与精神的有效借鉴与继承。此中,它体现的不仅是白话小说灵活通变的性格特征,也表现了其勇于担当的社会责任意识。这一意识的明确,相对于白话小说早期单纯的"消闲娱乐"功能来说,既是对白话小说创作内涵的进一步扩展,也是对其存在价值与境界的有效提升。

---

① 《中国历代小说序跋集》,第 779~780 页。
② 《中国历代小说序跋集》,第 792~793 页。
③ 《中国历代小说序跋集》,第 828~829 页。
④ 《中国历代小说序跋集》,第 836 页。
⑤ 《中国历代小说序跋集》,第 868~869 页。

二 补"史之穷"成"教化"

补"史之穷"成"教化",这是中国古代白话小说各种"史补"功能取向中表现最突出的一种,也是一以贯之的理论与实践主张。

这一"史补"取向,以罗贯中《三国志通俗演义》创作与评论具有先声与典范意义。"演义"一词最初出自《后汉书·逸民传·周党》,其中云:"党等文不能演义,武不能死君。"《易·系辞上》说:"大衍之数五十,其用四十有九。"高亨对此注解云:"《释文》引郑云:'衍,演也。'先秦人称算卦为衍,汉人称算卦为演,演与衍古字通也。"以此解释为据,"演"含有引申、推广、发挥的意思,所谓"演义",就是对其中蕴藏的深刻道理进行敷演。罗贯中《三国志通俗演义》正蕴含这样的创作目的,它以《三国志》为"的本",就是要对《三国志》中蕴含的深刻道理进行演发。演发何以采取白话小说这种形式,其中原因,后人在评论中给予了揭示。《三国志通俗演义序》中,明庸愚子讲:

> 《春秋》,鲁史也,孔子修之,至一字予者,褒之;否者,贬之。然一字之中,以见当时君臣父子之道,垂鉴后世,俾识某之善,某之恶,欲其劝惩警惧,不致有前车之覆。……至朱子《纲目》,亦由是也。……然史之文,理微义奥,……其于众人观之,亦尝病焉,故往往舍之而不之顾者,……若东原罗贯中,以平阳陈寿《传》,考诸国史,……留心损益,目之曰《三国志通俗演义》。文不甚深,言不甚俗,事纪其实,亦庶几乎史,盖欲读诵者,人人得而知之,若《诗》所谓里巷歌谣之义也。①

《三国志通俗演义引》中,面对"客""刘先生、曹操、孙权,各据汉地为三国,史已志其颠末,传世久矣,复有所谓《三国志通俗演义》者,不几近于赘乎?"的质问,明修髯子反驳说:

---

① 《三国志通俗演义》,卷首。

否。史氏所志，事详而文古，义微而旨深，非通儒夙学，展卷间，鲜不便思困睡。故好事者，以俗近语。櫽栝成编，欲天下之人，入耳而通其事，因事而悟其义，因义而兴乎感，不待研精覃思，知正统必当扶，窃位必当诛，忠孝节义必当师，奸贪谀佞必当去，是是非非，了然于心目之下，裨益风教，广且大焉，何病其赘耶？①

综两人所论，共同拥有这样的"史补"观念："史"以达"义"为宗，固然可敬，但其文"理微义奥"，"事详文古"，"义微旨深"，只适合"通儒夙学"阅读，并不适合普通读者。普通读者面对其只会产生"鲜不便思困睡""往往舍之而不之顾"的行为。相对来说，罗贯中《三国志通俗演义》以"俗近语"演绎历史故事，通俗易懂，生动形象，更能激发读者阅读兴趣，引起读者对"史"中所蕴含的"忠孝节义"的了解、敬慕与效法。

《三国志通俗演义》创作与评论所表达的这一"史补"观念，在章回小说，尤其历史题材小说中得到充分继承。这可以由很多作品以"演义"命名看出，也可由很多作品主旨阐发与评论中了解到。如《列国志传》为明余邵鱼编撰，在该书"引"中，余邵鱼强调："自《春秋》作而后王法明，自《纲目》作而后人心正。要之：皆以维持世道，激扬民俗"，接着阐述自己《列国志传》"莫不谨按五经并《左传》、《十七史纲目》、《通鉴》、《战国策》、《吴越春秋》等书，……惧齐民不能悉达经传微辞奥旨，复又改为演义，以便人观览。庶几后生小子，开卷批阅，虽千百年往事，莫不炳若丹青；善则知劝，恶则知戒"。② 这一自序，从追本溯源角度，把作品创作功能看成如"史"一般是对世道的维持、民俗的激扬，又从表达角度，说明其采用"演义"这种形式，是"惧齐民不能悉达经传微辞奥旨"。

再如《东西汉通俗演义序》中，面对他人《演义》一书"胡为而刻"的追问，袁宏道告诉其这一追问是"未明于通俗之义者也"。为解释"通

---

① 《三国志通俗演义》，卷首。
② 《中国历代小说序跋集》，第861页。

俗之义"，袁宏道先讲述了一个"里中有好读书者"的故事。此人"缄嘿十年，忽一日拍案狂叫：'异哉！卓吾老子吾师乎！'"别人问他为何发此言论，他说："人言《水浒传》奇，果奇。予每检十三经或二十一史，一展卷，即忽忽欲睡去，未若《水浒》之明白晓畅，语语家常，使我捧玩不能释手者也。"在此故事叙述基础上，袁宏道提出自己"通俗之义"的观点，说：

> 今天下自衣冠以至村哥里妇，自七十老翁以至三尺童子，谈及刘季起丰沛，项羽不渡乌江，王莽篡位，光武中兴等事，无不能悉数颠末，详其姓氏里居。自朝至暮，自昏彻旦，几忘食忘寝，聚讼言之不倦。及举《汉书》、《汉史》示人，毋论不能解，即解亦多不能竟，几使听者垂头，见者却步。……则《两汉演义》之所以继《水浒》而刻也。文不能通，而俗可通，则又通俗演义之所由名也。①

这一解释，可谓统揽全局，是对整个"通俗演义"创作缘起与功能的说明。

事实上，这样的说明不限上述所举，在他如吕抚的《纲鉴通俗演义自序》、张芬敬的《纲鉴通俗演义序》、滋林老人的《说呼全传序》、静恬主人的《金石缘序》、白叟山人的《离合剑莲子瓶序》、东篱山人的《重刻荡寇志序》、吴沃尧的《痛史序》中，都有明确表述。因篇幅所限，此不赘述。

相比章回小说来讲，白话短篇小说艺术体制、故事题材与"史"关联不大，尽管如此，在其创作与评论中，也可经常看到这一"史补"观念表达。如《警世通言叙》中，明无碍居士指出，《六经》、《语》、《孟》及史传作品，创作目的完全相同，都是"令人为忠臣、孝子、贤牧、良友、义夫、节妇、树德之士、积善之家"，但世人不都"切磋之彦""博雅之儒"，他们知识水平与审美习惯很难使他们对"貌而不情""文而丧质"的经史作品产生阅读兴趣，更不要说有能力去把握其中的深奥旨意了；但

---

① 《中国历代小说序跋集》，第882~883页。

"通俗演义"作品不一样,它们"以甲是乙非为喜怒,以前因后果为劝惩,以道听途说为学问",能"使里中儿顿有刮骨疗毒之勇,推此说孝而孝,说忠而忠,说节义而节义,触性性通,导情情出","足以佐经书史传之穷"。①《照世杯序》中,面对他人"古人立德立言慎矣哉!胡为而不著藏名山待后世之书"的质问,作者辩解说:"东方朔善诙谐,庄子所言皆怪诞,夫亦托物见志也与。尝见先生长者,正襟敛容而谈,往往有目之为学究,病其迂腐,相率而去者矣。即或受教,亦不终日听之,且听之而欲卧,所谓正言不足悦耳,喻言之可也。"② 这些评论也都抓住史传作品"正襟敛容""不足悦耳"的表达缺限,认为小说在通俗易懂、生动形象、容易感染普通读者等方面要胜"史"一筹,正可以发挥自己优长,来辅佐史传实现对社会世风的教化。

史传尊贵,小说卑微,源自"说话"伎艺的白话小说更如此。在自身地位不高情况下,以史传的不足与缺限为依据,来为自己发展拓展空间,不失为小说发展的聪明选择。在此选择中,小说的文体地位有了明显提高,小说的自信度有了明显加强,小说灵活通变的性格特征也得到了彰显。更重要的是,在此选择中,小说通俗易懂、生动形象、虚饰夸张等叙事特征成为积极的、肯定的存在,它对小说文体这些个性的成熟与发展,无疑具有积极推动作用;另在补"史之穷"上对小说教化能力的肯定、目标的设定,对丰富小说内涵、提高小说境界来讲,也都具有积极作用。

三 补"史所未尽"以传"奇"

"史"以"传信"为宗,史籍记述虽不乏奇异、浮诞笔墨,但对其抱以高度警惕,将其运用限制于必要框架内。《史通》中,刘知几称史家叙述以"简要"为主,叙述中任何"虚加练饰,轻事雕彩""体兼赋

---

① (明)冯梦龙:《警世通言》,上海古籍出版社,1987,第 3~10 页。
② 《中国历代小说序跋集》,第 835~836 页。

颂，词类俳优"的行为，都无疑"加粉黛于壮士，服轻纨于高士"，属"私徇笔端"。① 《文史通义·史德》中，章学诚称史家叙述"气贵于平"，"情贵于正"，"溺于文辞，以为观美之具"是"舍本而逐末"。② 这些论断，基本代表了史家关于历史叙述的一般要求。

"世俗之性，好奇怪之语，说虚妄之文。"③ 小说叙述对于鬼神怪异的记载，对于夸张浮诞笔墨的采用，说到底，是对史家所限制的发挥，是一种特别的"补史"，目的是满足人们的消闲娱乐与审美需求。这样的"补史"，从中国小说史上最初以"小说"命名的《殷芸小说》成书可首先看出。梁武帝天监十三年，殷芸为豫章王萧综长史；萧综迁安右将军，殷芸为安右长史，《殷芸小说》即作于此任上。对于其成书，《史通·杂说》云："刘敬升《异苑》称晋武库失火，汉高祖斩蛇剑穿屋而飞，其言不经。致梁武帝令殷芸编诸《小说》。"④ 《隋书经籍志考证》中，姚振宗云："案此殆是梁武帝作通史时凡不经之说为通史所不取者，皆令殷芸别集为《小说》，是《小说》因通史而作，犹通史之外乘。"⑤ 由这些记载可看出，《殷芸小说》的编纂，是正史编辑活动的副产品，是把史籍中不认可、甘愿放弃、以"奇"为骨的"不经之说"的另行记载。这一记载，呈现的是补"史所未尽"的特征，满足的是人们的消闲娱乐与审美需求。

事实上，这样的"史补"取向，在文言小说创作与评论中尽管被其他"史补"取向所笼罩，但其一直持续存在也是不争事实。文言小说的动辄以"异""怪"命名、传奇小说对"奇"风格的开发、小说评论中时或表达的对作品"庶明博君子，该而异焉"的希冀等，都是这一"史补"取向存在的明证。

白话小说来源于"说话"伎艺，先天带有言语浮夸、通俗易懂、生动感人等审美特征，在强调补"史之穷"成"教化"的同时，补"史所未

---

① （唐）刘知几撰，（清）浦起龙通释，吕思勉评《史通》，上海古籍出版社，2008，第59~60、122~131页。
② （清）章学诚著，叶瑛校注《文史通义》，中华书局，2004，第266页。
③ （东汉）王充：《论衡》，上海人民出版社，1974，第442页。
④ 《史通》，第352页。
⑤ 《中国历代小说序跋集》，第277页。

尽"以"传奇"的目的也同样非常明显。这从以下三方面可以看出。

一是小说"传奇"的本质在与"史"对举中被认可。如《隋史遗文》由明袁韫玉编撰，主要演述隋末瓦岗寨诸英雄豪杰之事。在该书自序中，作者交代作品之所以命名为《隋史遗文》，"盖本意原以补史之遗"，"所以辅正史也"。在此交代基础上，继续申论说："正史以纪事，纪事者何？传信也。遗史以搜逸，搜逸者何？传奇也。传信者贵真：为子死孝，为臣死忠，摹圣贤心事，如道子写生，面面逼肖。传奇者贵幻：忽焉怒发，忽焉嘻笑，英雄本色，如阳羡书生，恍惚不可方物。苟有正史，而无逸史，则勋名事业，彪炳天壤者，固属不磨；而奇情侠气，逸韵英风，史不胜书者，卒多堙没无闻。"① 这一申论，从"传信"与"传奇"、"贵真"与"贵幻"对"史"与小说做了区分，并把小说的功能定为"辅正史"以"传奇"。《三国志通俗演义》流传甚广，影响至大，给该书作序时，清醉史氏引用金圣叹话语指出该书"以奇说奇"，"书中演说，有陈史所未发，申之而详者；有陈史所未备，补之而明者"②，流露的也是对《三国志通俗演义》"奇"特征的把握，对其"补史"功能的说明。另如《万花楼杨包狄演义》由清李雨堂编撰，主要叙述杨宗保、包拯、狄青等抵御外侮、内除奸佞、辅助宋室之事。对于该书创作，李雨堂在叙中说：

> 书不详言者，鉴史也；书悉详而言者，传奇也。史乃千百年眼目之书，历纪帝王事业文墨辈籍，以稽考运会之兴衰，绪君相则以扶植纲常准法者，至重至要之书也。然柄笔难详，大题小作，一言而包尽良相之大功，一笔而挥全英雄之伟绩，述史不得不简而约乎！自上古以来，数千秋以下，千百数帝王，万机政事，纸短情长，乌能尽博？至传奇则不然也。揭一朝一段之事，详一将一相之功，则何患乎纸短情长哉！故史虽天下至重至要，然而笔不详，则识而听之者未尝不觉其枯寂也。唯传虽无关于稽考扶植之重，如舟中寂寞，伴侣已稀，遂

---

① 《中国历代小说序跋集》，第 956~957 页。
② 《中国历代小说序跋集》，第 907 页。

觉史约而传详博焉。是故阅史者虽多，而究传者不少也。①

这一说明中，既点明小说的本质在于传"奇"，也说明"史约而传详博"，小说在叙事上能补足人们读史产生的"纸短情长"之憾。

二是小说虚构、铺张文采的叙事特征在与"史"对举中获得肯定。如观海道人写的《金瓶梅序》中，"客"以史传惩恶劝善、征实尚信标准为据，对《金瓶梅》提出质疑，认为该书："论事，则于古无征，等齐东之野语；论人，则书中人物，十九则愆尤丛积，沉溺财色，……且更绘声绘影，纤细不遗，岂不惧乎人之尤而效之乎？"对于"客"的指斥，观海道人辩驳说："至若谓事实于古无征，则小说家语，寓言八九，固不烦比附正史以论列。值此熙朝鼎盛，海晏河清，在位多贤，四方率正，轻徭薄敛，万姓乂安，酒后茶余，夜阑团聚，展此卷而毕读一过，匪仅使人知所戒惧，抑亦可使人怡悦心性焉。"②此辩驳从"小说家语，寓言八九，固不烦比附正史以论列"的角度，对小说虚构给予肯定，也同时指出该书"绘声绘影，纤细不遗"的叙事风格及所具有的"抑亦可使人怡悦心性焉"的审美功能，流露的是对其叙事文采和作品感染力的认可。《读第五才子书书法》中，金圣叹指出：

> 某尝道《水浒》胜似《史记》，人都不肯信，殊不知某却不是乱说。其实《史记》是以文运事，《水浒》是因文生事。以文运事，是先有事生成如此如此，却要算计出一篇文字来，虽是史公高才，也毕竟是吃苦事。因文生事即不然，只是顺着笔性去，削高补低都由我。③

金圣叹这里讲的"以文运事"与"因文生事"的区别，正是史传与小说在叙事方面的重大区别。"以文运事"者是"实录"，即借助文学的手段，将历史上发生的事原原本本地记述出来。"因文生事"者是"虚构"，

---

① 《中国历代小说序跋集》，第995页。
② 黄霖：《金瓶梅资料汇编》，中华书局，2006，第11~12页。
③ （明）施耐庵、罗贯中著，（明）李卓吾、（清）金圣叹点评《水浒传》，中华书局，2009，第1页。

即用文学的手段,"创造"出一篇文字来。这一区分中,金圣叹既看到了两大叙事文体的共通性,即都要借助"文"(或文饰)的叙事手段,也看到了两者的本质区别,即小说用的是"虚构",史传用的是"实录"。在此与"史"对举的论述中,小说的文体特征清晰地显示了出来。

三是小说叙事呈现出浓郁的抒情色彩,并且娱悦情性的功能被明确认可。这一点,从"拍案惊奇""今古奇观""鼓掌绝尘""娱目醒心编""快心录"等作品命名可首先看出。作品序跋中也有大量的对作品娱情功能说明的文字。《飞龙全传序》中,吴璿称作品是其"忆往无聊,不禁矍然有感,以为既不得遂其初心,则稗官野史亦可以寄郁结之思"的产物,认为该书"庶足令阅者惊奇拍案","不过自抒其穷愁闲放之思,岂真欲与名人著作争长而絜短乎哉?"①《快心录自序》中,山石老人称此书创作"随意录出,留待小窗闲坐,灯畔雨余,聊破一时之寂闷耳"②。《红楼梦》第一回中,作者虚拟出空空道人,以其之口先对《红楼梦》提出否定,认为该书一"无朝代年纪可考",二"无大贤大忠、理朝廷治风俗的善政","纵抄去,恐世人不爱看呢"。空空道人所讲的两件事,均是史传行文的必备条件与内容。《红楼梦》创作,从目的上来说,正是对史传的背离。对此,作者以"石头"之口阐述,世俗之人"喜看理治之书者甚少,爱看适趣闲文者特多","今之人,贫者日为衣食所累,富者又怀不足之心,纵一时稍闲,又有贪淫恋色,好货寻仇之事,哪里有那功夫看那理治之书?""我半世亲闻亲睹的这几个女子,虽不敢说强似前代书中所有之人,但事迹原委,亦可以消愁破闷,也有几首歪诗熟话,可以喷饭供酒。"这些话语,都明确把作品创作和阅读定为"娱情"。《红楼梦批序》中,王希廉指出:

>《南华经》曰:"大言炎炎,小言詹詹。"仁义道德,羽翼经史,言之大者也;诗赋歌词,艺术稗官,言之小者也;言而至于小说,其小之尤小者乎?士君子上不能立德,次不能立功立言,以共垂不朽,

---

① 《中国历代小说序跋集》,第 976~977 页。
② 《中国历代小说序跋集》,第 1285 页。

而戋戋焉小说之是讲，不亦鄙且陋哉！虽然，物从其类，嗜有不同，麋鹿食荐，蝍且甘带，其视荐带之味，固不异于粱肉也。余菽麦不分，之无仅识，人之小而尤小者也。以最小之人，见至小之书，犹麋鹿蝍且适与荐带相值也；则余之于《红楼梦》爱之读之，读之而批之，固有情不自禁者矣。①

这也是对《红楼梦》作品娱情功能的说明。除此而外，像《三国志通俗演义》开篇词中"是非成败转头空，青山依旧在，几度夕阳红"的历史感喟，《儒林外史》末尾的"看官，难道自今以后，就没一个贤人君子可以入得《儒林外史》么"的痛呼等，也都无不体现着作品叙事的抒情色彩。

史家叙述征实尚信，要求叙述者情感表达近乎为零，把作品功能定为"资治通鉴"，对虚妄怪诞、逞才使性的叙述多抱以否定态度。以此为标准，白话小说叙述与评论对以上三个层面的彰显，所表达的正是对有别于"史"的叙述风格与功能的开发，是一种别样的"补史"。这一"补史"，较之文言小说对"史"功能与笔法的效法和攀附来讲，体现的是一种疏离。这种疏离，在与"史"对举的陈述方式中可以说得到了明确表现。在此疏离中，小说虚构、文笔铺张扬厉等文体特征获得充分发展，娱悦情性的审美功能也得到了明确而自觉的彰显。可以说，在这一"补史"中，小说越来越有自己的面目特征，越来越显得自信。

四 补"史"以存"阙"证"误"

中国古代小说自觉的"史补"目的发生于唐代，主要由史家界定与规引而成。《隋书·经籍志·杂史类序》中，编著者认为在"通人君子，必博采广览"意义上，杂史具备"备遗亡"的功能。②《史通·杂述》中，刘知几称，"刍荛之言，明王必择；葑菲之体，诗人不弃"，偏记小录等作

---

① 朱一玄：《红楼梦资料汇编》，南开大学出版社，2001，第577~578页。
② （唐）魏徵、令狐德棻等：《隋书》，中华书局，2008，第962页。

品在博闻强识层面可为学者提供许多史传未载的内容，同时也可为史传编纂提供丰富资料。① 两书所录作品，后世常以小说看之，所以不妨理解为是对小说功能的阐释。这一阐释，可视为史学家对小说"史补"功能与内涵的最基本确定。在此确定下，中国后世小说创作与评论一直贯穿着浓郁的补"史"材料之阙的"史补"功能。这在文言小说中表现得尤为突出，大量的"外史""国史补""逸史""阙史""野史"等作品的命名、史书编纂对野史笔记资料的采撷、学术研究对野史笔记资料的征引等，都是这一"史补"取向存在浓郁特征的明证。

相比来说，白话小说来源于"说话"伎艺，先天带有题材虚构、言语夸张等特征，这一"史补"取向在小说创作与评论中出现的频率与强度不可与文言小说同日而语，也难以与白话小说前两种"史补"取向相提并论，它表现得比较轻微。总体来看，这一"史补"取向在白话小说中主要存在于历史题材小说领域，而在其他题材领域则鲜有存在。这一"史补"取向从以下几方面可以看出。

一是小说序跋中，存在视小说为史传之外另一"账簿"的见解。如《列国志传》为明余邵鱼编撰，明陈继儒为其作序。序中，陈继儒指出：

> 顾以世远人遐，事如棋局，《左》、《国》之旧，文彩陆离，中间故实，若存若灭，若晦若明。有学士大夫不及详者，而稗官野史述之；有铜螭木简不及断者，而渔歌牧唱能案之。此不可执经而遗史，信史而略传也。
>
> 《列传》始自周某王之某年，迄某王之某年，事核而详，语俚而显，诸如朝会盟誓之期，征讨战攻之数，山川道里之险夷，人物名号之真诞，灿若胪列，即野修无系朝常，巷议难参国是，而循名稽实，亦足补经史之所未赅，譬诸有家者按其成簿，则先世之产业厘然，是《列传》亦世宙间之大账簿也。如是虽与经史并传可也。②

---

① 《史通》，第 194~196 页。
② 《中国历代小说序跋集》，第 863 页。

在此序中，陈继儒视小说为经史之外另一账簿，认为"不可执经而遗史，信史而略传"，认为小说记述可以"补经史之所未赅"。另如《隋唐演义》由清褚人获据《隋唐志传》改编而成，主要叙述单雄信、秦琼、尉迟敬德、罗成、隋炀帝、唐玄宗、杨贵妃等人事迹。对于该书存在价值，褚人获于《隋唐演义序》中论述说："昔人以《通鉴》为古今大账簿，斯固然矣。第既有总计之大账簿，又当有杂记之小账簿，此历朝传志演义诸书所以不废于世也。……乃或者曰：'再世因缘之说，似属不根。'予曰：'事虽荒唐，然亦非无因，安知冥冥之中不亦有账簿，登记此类以待销算也？'然则斯集也，殆亦古今大账簿之外，小账簿之中所不可少之一帙与！"① 由此交代来看，褚人获把"历朝传志演义诸书"与《通鉴》对举，视《通鉴》为"大账簿"，演义诸书为"小账簿"，在"大"与"小"对比中，把小说对于"史"材料补足的作用说得很明白。

二是小说序跋中，存在认为小说可以补"史"材料之阙的明确论断。如《张义潮变文》为敦煌写本变文，原卷编号为伯二九六二。孙楷第在《敦煌写本张义潮变文跋》中，对该书价值这样论述：

  此敦煌写本变文，述使主张义潮事，盖即军府设斋会时为义潮所说之本。以事涉本州，耳目切近，而史官纪事于边州例不能详；故其敷陈赞咏，足以考见当时之事者，较之史籍，反为详悉，斯虽断烂俗文，亦未尝无裨史学矣。凡此本所记赖史书疏通证明，及史书偶缺，赖此本补之者，余私以己意阐发，具说如上。②

此论述中，在孙楷第看来，在"史官纪事于边州例不能详"情况下，此书所纪可以"考见当时之事者"，能补史书之"偶缺"，"未尝无裨史学矣"。另《开辟衍绎》为明周游编撰，主要叙述自盘古开天辟地至周武王吊民伐罪事。《开辟衍绎叙》中，明王黉慨叹"然未有开天辟地，三皇五帝，夏、商、周诸代事迹，因民附相诡传，寥寥无实，惟看鉴士子，亦只

---

① 《中国历代小说序跋集》，第958~959页。
② 《中国历代小说序跋集》，第731页。

识其大略。更有不干正事者,未入鉴中,失录甚多",所以此书编纂是"搜辑各书,若各传式,按鉴参演,补入遗阙","将天象日月、山川草木禽兽,及民用器物、婚配、饮食、药石、礼法、圣主贤臣,孝子节妇,一一载得明白,知有出处,而识开辟至今有所考,使民不至于互相讹传矣"。① 这一说明,也透露的是该书补"史"材料之阙的功能。事实上,对这一功能的明确交代,在明憨憨子的《绣榻野史序》、清柱石氏的《白牡丹小序》、彭一楷的《台湾外志叙》、小琅环主人的《五虎平南后传序》等中也都存在,此不赘述。

三是小说序跋中,存在认为以小说所载为据,可以纠正史书记载之"误"的言论。如《南北宋传》由明熊大木编撰,其中的《南宋志传》从后唐石敬瑭出身叙述到宋太祖平定天下。为《南宋志传》作序时,明织里畸人指出:

> 史载宋太祖行事,类多儒行翩翩。五代以来,谊主开宋圣,辟亶君王哉!及揽五代志传,太祖于斯,謦同任侠,杀人亡命,作奸犯科,不异鲁朱家之为,于正史乃不尽符,岂帝王微行,故多跰弛,不尽中道,史无称,稍讳哉。《闻见录》曰:"太祖即位,方镇多偃蹇不奉法,太祖召舆人驰一骑,出固子,至大林下马,酌酒引刀命之曰:'尔辈欲作官家,可杀我。'方镇伏不敢动。"其言方镇,即所谓十弟兄者。传言亦不诬也,史固非信哉。史载有天下之事,传志之所言,布衣之所行也。……一人之见斯狭,一史之据几何。若其失而求之于野,传志可尽薄乎?②

织里畸人认为,史所载的是宋太祖"有天下之事",出于"为尊者讳",对其"微行"没有记述,这使宋太祖形象有失真实,而野史传志对其"微行""布衣之所行"的记载,有利于还原真实的宋太祖形象。另《洪秀全演义》四集五十四回,由黄世仲编撰,主要是以同情态度叙述太

---

① 《中国历代小说序跋集》,第858页。
② 《中国历代小说序跋集》,第973~974页。

平天国史事。在《洪秀全演义序》中，章炳麟指出，对太平天国史事，"虏廷官书"虽有记载，但"既非翔实，盗憎主人，又时以恶言相诋。近时始有搜集故事为《太平天国战史》者，文辞骏骡，庶足以发潜德之幽光，然非里巷细人所识。夫国家种姓之事，闻者愈多，则兴起者愈广。诸葛武侯、岳鄂王事，牧猪奴皆知之，正赖演义为之宣昭。今闻次郎为此，其遗事既得之故老，文亦适俗。自兹以往，余知尊念洪王者，当与尊念葛、岳二公相等"。① 这同样认为以小说所载为据，可以证明史书记载的失误，从而还原历史事实的真相。

无论是直接指出小说的创作功能是补"史"材料之"阙"，还是把小说看成史传"大账簿"之外的"小账簿"，或是强调小说记载一定程度上可以印证史书记载的"失误"，其基本所指实际都是一样的，即认为小说创作可以记载过往"事实"。从此方面来说，小说的这一"史补"功能无疑是对"史""纪事"功能的仿效。这一仿效，从"存信"角度来讲，恐怕不利于小说虚构、娱乐等本质特征开发，使小说创作呈现出如《东周列国志读法》所讲的那样，"有一件说一件"，"哪里有功夫去添造"。但对存留过往事实来讲，它又功不可没，能为我们提供一些史书未记载的事实，有助于扩大读者眼界，增加读者见闻。需要说明的是，在这一"史补"中，小说所载的"事"往往是"细事"或"似涉不根"之事，并没有脱离《汉书·艺文志》对小说"街谈巷语，道听途说"的界定。

结　语

中国古代白话小说"史补"功能成为自觉意识，既与明初以来政治思想文化、伦理状况紧密相关，也同人们对白话小说文体认知有紧密关系。补"史"之穷成"教化"，补"史所未尽"以传"奇"是白话小说两种最重要"史补"取向。前者是在小说地位不高状况下，以"史"的不足与缺限为据，为自己发展拓展空间，体现出小说灵活通变的性格特征。后者是

---

① 《中国历代小说序跋集》，第1059页。

对有别于"史"的叙述风格与功能的开发。在这两种"史补"取向中，小说通俗易懂、生动形象、虚饰夸张等艺术特征得到肯定并获得充分发展。补"史"以存历史材料之"阙"是白话小说第三种"史补"取向，它主要存在于历史题材小说领域，在其他领域则鲜有表现。三种"史补"取向中，补"史"之穷成"教化"与补"史"以存历史材料之"阙"体现的是对"史"功能的仿效，补"史所未尽"以传"奇"体现的是对"史"叙述风格与功能的背离。三种"史补"取向相互交织，既促进了小说内涵的丰富、境界的提升，也促使小说自身个性的成熟与发展。

高丽作家李奎报的"记"体文

谭家健[*]

摘　要　高丽作家李奎报的"记"体文共有22篇，依据题材内容可分为四大类：一、山水风物旅行游记。其中以巡视日记《南行日月记》最有名，奇山异水风物佳境皆有诗纪胜，兴致甚佳。二、形制奇特的楼阁屋宇记。此类作品以《崔承制十字阁记》《又大楼记》《四轮亭记》为代表。三、记事写景而兼说理之杂记。此类作品数量较多，有《接果记》《草堂自理小园记》《通斋记》《赫上人凌波亭记》《泰斋记》《晋康侯茅亭记》等，篇幅都较短。四、佛寺灵验与梦验传说及其他。此类作品以《王轮寺丈六金像灵验收拾记》《梦验记》为代表，类似于中国古代的志怪小说。

关键词　李奎报　"记"体文　题材内容

李奎报（1169～1241），高丽时期文学家、政治家，号白云居士，出身两班，自幼聪慧，九岁能诗，21岁中状元。早年仕途不顺，遭打击，被流放。复出后任地方州一级的属官司录、书记。后曾供职翰林院，作书劝阻蒙古大汗勿侵伐高丽。晚年屡获迁升，任尚书、太尉，参知政事，73岁辞世。李奎报是高丽时期三大诗人之一，有《东国李相国集》，现存诗两千多首，被誉为"东国李太白"，文章七百多篇，其中"记"体文22篇，

---

[*] 谭家健，男，中国社会科学院文学研究所研究员，主要研究方向为中国古代文学与文化。主要著作有《先秦散文艺术新探》《六朝文章新论》《中国古代散文史稿》等。

《外集》收 3 篇。《东文选》①选录其"记"体文 21 篇,依内容可分四类。

一 山水风物旅行游记

以《南行日月记》最有名,这是一篇巡视日记,作于 1200 年 12 月至 1201 年 3 月,他 32 岁,复出后第一次奉命外出视察,沿途有人陪同,地方官吏迎送接待。一路上登高山,入深谷,望沧海,迎海潮,涉溪流,访古迹,谒寺庙,听传说,会见高僧,观民风民情,与朋友不时饮酒作诗,随手记录见闻和感想,内容十分丰富,有些片断相当精彩。如观海潮海景一段:

> 正月壬辰,初入边山,层峰复岫,昂伏屈展,其首尾所措,跟肘所极,不知几许里也。旁俯大海,海中有群山岛、猬岛、鸠岛,皆朝夕所可至。海人云:得便风,直若激箭,则其去中国亦不远也。……方潮汐之来,虽平路,忽漫然为江海,故候潮之进退以为行期。予始行也,潮方来,尚去人五十许步,于是促鞭驰马,欲先焉。从者愕然急止之,予不听,犹驰之。俄而崩奔蹴踏而至,其势若万军,倍道趋来,穹丰然甚可畏也。予悚然急走登山,而后仅得免焉,然亦能追及而荡马腹也。其或苍波翠巘,隐见出没,阴晴昏旦,每各异状,云霞彩翠,浮动乎其上,缥缈如万叠画屏。举目眺赏,恨不与二三子之能诗者齐辔而同吟也。

这段文字,有张有弛。怒潮追人,险些被淹,惊心动魄。令人不禁联想到《水经注》所记秦始皇观沧海,海神发怒追赶而及马腹情景。

《南行日月记》记录了一些神奇的传说。如"飞来方丈":"距州理(当作治,唐人避高宗讳改)一千步,有景福寺,寺有飞来方丈,予自昔闻之,以事丛务剧,不得一访。一日因休暇,遂往观焉。所谓飞来方丈者,昔普德大士自盘龙山飞来之堂也。普德字智法,尝居高句丽盘龙山延

---

① 本文所引《东文选》据日本东京学习院东洋文化研究所 1970 年影印本。

福寺，一日忽谓弟子曰，句丽唯尊道教，不崇佛法，此国必不久矣，安身避难，有何处所？弟子明德曰：全州高达山，是安住不动之地。乾封二年丁卯三月三日，弟子开户出，见则（这）堂已移于高达山，距盘龙一千余里也。明德曰：此山虽奇绝，泉水枯涸，我若知师移来，必并移旧山之泉矣。崔致远作传备详，故于此略之。"

"方丈"有二义，一指寺庙住持，一指住持之居室，此指后者。"州里"，即州治，唐人避高宗李治名讳，改"治"为理，宋人因之。此指高丽全罗北道（文中称全州）之治所。高句丽是朝鲜半岛三国时期之一国，其领地在半岛北部，全州原属百济国（亦三国之一），相距一千余里，因为高僧普德法师一个念头就把整座房子移过来了。如此神奇，有点像中国杭州灵隐寺前之飞来峰传说。乾封是唐高宗年号，其二年相当于公元667年，朝鲜半岛自新罗统一三国后，历唐宋元明清，一直使用中国年号纪年。崔致远是新罗末高丽初期著名文学家，在中国留学和任职十多年。其著作集《桂苑笔耕集》，未收此传说，谅为逸文。

"不思议方丈"更是有想象力。

所谓不思议方丈者，求观之。其高险万倍于晓公方丈，有木梯，高可百尺，直倚绝壁，三面皆不测之壑，回身计级而下，乃得至于方丈，一失足则更无可奈何矣。予平日登一台一楼，高不过寻丈者，以头病，故犹眩眩然不得俯临。至是益悚然股抃，未入而头已旋矣。然自昔饱闻胜迹，今幸特来，若不入见其方丈，又不得礼真表大士之像，则后必悔矣。于是盘桓蒲北而下，足犹在级，而若将已堕者，遂入焉。敲石取火焚香，礼律师真容。律师者，名真表，碧骨郡大井村人也，年十二，来栖贤戒山不思议岩。贤戒山者，即此山是已。冥心宴坐，欲见慈氏地藏，逾日不见，乃投身绝壑。有二青衣童子以手奉之曰：师法力微小，故二圣不见也。于是努力益勤。至三七日，岩前树上有慈氏地藏现身授戒，慈氏亲授《占察经》二卷，并与一百九十九炷（香）以为导往之具。其方丈以铁索钉严，故不歇，俗传海龙所为也。

所谓"不思议方丈",即方丈位置之高不可思议,而真表律师求法之诚亦不可思议。方丈筑于百尺绝壁之上,三面皆不测之山谷。李奎报平日患恐高症,此番为瞻仰胜迹,不惜盘桓薄比(蒲伏)而行。终于进入方丈,见到在此修行已故大师之真容(即画像),下文他介绍大师故事。大师名真表,十二岁来到贤戒山之不思议岩。冥心安坐,欲见慈氏地藏。——地藏本是汉传佛教四大菩萨之一(另三位是观音、文殊、普贤),相传新罗太子金乔觉(696~794)是地藏菩萨的化身,来华求法,以中国安徽九华山为道场,后世因为他是王子,故又称地藏王菩萨。1988年笔者参观九华山,曾见其肉身犹在柜中保存,未知是真是假。慈氏,即弥勒菩萨,又称弥勒佛。不过他尚未成佛,属于未来佛。真表大师见不到二圣(弥勒和地藏),就投身绝壁以殉道,竟然被二青衣童子以手捧接住,并告诉他:小师傅您法力尚微,故二圣不见。于是真表更加勤奋努力修炼,三七二十一日之后,二圣在树上现身,为之授戒,弥勒亲授佛教经典《占察经》以及以199炷香为导往之具,真表终于得道。其居住的方丈被海龙王用铁索钉在绝壁之上,所以掉不下来。这个故事十分神奇,不过,宗教徒在绝壁山洞中修炼是确实有的。2002年笔者在马来西亚怡保市南天洞亲眼看见,大洞之旁绝壁之上有一小洞,距地面百尺,有石级可攀登。小洞仅容一人。二十世纪初从中国南来的道士普德法师在洞中修炼多年,五十年代无疾羽化而去。法师的侄孙龚道明硕士,是怡保某华文中学校长,与笔者是朋友,陪我参观,讲述许多关于伯祖父的故事。笔者的《马来西亚的洞穴文化》一文(收入谭家健著《中外散文随笔》中)有所介绍。所以我相信韩国的"不思议方丈"是存在的,以跳下绝壁方式求二圣传法,那显然是后世的夸张。

下面一段文字,记述奇特的现象和一位奇特的人物。李奎报在扶宁县令李君及其他客人陪同下攀登参观元晓房。该房不是寺庙也不是庵堂,而是高僧的住处,地处高山之巅,登木梯数十级乃得至。元晓法师(617~686)入住后,有名蛇包者来侍,晓公病,欲试茶进,无泉水,思念之际,水从岩潭涌出,因尝点茶也。其甘如乳,堪称奇迹。元晓辞世后,房子由一老僧居住,长眉破衣,面貌高古。他把房子隔成内外两间,内室供奉佛像和元晓大师遗像,外室是自己的生活起居室。没有炊具,每日到山下苏来寺赶一顿斋饭。陪同李奎报的小吏小声说,这位师父曾住全州,凭其勇力施行横暴,人们都讨厌他,后来不知跑到什么地方去学佛。今天我们所见就是他,在这里苦修呢。李奎报为此发出一番赞叹,并列举有一猎人首领遇禅宗牛头大师改过修善而成大德名僧,还有明德大师也是好猎驯鹰之人,后来成为普德大师高足。如今这位全州法师,能折节改过,卓然独立异行,殊不为怪。这种见解,实为禅宗"放下屠刀立地成佛"之例证。

李奎报此行是衔命巡察,故日记中于全州风土人情亦多留意。比如说:"全州者,或称完山,古百济国也,人物繁浩,屋相楣比,有故国之风。其民不稚朴,吏皆若衣冠士人,进止详审可观。"所言为全州州治情形。

"十一月己巳,始历行属郡,则马灵镇安,山谷间古县也。其民质野,面如猕猴,杯盘饮食腥膻,有蛮貊风,有所诃诘,状若骇鹿然,似将奔迸也。"这里的山民,怕见上司官员,唤问之即奔跑。"明日入伊城,居户凋耗,篱落(村落)萧条,客馆亦草覆之。吏之来(迎)者,累累四五人而已,见之恻然可伤。"这是个贫穷的小县城。

"十二月丁未,又承朝旨,监诸郡冤狱。先诣进礼县,……日过午始入郡舍,(县)令(县)尉皆不在。夜二更许,令尉各自八千步许皆奔喘而来,以马缚悬于门柱,诚人不给刍粟。凡马之极于驰者,不如是,恐毙也。予阳睡而闻之,知二君(指县令县尉)顾老夫颇诚,故不得已听置酒,有妓弹琵琶颇可听。予于他郡不饮,至是稍痛饮之,又听弦声,岂以路远境绝,如入异邦,而触物易感之然耶。"这段文字反映出当地官员尽职而且细心,得知上级派员视察,连夜骑马奔驰来迎接,并叮嘱随员,不能立即给马喂草料,否则会因为极度骤饱而撑死。他们的谈话被李奎报偷听见了,乃有"颇诚"的评价,意即令尉的服务比较真诚。

李奎报此行,凡奇山异水风物佳境皆有诗纪胜,兴致甚佳,心情很好。《南巡日月记》文字不算长,经过的景点很多,常用三五句点染。长篇的文字不多。从文体看,与陆游的《入蜀记》相近,陆游入蜀经历三个月。李奎报巡行三个月，日记仅及陆记三分之一。陆记的考据古迹，辩驳谬误，描绘山水的文字更多，更具体些。

二　形制奇特的楼阁屋宇记

此类以《崔承制十字阁记》为代表。崔承制即崔忠献，从1196年起，崔家四代掌控高丽政权达六十年，曾任"尚书"。加"承制"衔，即负责遵照国君旨意起草诏制，地位十分重要。其所建十字阁如下：

> 承制尚书崔公立阁于甲第之西，奇哉异乎，实人间所未尝见也。大抵作屋之制，不过横其梁，纵其栋，梁而枕之，椽而桷之，如是而已耳。今此阁也，楞四角如十字，而其中则方如井焉，类世所谓帐庐者，故以十字名之。方井之内，悉以明镜填之，光明照耀，洞彻表里，凡人物之洪纤巨细，一变一态，皆泻于其中，仰之可骇也。有若飞甍曲枅，层栌叠栱，皆夭矫横出，杈枒斜据，或若螭腾，或类凤骞，殊形诡制，每各异观，虽隶首算之，茫乎惘乎，弃其筹而莫数也。其髹形漆绿雕彩之饰，则赫施璀璨，霞驳云蔚，或如明月之流光，或若繁星之布彩，虽离娄见之，眩眩眬眬，夺其睛而莫敢仰视也。未知《木经》尚有如此制度否？且古亦有豪门巨阀，富贵之熏天者，非长材异木制独产于今，而不产于古也？良工巧匠之若正尔般倕者，亦无代无之，何旷古未曾闻，台榭观游之若此其奇，而乃今日始见之耶？此岂公之眼匠心筹，夐出于古人之所未到欤？虽世之公侯卿相欲效而营之也，略不得仿佛矣。假如能营，其保之也愈难矣。何则？功未积于王室，泽未洽于生民，一旦遽有观游之泰过其分，则适为身之累耳，安得而保之哉？今崔公生积善之门，拥倾朝之望，定策安邦之烈，炳炳与日月争明阴，施显德之浃人之肌肤也滋深，则天地神明亦相之矣，庸有累于身而又焉往而不保哉？

这座特殊建筑，在崔氏住宅之西，外形像帐篷，其出众之处在于中间有方形天井，用明镜镶填，屋内因反光照彻通明，人物器具巨细动静，皆在目击之中。这样的结构人间罕见。作者认为，即使让古代最优秀的数学家"隶首"也无法设计出来。而其五光十色，布彩鲜艳，即使让春秋时视力最佳的离娄也无法施其眼目之巧。紧接着作者发议论：假如今天的公侯卿相也想仿造，恐怕也不得其仿佛，即使造出来，也难以保存。"功未积于王室，泽未洽于生民，一旦遽有观游之泰过其分，则适为身之累耳，安得而保之哉！"下面转而赞扬："崔公生积善之门，拥倾朝之望，定策安邦之烈，炳炳与日月争明阴，施显德之浃人之肌肤也滋深，则天地神明亦相之矣，庸有累于身而又焉往而不保哉？"这番话既是美化也有所期望，只有积功泽民，方能长保奢华富贵。如果文章到此结束，已经意满气足。下面作者又写了一大段讲崔公如何享受夏之日、冬之日的观赏之乐。最后作者用补充议论，与其求乐于外物，不如求乐于内心。这样未免画蛇添足了。

崔公并不以镜阁为止境，又修建了一座特大会场和马球场，李奎报又作《又大楼记》：

> 今承制崔公之所以作大楼于居室之南偏者也，上可以坐客千人，下可以方车百乘，高则横绝鸟道，大则蔽亏日月。碧瑶莹柱，玉舄承跋，阳马负阿，矫首轩挈，飞禽走兽，因木生姿，自栋宇已来未之有也。按仙经，神仙有玉楼十二，然世无眼睹者，不知其制度何如，而其中有何等奇观，尝以此为恨。及观是楼，虽天之玉楼，想不能侈兹也。其东偏安佛龛，有营佛事，则邀桑门衲子，多至数百人，恢恢有余地。直楼之南辟球场，无虑四百许步，平坦如砥，缭以周墙，连亘数里。公尝以暇日，召宾客，开琼筵，命玉觞，及于目倦乎姿色之靡曼，耳厌乎丝竹之激越，则顾可以壮其观，畅其气者，莫若击球走马之戏也。于是乎命善驭如王良造父之辈，乘十影之足，跨千里之蹄，翕忽挥霍，星奔电掣，将东复西，欲走反驻。人相丛手，马相攒蹄，争球于跳转灭没之中，譬若群龙扬鬣奋爪，争一个真珠于大海之里，吁可骇也。

这座大楼分为两层，"上可以坐客千人，下可以方车百乘，高则横绝鸟道，大则蔽亏日月"。如此庞大，即使在今天也不多见。而其装饰雕刻之美，前所未有，可比神仙之玉楼。楼之东是佛寺，可以容纳僧人数百。其大楼之南是球场，广四百步，约合今制 200 米，周以围墙，相连数里。里面可以观看马球比赛，骑士们"翕忽挥霍，星奔电掣，将东复西，欲走反驻。人相丛手，马相攒蹄，争球于跳转灭没之中，譬若群龙扬鬣奋爪，争一个真珠于大海之里"。这些文字简直是一幅生动的马球图。

前一篇《十字阁记》把议论文字放在篇末，这一篇《又大楼记》则把议论放在篇首。李奎报写道："楼台观榭之大小繁简，亦沿人之势而各有当焉。虽于位同贵均者，顾人所属望则异矣。人心所不当大而大之，则人不以为可，而皆谓之过矣。至如功丰德巨，望压万人，处一国奔走瞻望之地者，虽极其大也，人不以为侈，而犹所为隘也。"这番话的宗旨是为崔氏建如此奢华的会场球场开脱。吹嘘得令人肉麻。崔忠献在高丽历史上是著名权臣，他用阴谋手段从武臣李义皎手中夺得国家大权，立即废明宗，立神宗，神宗死后立熙宗，不久又废之而立康宗、高宗，20 年间废立国君如儿戏。崔忠献于 1219 年死后，子孙继续执政四十年，至 1258 年，其曾孙被杀，崔氏终于垮台，崔忠献的两座特大型建筑即其奢华生活之一斑。崔氏对李奎报有知遇和提携之恩，所以他写下这两篇楼阁记，极力美化。后世及当代的韩国古代文学史家对李氏与崔氏的关系，有人批评他"奉承权贵"，也有人辩解，处在当时不得不如此。必须承认，上述二文在韩国古代建筑史上具有一定的史料价值。

李奎报介绍这座大型建筑的文章，很可能是受请托而作。他另有几篇小型建筑物的文章，多与自己有关，是自娱自慰之作，如《桂阳自娱堂记》：

贞祐七年孟夏，予自左司谏知制诰谪守桂阳。州之人以深山之侧，萑苇之间，一颓然如蜗之破壳者，为太守之居。观其制度则抛梁架栋强名屋耳，仰不足以抬头，俯不足以横膝，当暑处之，如入深甑中而遭蒸灼也，妻儿臧获臍睗之，皆不欲就居。予独喜焉，洒扫而处之，因榜其堂曰自娱。

贞祐是金宣宗的年号，其七年相当于1219年。桂阳州与中国湖南的桂阳异地而同名。李奎报从中央朝廷的左司谏被贬为偏僻之地桂阳太守，给他安排的官邸像蜗牛壳，"仰不足以抬头，俯不足以横膝"。夏天如入蒸饭的木甑，妻儿和仆人都不愿意去住。而李奎报本人却很高兴地接受了，并名其堂曰"自娱"。下面他假设客友诘问：太守相当于古之邦伯，登堂求见者"皆官曹之后秀，释道之魁奇"，先生何示人以不广之堂欤？李氏答曰：

> 客安有是言哉？方仆之为省郎也，出则黄裙喝道，入则方丈满前。当是之时，在膏粱之子则虽若不足，于仆则大过矣。然诗人命薄，自古而然，忽一旦被有司所诬枉，而落此幽荒卑湿之地者，殆天也，非人也。若屋宇宏杰，居处华靡不痛自贬损，则非天所以处我之意，只益招祸耳。然则兹陋也独予之所自娱，而众人之所深矉也。岂可以已之所偏嗜而欲强人以同之哉？如或有笾豆之设，声色之欢，则予亦何心独享其乐而忍不与宾客共之耶？然居是州，处是堂，其无此乐也审矣，又何疑哉？客惭而退，因以志之。

他承认自己被有司所诬而落此幽荒之地，乃天意，非人为。如果不痛自贬损，只能违背天意，更加招祸，惹是生非。我自以为娱，别人不认同，我不能强人同己。这番话讲得委婉恳切，是符官场实际的。

过了一年，李奎报调回京城，仍任知制诰，由礼部员外迁升礼部郎中，临行之前，作《桂阳草亭记》，前面一大段写一座小亭子，虽小而凉爽优美："桂阳僻在蓬艾之间，无一林泉胜境可以游践者，唯南山之侧有一亭焉。父老相传云，故相国许公洪才，尝典是州，初相其地，筑石而台之。故太守李讳实忠，疏水作沼，跨亭于其上也。一间十椽，覆之以茅，示俭也。纵广不过八尺，坐不过八人，杀（减）其度也。水出岩罅，极寒冽如冰，虽盛夏入浴，毛发立竖，不可耐久，加以盘松茂树，布险产凉，清风自来，畏景不逼，最惬于避暑。故有额曰涤暑，然州人犹以草亭呼之。"后来此亭荒废了,"予见而伤之,召州吏谓曰:亭是李太守所创,庸害汝州而乃敢毁耶?古人有思其人不剪甘棠者,敢毁亭耶?吏默然而退,寻拾旧材,咄嗟更构,明日以毕事来告,予与寮友置酒落(成)之。噫!予以去岁孟炎,自补阙出守是州,至今年六月,除拜礼部郎中、起居注知制诰,将诣天阙。寮友诸君曰:此亭太守所重开也,不留志无以使后者知之。予然之,因书大概,嘱后来者之无轻废毁,且为李太守存不朽之迹耳。时庚辰七月　日老守礼部员外郎李某记。"

这篇文章记桂阳八尺小亭,原来很美后来荒芜,乃命州吏"寻拾旧材,咄嗟更构",并置酒庆其落成。其原因在于李氏升迁,又回到京城了。文章说修复此亭是为了纪念两位前太守许公和李公。明眼人不难看出,同时也包括他自己的功劳在内。两篇小型建筑之文,鲜明地反映了李氏于失意和得意时的不同心态。

李奎报的《四轮亭记》,记录的是一座可以活动的小亭子,摘要如下:

夫四轮亭者,陇西子(李氏别号)画其谋而未就者也。夏之日,与客席园中,或卧而睡,或坐而酌,围台弹琴,惟意所适,穷日而罢,是闲者之乐也。然避景就阴,屡易其座,故琴书枕簟,酒壶棋局,随人转徙,或有失其手而误堕者。于是始设其计,欲立四轮亭,使童仆曳之,趁阴而就。则人与棋局酒壶枕席,总逐一亭而东西,何惮于转徙哉?今虽未就,后必为之,故先悉其状。四其轮,作亭于其上,亭方六尺,二梁四柱,以竹为椽,以簟盖其上,取其轻也。东西各一栏,南北亦如之。亭方六尺,则总计其间凡三十有六尺也。请图以试之,则纵而计之,横而计之,皆六尺。其方如棋之局者,亭也。于局之内又周回而量各尺,尺而方,如棋之方罫。罫各方一尺,则三十六罫,乃三十有六尺。以此而处六人,则二人坐于东,人坐四罫各方焉。纵二尺,横二尺,总计二人凡八尺也。余四罫之方者,判而为二,各纵二尺,以二尺置琴一事,病其促短,则跨南栏而半竖。弹则加于膝者半焉。以二尺置樽壶盘皿之具,东总十有二尺,二人坐于西亦如之。余四罫之方者虚焉,欲使往来小选者,必由此路。西总十有二尺,一人坐于北四罫之方者,主人坐于南亦如之。中四罫之方者,置棋一局,南北中总十二尺;西之一人小进,而与东之一人对棋。主人执酌，酌以一杯，轮相饮也。凡肴果之案，各于坐隙随宜置焉。所谓六人者谁？琴者一人，歌者一人，僧之能诗者一人，棋者二人，并主人而六也。限人而坐，示同志也。其曳之也，童仆有倦色，则主人自下袒肩而曳之。主人疲，则客递下而助之。及其酒酣也，随所欲之而曳之，不必以阴。如是侵暮，暮则罢，明日亦如之。或曰：已言亭方六尺，则其所以计之之意，非有难晓者，何至详计曲算，以棋罫为喻而期人之浅耶？曰：天圆地方，人所皆知，然说阴阳者，以盖舆为喻。至于纵横步尺无不总举者，欲论万物之入于方圆，皆应形器也。今以是亭，计人而坐，至于陬隙中边，无使遗漏，皆入于用。则非详计曲算而何耶？其以棋罫为喻者，方图画之初，私自为标，已备不惑耳。非款款指人也。曰：作亭而轮其下，有古乎？曰：取适而已，何必古哉？

此文记的是一份尚未实施的小亭设计图。作者的构思是，给一座六尺见方的亭子装上四个轮子，可以自由移动。亭为竹木结构，四柱二梁，竹为椽，草为盖，东西南北四面有围栏，亭中空间三十六平方尺，分为三十六格，每格一平方尺。可坐六人：琴者一人，歌者一人，诗僧一人，棋者二人，主者一人。童仆曳动倦了，主人推拉。主人疲倦了，客人轮流下去助推。若是酒醉了，高兴了，想到哪里就搬到哪里。有人问，何必如此详细擘画算计？作者回答：讲阴阳风水的人，总是以车舆为喻，纵多少丈尺，横多少里。我这座小亭，计人而建，中间、四边、角落、缝隙，充分利用，以备施工时心中有数不糊涂，并不是每一处都给匠人做指令。文章下半段发挥哲理，六象征什么，四象征什么，二象征什么，索然无味，故删。

三　记事写景而兼说理之杂记

《接果记》

此文记述其父亲在家时，有一位善于嫁接技术改良果树品质的能工巧手，把李家两棵恶梨锯断，再找到出名的佳梨，砍下几节树枝与恶梨之断株相接，以膏泥封包之。时人以为不可能成活，但是后来竟枝繁叶茂，秋天结果，品味极好。这种果树嫁接技术，今天已经很普遍，而在几百年前，人们无不感到惊奇。作者最后发感慨：父亲已故去九年，每年食梨攀树，都会想起父亲当年的大胆试验。作为子孙后辈，应当"革非迁善"，即痛改不良品行，培植高尚道德。这篇小品文，既记录了改良果树的新成就，又具有培植人品的教育意义。

《草堂自理小园记》

此文记载，李家有上下二园，上园纵横三十步，下园十余步。每夏五六月，茂草长及人腰。家中有童仆八人，以钝锄锄草，在上园锄了几步就停下来，十天之后再锄下园，这时上园锄过的草又长高了，再去剪锄，下园又长起来了，总是不能清理干净。李氏认为，其原因是自己督役不紧，而奴仆用力怠倦。于是亲自动手，先整理小园，除草之后又平整土地，种竹置石，坐卧其中。"林影散地，清风自来，儿牵我衣，我抚儿，熙熙怡怡，足以遣儿，亦闲居者之一场乐地也。"接下去发议论："有三十步之园不能胜理，移于十步之地，然后仅能理焉，是岂拙者之效与？推是移之朝廷，顾复秽其务而不理耶？"意谓管理朝廷大事先要治理好身边的事务。李氏的用意是好的，但从此文的描述情况看，二园之草不能尽除，纯然由于奴仆的懒惰。八个男人除四十步园之草，有何难哉！

《通斋记》

众允通人杨生应才者，卜筑于城北，善接养花木，其园林之胜，颇有闻于京都，予遂往观焉。环堵萧然而已，初若无奇观胜致，殊不类所闻者。及主人赞，至其园，然后环视周瞩，求胜之所从有，而得有闻者。则园方可四十步许，有珍木名果，植植争立，昵不相侵，离不至迁，是皆生之均疏，数而序植者也。别为坞以居众花，花各数十种，皆世所罕见，或方开，或已落，映林绣地，交错纠纷，日萼红张丽华之娇醉也，露苞湿杨贵妃之始浴也，风枝举赵飞燕之体轻也，落者如慎夫人之却座，覆者如李夫人之掩被。以花之谕乎目如此，爱之不能移去，藉草良久而后起。自花坞而少北，有石台平如局，又洁净，可不席而坐。蒲桃之绿树下垂者，如璎珞然可爱。下有石井，味极清甘，泄而为小泓，有稚苇戢戢始生。予曰更少高其廉，益以渟滀，则可池而放凫鸭也，还至石台，酒数巡，主人目予曰：仆之有是斋，莫有标榜，若将有待于先生者，请一涸可乎？予于是名之曰通斋。……

这篇文章是应朋友之请而作。所引为上半段之写景部分，堪称精彩。主人善接养花木，所栽的花，均疏有数，依序而植。数十种罕见名花，以历代美女张丽华、杨贵妃、赵飞燕、慎夫人、李夫人做比喻。花坞之外，有石台如棋局，可席而坐，有石井极清甜可饮，又引水为地，有嫩苇，放凫鸭，还有美酒宴客……尤为可贵的是，"秾花芳草，非产于地也，受于杨生之手也；碧井清泉，非受于天也，受于杨生之心也"。原来如此美丽的园中一切，都是杨生自己设计、种植、安排的，称得上优秀的园林艺术家了。

后半段说理，作者名园为通斋，乃大谈天地通塞之道，阴阳否泰之变，境应为通境而无所碍，人应为通人而无所塞。"今是境已通而通人导之，是以高人才子比肩而至焉。"这些话和花木泉石完全扯不上关系，显然有些离题。文章最后说："杨生颇尚侠，喜趋人之急，不可不与之好者。"这大概是其被称为"通人"的理由吧。

《赫上人凌波亭记》

三岳山人宗赫者，本曹溪韵士也，尝放浪方外，浮云其迹者久矣。越贞祐某年，偶得古院于寿春郡之坤维（西南方）号德兴者，以其山水可爱，故因驻锡焉。其栋宇之欹仄者悉更之，垣墙之颓圮者亦新之，乃至恢拓旧制，以广其群髡（众僧徒）栖集之地。然后意以为有宾客之经由，吾不可不供其位废应接之礼矣。虽然，于佛宇中亦不可废其放情肆体、游赏宴喜之所矣。于是选寺之傍地，有水之泓碧涟漪者，遂植础波底，跨亭于其上，以茅覆之，远而望之，若轻舟画舫，浮在沧浪然也。有游宴其上，则凡坐宾之俯仰屈伸，一颦一笑之态，与夫杯盘几席，樽壶棋局之影，泻在波面，若从明镜中，见人物什器之罗列映澈者。至如春水漫渌，日光涵明，有鱼可数百尾，游泳族戏，俯鉴之了了然可数。或凉秋八九月时，木叶半脱，霜落水清，丹枫夹岸，倒映波上，烂然若濯锦江中，此皆水亭所以为胜也。虽大略如此，至绝异处，又不可得而名言矣。……

文章记述宗赫和尚在佛寺经营方面的作为，一是修葺旧寺，拓广旧制，只用几笔带过；二是在寺旁新建园林，以为游宴宾客之所，这一大段是中心，描绘相当具体。核心是建芳亭于水上，若轻舟画舫，宾客的各种活动表现，几席什器之罗列，皆于水中映现若明镜，春天可观鱼戏，秋天可赏落叶，亭虽小而美不胜收，是文章最核心的部分。作者把议论文字放在开头和结尾。开头说有人认为，权贵之人喜欢亭榭之乐，世犹以为非；佛徒应该讲求清净无尘，怎能追求夸浮奢侈呢？作者回答说，最重要的是心要清净，不为浊恶热恼之所乘。虽在人间尘世之中，寻得清净之地，可以汰其心虑，那就是诸佛仙境了，有何不可？这是冒头，说明佛徒追求园林胜景之美不碍于道。中间叙事之后，末段又再加以补充。"以此饷客，其谁谓浮屠不宜有亭榭游观之乐乎？自皇华星节至于行旅之东西者，莫不游践。方其逍遥盘礴也，意若控青鸾跨白鹤，出八极之表矣，何白玉仙台之足道哉？游者尚尔，如吾禅老之常宴坐饱情景者，想已与青莲佛界为邻矣，何谓戾于道哉？"

佛教最初传入中国时，寺庙多在城中，由官府赐第或贵族舍宅为寺。南北朝以后，佛教向各地区普及，尤多在江南发展，于是遂有"南朝四百八十寺，多少楼台烟雨中""天下名山僧占多"之说。寺庙多数修建在风景秀丽之地。大的佛寺中还建有小花园，名为清净无尘以利修身养性，实际上也是欣赏园林泉石之美，甚至成为高人雅士集会之所。李奎报是信佛的，所以他多次撰写专文为佛寺园林做宣传。

《泰斋记》

此文的写法也是把说理议论放在开头和结尾，中间一大段描写风景。

一上来就讲：人之情喜欢山水之胜，然而，求诸远则易，求请近则难。求城中未得则求之郊外，郊外未得无可如何矣。既要享受城中富贵之乐，又要爱慕郊野山水之胜，二者兼得者鲜矣。这是概论。中间一大段讲奏事官于某公，其花园建在城中，富贵与山水之美俱得，"遂卜于帝阙之傍，是昔郑员外所居也。当时茂苑残庄而已，公得之，寻泉脉之攸出，筑石而梵之，凡饮吸、盥漱、煎茶、点药之用，皆仰此井。因泉之泛滥者，潴作大池，被以菱芡，放鹅鸭其中。至于风轩水榭，花坞竹阁，无不侈其制。使三十六洞之景，尽入于朱门华屋之内矣，又何必肥遁远游，然后享山水之乐耶？公指崇丘之亚然者曰：此予之望阙台也。……此真古所谓心罔不在王室者也。又指岌然高者曰：望月台也。翼然如飞者曰：快心亭也。因谓予曰：予之标榜也如是，予所未名者，子为我名之也。予谨名其园曰芳华，井曰喷玉，池曰涵碧，竹轩曰种玉。皆言其状也，总而名其斋曰泰"。最后一段论天地交泰的哲理，并对奏事于公极力赞美。"《易·泰卦》有之曰：天地交而万物通，上下交而其志同。今公当君子道长之时，佐王同志，财成辅相，使万物大通而天地交泰，然后体逸心态，得此优游之乐，则吾以泰名斋，不中的欤？"

这篇文章的结构与《赫上人凌波亭记》相同，但是写景之中处处扣紧于公的身份。宋金时设奏奉官，是国君的耳目和喉舌，职掌承宣圣旨，可随时奏事，拟旨下达。"朝夕弥迩颜龙，其心常在王室。"所以于公名其阙曰望阙台，在高处筑望月台，筑亭曰快心亭。这些名称表明园主人时时刻刻、处处事事都心系国君。而作者总名其斋为泰，亦能得其环中，"天地交而万物通，上下交而其志同"。历代圣帝名王都担心受蒙蔽，下情不能上达。而历代昏庸之君，都不问政事，为小人或权臣所包围甚至愚弄。明清二代专设通政使（正三品），可议参大政，其权位重要。故李奎报在文章中希望于公"佐王同志，财（同裁）成辅相，然后体乐心泰"。可见此文政治意味是很浓的。

《晋康侯茅亭记》

这篇文章纯粹写景，没有议论。晋康侯即崔忠献，是对李奎报有知遇之恩的权贵。崔氏的园林不在野外而在城中，名为"茅亭"，实际上最为豪华。

负鹄岭，腋龙首，扼四方之会，据神京之中，葱葱有佳气可掬者，男山也。丽其麓而家焉者，门千户万，若鳞错栉比，而特控引形势，蟠起凤舞者，相国晋康侯之甲第也。其燕息游观之所，则有茅亭在焉。锐其颠，圆其体，望之若羽盖，而轩蓊于半空者是已。夫澄神汰虑，莫若青山白云，然所寄遐阻，恒苦其不可跬步到也。岂蝉首龟腰者之所常履也。兹亭也，不出城市，超然有云山之趣。令人心地自然澄汰，俯仰几席，坐抚四方，长桥相望，九逵互凑，乘轩者，跨马者，行者，走者，担者，挈者，千态万状，无一毫敢逃。凡遐眺远览，莫兹亭若也。虽使公输督墨，般匠挥斤，其制度宏丽，或可仿佛。至于洞朗豁眼，飘飘若登蓬莱，望四海，则非禀公之目授颐指，曷若是耶？噫！自始剖判，固有斯境，旷世伏匿，一朝发朗，岂天作地藏，有待于公耶？罗幕高搴，珠翠森列，笙歌箫笛之声，随风嘹亮，或文楸玉子，丁丁然响落竹外，想壶天洞府，殆无以过也。有莲塘鸭沼，每夏六月，荷花盛开，红衣锦羽之禽，随波容与，差不减江湖中所见者。或奇葩异卉，佳木珍果，其经冬不凋，则天不能信其时。后夏乃发，则春不得一其令。或安于盆盎中，虽隔绝地脉，犹得繁秀，或柱立亭上，罅屋而上出者，至若便江南，产中夏，而忘客于他土者。与夫盘松之轮囷磊砢，回万牛而不可移者，一入公之园囿，一被公之顾盼，则猗猗晔晔，莫不畅茂，意者草木之情，犹有知于荣遇耶？将天公地媪，有所相耶？且物生于天地，而公能变化移易，与造物者相为表里，故物之役于公，而为公之用者众矣。非独物也，其陶冶生人，亦可谓周矣。孰有不愿为公之用者耶？予以凡骨，误尘清境，目骇毛竖，不得久留，方局然告退。公遽以记命之，退弥日不得构思，惧负公命，获逋慢之罪。敢濡翰而文之，意尚有慊，仍系以颂。其词曰：亭翼然，凤将骞，谁其营？我侯贤。侯式宴，酒如泉，奉觞酬，客指千，何以酢，寿万年。山可转，亭不迁。

这篇文章描写城中的花园，相府茅亭，富丽堂皇。先写亭之高，出于半空，俯仰几席，坐抚四方，可以望见城市乘轩、跨马、行走、担挈之人，无一毫敢逃于其目，俨然一人之下万人之上的宰相姿态。下面又写这个亭子的设计都是相公目授颐指，而所有的自然美，旷世伏匿，一朝发朗，天作地茂，待相公而发现。下面再罗列树木、池塘、花鸟、珍果，反季节而生，移异地而产，皆来集于此园。有的生于盆中，有的长于石缝，巨大的盘松长木，万牛不可移，一入公之园，都长得茂畅，难道是天公地母相助吗？作者还极力赞扬，相公不但能变化移易万物为之役用，还能陶冶生民，让每个人都愿为公所用，这里面就包括李奎报自己在内。所以他在参观花园时，公命作记，他诚惶诚恐，弥日"不得构思，惧负公命，获逋慢之罪"。这些恭维文字，即使是奉圣旨也不过如此吧。这是一篇极尽阿谀奉承之能事的文章。虽然没有歌功颂德，但崔相爷的崇高地位和威望，已经隐藏在字里行间了。最后的三言一句的颂，竟然祝相公"寿万年"。古代只有对皇帝才能呼"万岁"。作者此时已经目无国君了。实际上，崔忠献掌权的几代国君，都是傀儡而已。

这篇文章思想倾向确有奉承之嫌，在文字上却是巧为组织的妙文，与中国文学史上颜延之的《三月三日曲水诗序》等文属同类之作。

四 佛寺灵验与梦验传说及其他

《王轮寺丈六金像灵验收拾记》

此文记述了六次佛寺金像显灵的传说，不能全文抄录，撮其大要如下。

都城之北王轮寺，有丈六佛像一躯，有二比丘，一名巨贫，一名皎光，同时发愿，欲铸成金像，化缘集资。巨贫谓皎光曰：吾老矣，必不能卒事，当自焚化，汝可拾吾舍利以劝募，则无有不乐布施者。巨贫果然自焚，皎公依其言，收巨贫骨，担负至京城。自搢绅至士庶纷纷施舍财物。有一寡妇，家有宝镜，人借去未还。乃告寺庙僧，待铸造金像之日，可取去。及至铸造日,主事者忘记取此镜,已将佛像铸成,全身皆端严完好,唯胸前有圆形亏缺。寺内僧人拟议再铸圆镜补足,宝镜主人某寡妇者闻之,将其镜送至佛寺,纳于佛胸之亏缺处,竟吻合相衔。过一日,竟无痕迹,如一体铸造而成者。此事传遍都城,观者如堵。此灵验一也。

佛像从铸工坊铸成后,车载入寺,安放于大殿,殿门太低,无法进入。拟削去门之上梁。及明日,殿门未及改造,而佛像已端然自动入座矣。此灵验二也。

有一权贵,尊敬佛像,每过寺门,必下马礼拜再离开。凡得新鲜果品必先贡佛前,然后敢自尝。一日梦佛像告曰:汝事我有诚心,然而不如寺南之老兵。权贵寻得老兵而问之,答曰:老仆中风七年,坐不能起,但晨夕闻寺之钟声,则合掌致敬,如此而矣。权贵叹曰:汝事佛心诚,胜吾多矣,故能感动佛祖。此灵验三也。

某达官之家,有缁衣僧来乞食,赐以一斗饭一次食尽无遗。又赐一斛米,命苍头负而送之。缁衣僧云,汝归去,我能自负,忽然不见踪影。达官大异,乃亲自追寻,人告适才见一僧人负米入王轮寺矣。达官寻至大殿,见丈六金身之案上有一斛米在。达官始悟缁衣僧乃佛像之化身。此灵验之四也。

以车载金像入寺之时,沿途助推者成百上千,填塞道路,有一养猪兼屠户者,亦随大众助推。众力甚巨,而车无故不前行。寺僧疑前有碍物,登高而望,见大群肥猪夹车阻路。寺僧大悟,佛以杀生为罪孽,乃禁屠户不得参与推轮,佛像之车遂复前进。此灵验之五也。

举国多人传言,如王轮寺丈六金像出汗,则我国家必有灾变。不仅金像如此,凡泥塑、石刻以及《华严经》有"如来世尊"字样处皆沾湿,余字则否。人们以为,此为佛祖护我国家,先为之警告。此灵验六也。

在这篇文章中,作者多次强调,这些灵验皆为传闻,过去文书曾有记录十余条,后遭火灾化为灰烬。时下一些传闻,人言言殊,互有差异,详略不一,而且有的记录用方言俚语。文末还说:相国崔公(崔忠献)于佛事用力最勤,乃命予作为文章以传之。"小子敢再拜稽首而为之记。"这是一篇集王轮寺金像民间传说而成的作品,而非李奎报编造,可见高丽以佛教为国教的状况。其文体与中国六朝志怪中刘义庆《宣验记》、王琰《冥祥记》等属于同类。

《梦验记》

前述金像灵验记是民间传闻，而《梦验记》乃本人体验，记录的是一个完整的神奇故事。

这个梦发生在作者任全州掌书记时。他平时不曾到城隍庙，一日梦至其祠，拜见城隍王爷，王爷以礼接待，闻州官新印十二国史，望能赐一套给孩子们读。李氏答应了。城隍王爷又说，您的属吏某甲是可靠之人，请护持之。李氏又答应了，并询自己未来前程祸福。王爷指着一辆奔而折轴之车说：先生就像此车一样，不出今年，将离开此州。临别王爷持皮带二条，说：先生将来必大富贵，请以此为赠。李氏醒来，只觉满身流汗。这时，州牧奉按使之命新印十二国史。属官中果有某甲表现不佳，拟斥退之，因城隍王爷有嘱托，乃命某甲送十二国史到庙中献给城隍王爷，因而免其罪过。这一年，李氏因同僚诬告而罢官，方悟出城隍车折之喻应验了。此后闲居七年未得一官，怀疑城隍王爷必贵之说不可信。后来官职逐渐迁升，已至三品，仍然不太相信。如今"进拜相位，然后乃信大富贵之言。若符（节）合不违也"。

这篇梦验之言，实质上是一个富贵显达之人的自我夸耀，说明他的好运早已注定。然而，无稽之谈，又有谁能考证其真伪呢？只能当作《聊斋志异》般的小说来读。

《同年宰相出名记》是一篇实录，颇具文化教育史价值。李奎报于大定三十年（1190）登进士第，同科及第共三十人。四十七年之后，他撰写此文为同年中进士的同学仕途作统计，竟然有五人官至宰相，他们是：赵冲、俞升旦、韩光衍、陈湜和李氏自己。三、四品者十一人，七、八、九品六人。"凡以文鸣于世者多出于我同年。"这样的盛事，历代少见。故特意记录之。

李氏另有多篇记人记事之文并不以"记"命名，如《白云居士传》，乃自传，仿陶渊明《五柳先生传》。《曲先生传》以拟人手法写酒的产生、发展和影响，学韩愈《毛颖传》。《舟赂说》是刺世小品，学唐末皮日休、罗隐。

《东文选》所选李氏记体古文中，有好几篇虽以"记"为题，然而并不记事，也不写景，纯粹说理。如《止止轩记》，联系《周易》，大谈"君子时止则止"的人生态度。《天开洞记》，此洞原名"塞"，后来居其附近者皆得升迁，乃改名"天开"，证明否极则泰、塞久则通的自然法则。《四可斋记》讲他父亲曾置一别业于郊外，如今他"有田可耕而食，有桑可蚕而衣，有泉可饮，有木可薪"，回顾平生，"百无一可"，有这"四可"，也就满足了，这实际上是不得其志，而以正言若反的方式表达。

《空空上人兔角庵记》是专讲佛教哲理之文。这位上人名景照，字空空，工于诗，题其所居曰"兔角庵"，请李奎报作"记"。李氏表示为难，说"未知所以名之之意"，只好以意揣度之。下面紧扣"空空""兔角""景照"几个词做文章："岂以子之字空空而以空无兔角对之而名之耶？然则空空、兔角，其义虽一，兔角又深于空空，而以空空归于兔角，是则顽空执空之类，非子之所宗唯心唯识入圆成实者者也。予复思之，是意不然。名之景照而字曰空空，则如《楞严（经）》所谓'净极光通达，寂照舍虚空'者是也。由是观之，以兔角空空丽之于景照，是岂顽空哉！必以此而名之也。"这些文字对于不太了解佛教哲学的读者来说，实在莫名其妙。所谓"空空"属于佛家"空宗"的基本观念，与"有宗"相对立。所谓"唯心唯识""圆成实性"是"有宗"内部"相宗"的重要观点。最早的"空空"出自《论语·子罕》篇的"空空如也"，东汉以后又见于佛教经典。《大智度论·初品》："空空者，以空破内空、外空、内外空。破是三空，故名为三空。"所谓"兔角"比喻必无之事，兔子本无角，出自《楞严经》。在中国思想史上，专门讨论哲学概念及其关系的文章历代多有，魏晋时王弼的《周易略例》论言不尽意，东晋末年僧肇的《般若无知论》论知与无知，唐代刘禹锡的《天论》论空与无，都很有名，比李奎报这篇专谈"空空"的文章要好懂些。本书摘录李氏此文，聊备奇文共欣赏，疑义相与析而已。

◎ 现当代文学、文艺学

性别诗学视域下《虹》之思想意蕴探析

——兼论秦德君在《虹》创作中的作用

钟海波[*]

摘　要　本篇论文从性别诗学角度研究《虹》。论文认为《虹》是中国现代文学史上一部深刻、系统反映中国妇女生存状况的作品。《虹》细致反映了传统妇女的生存状态并分析其原因，而且提出了解决的方案，有一定思想价值。茅盾在《虹》的创作过程中得到秦德君的大力支持和帮助，她甚至参与创作。秦德君的贡献不容抹杀。

关键词　性别诗学　《虹》　秦德君

"五四"新文学兴起后，受西方女性主义文化思潮影响，妇女问题成为现代作家关注的重要社会内容之一。现代作家创作出许多关注妇女命运、反映妇女生存状况的小说，如鲁迅的《祝福》《离婚》《伤逝》，庐隐的《海滨故人》《象牙戒指》，冯沅君的《卷葹》，凌叔华的《绣枕》《中秋晚》，苏雪林的《棘心》，丁玲的《莎菲女士的日记》，叶绍钧的《倪焕之》，萧红的《生死场》，张爱玲的《金锁记》《倾城之恋》等。在反映妇女问题的现代小说中，茅盾的《虹》独树一帜，别具特色。该作以1919年五四运动至1925年五卅运动这段时期为背景，在宏阔的历史背景下，描

---

[*] 钟海波，男，文学博士，陕西师范大学文学院副教授、硕士研究生导师。主要研究方向为现代小说。

写新知识女性梅行素逃离旧家庭，走向社会，探求妇女解放及全人类解放道路的历程。小说心理描写细腻、深刻，具有浪漫色彩，对女性生存有独到思考。《虹》在现代文学史上颇具意义，但学界对这一作品重视不够、研究不足。"如果说以往的文学理论和文学研究早已充分考虑到文学的阶级性、党性、民族性等政治维度，那么生物性别和社会性别的维度则不可回避地要成为未来文学研究的重要维度。"[1] 以往研究，偏重于从人物形象或艺术出发分析梅行素的"新女性"特征及小说的心理描写手段。本文侧重于从性别诗学角度，分析《虹》的思想内涵。

一 揭示父权文化对女性的戕害

（一）女性歧视

人类发展史上，因为生产方式转变，即由畜牧业向农耕业转变，男子以其身体强壮的优势取得生产中的主导地位。进入父权时代，母权制被推翻了。女性地位下降，男尊女卑观念产生。与此同时，产品有了剩余。为了保证把财产传到男子的嫡亲子女手中，对妻子约束更加严格，专偶制婚姻制度形成，"其明显的目的就是生育有确凿无疑的生父的子女；而确定这种生父之所以必要，是因为子女将来要以亲生的继承人的资格继承他们父亲的财产"[2]。男权中心社会在性道德方面存在两重标准，男子一条，女子一条，而且对男子这方面的要求很宽松。为了延续后嗣，男子可以三妻四妾，而且为了满足男性的欲望，旧时代还存在娼妓制度，但要求妇女的则是从一而终、守贞洁和遵守三从四德等。男女发生关系，绯闻传出，被舆论攻击的总是女性。鲁迅、胡适对中国传统社会的妇女贞操节烈要求极为愤慨。胡适说："贞操是男女相持的一种态度，乃是双方交互的道德，

---

[1] 叶舒宪主编《性别诗学》，社会科学文献出版社，1999，第19页。
[2] 〔德〕恩格斯：《家庭、私有制和国家的起源》，《马克思恩格斯选集》，人民出版社，1995，第58页。

不是偏于女子一方面的。"① 茅盾的小说《虹》揭示了这种不平等现象及对妇女的歧视。川南师范女教员张逸芳,感情史丰富,她与陆校长同居被人窥见,在泸州传得满城风雨。有好事者写了"女教员的风流艳史"的传单,四处传播。众口铄金,舆论让张逸芳抬不起头,而陆校长有风流逸事不被人谴责,反倒被人艳羡。柳遇春在外寻花问柳,不被关注,梅行素走出家庭则被视为大逆不道。

在婚姻方面,男子对婚姻不满可以出妻,再不济可以出去宿娼,弥补感情空白,女子对婚姻不满,没有退路。在旧时代,女性的生存空间受到极大限制。独身主义,遁入空门,自杀,后来有教会救济中心,这些是她们逃避的最后退守之地和无奈选择。小说中写到的陈女士自称是独身主义者,宣扬独身主义是她的理想。小说借人物之口把她和妙玉作比,显然点到她痛处,虽然她极力否认,但是背后的隐情大同小异。正如她自己所说,独身主义者无非这些情况:"有许多人因为婚姻不如意,只好拿独身主义做栖留所;又有些人眼光太高,本身的资格却又太低,弄来弄去不成功,便拿独身主义来自解嘲了;也有的是受不住男子们的纠缠,那么,独身主义成了挡箭牌;更有的人简直借此装幌子,仿佛是待价而沽!"小说暗示她有过婚恋经历,只是不如意,不能再选择,于是持独身主义的人生态度。和黄教员夫人的境况相联系并加以比较,她的独身主义论就不难理解了。黄夫人和丈夫婚后一度比较幸福,但堂妹黄因明的闯入破坏了他们幸福平静的婚姻生活。丈夫和堂妹的不伦之恋使她陷入痛苦。她想过独身生活,或遁入空门或自尽解脱。

(二) 女性压迫

在男权文化下女性是受压迫者,尤其在婚姻方面,多数女性是最大的受害者。"丈夫在家中掌握了权柄,而妻子则被贬低,被奴役,变成丈夫淫欲的奴隶,变成单纯的生孩子的工具。"② 她们被视为物,一种商品和生

---

① 胡适:《贞操问题》,《胡适文集》(第二卷),北京大学出版社,1998,第510页。
② 叶舒宪主编《性别诗学》,第54页。

育工具,婚嫁中家长们根本无视她们的作为人的感情。没有感情的婚姻不会幸福。《虹》的主人公梅小姐就是买卖婚姻的受害者。她的老父"梅中医",原来门庭若市,看病问诊的人很多,后西医兴起,中医冷落。梅医生的生意日渐冷清。他清楚知道女儿喜欢姨表兄韦玉,不喜欢姑表兄柳遇春,但为了钱财,他执意把女儿嫁给柳遇春。在家庭中无权的梅女士违心接受老父的旨意,与自己不爱的表兄柳遇春结婚。她成为包办婚姻和买卖婚姻的可悲的牺牲品。婚后,丈夫依然眠花宿柳,她愤然离家,后来在同学家隐藏起来。在公开宣告脱离家庭以后,离异的梅小姐被推向新闻中心,成为轰动一时的新闻人物,"名的暴发户",四川出名的"梅小姐"。但是,这个社会对待"梅小姐"表面上是赞许,本质上是鄙夷、嘲笑。女性把她视为"异类"或"潜在竞争者"嫉妒她、仇视她;男性把她视为白日梦的对象、猎艳的目标。在人们的口中,她是"阴谋家,自私者,小人,淫妇——总之,是无耻的代表"。"梅小姐"无论是在家庭还是在社会中,都承受着巨大的舆论压力和心理压力。她曾羡慕好友徐小姐,羡慕她有理想的生活处境。她走进大自然总会发出"美丽的山川,可只有灰色的人生;这就是命运么?"的感慨,梅女士的感慨是十分沉重的。而且,她单身以后,内心的苦闷无法排遣:"在她的心深处,在这单调空白的硬壳下,还潜伏得有烈火,时时会透出一缕淡青的光焰;那时,她便感得难堪的煎迫,她烦恼,她焦灼……"

韦玉的妻子没有出场,但她的悲剧小说间接叙述出来。她和韦玉没有见面,彼此陌生。完全凭了长辈的意志,两个人被安排在一起。韦玉爱着另外的人,对这桩婚事没有热情。结婚一两年韦玉病死,等待她的是无尽的精神痛苦和生活折磨。

男权文化下,把女性的悲剧归之于宿命,"红颜薄命",其实,女性的生存悲剧是历史文化造成的,女性悲剧也是社会悲剧。女性承担教育子女的重任。女性的文化素质影响了孩子,孩子长大走向社会又影响社会。

(三)"女人性"

古代社会轻视妇女,贬低妇女,孔子说,唯女子与小人难养也。其

实,"女人性"与后天的文化教养和生活环境有绝大关系。"女人性"是文化的产物。波伏娃说:

> 女人不是生就的,而宁可说是逐渐形成的。在生理、心理或经济上,没有任何命运能决定人类女性在社会的表现形象。决定这种介于男性与阉人之间的、所谓具有女性气质的人的,是整个文明。只有另一个人的干预,才能把一个人树为他者。①

男主外,女主内。为了更好控制妇女,让她们缠脚。精神上,使之愚昧,宣扬"女子无才便是德"的观念,她们被剥夺受教育的权利,如此则导致女子缺少文化教育,其才能不能得到培养。要求她们做贤妻良母,相夫教子,大门不出二门不迈,操持家务,其生活环境狭窄,致使她们眼界狭小。宗之櫆说:

> 自来社会男子,恃其强力,欺凌弱女,视女子为物品,不为人格,积渐既久,女子恃男子而生存,不能独立,谄媚容悦,亦自视为物品,不为人格,历数千年之久……知识低微,心襟鄙狭,感情偏颇,意志薄弱,无宏大之思想,乏独立之精神,迷信偶像,倾倒神权。慕虚荣而不务实际。好放佚而不求学术。但图朝夕之欢娱,不审人生之究竟。日处苦海,自居玩物而不知耻。②

《虹》通过生动的情节、细节,分析了女性的"劣根性":小心眼,当面挖苦,背后讥笑,或当前亲热,背后冷笑,势利,尖酸刻薄,嫉妒,敏感,禁忌,猜忌,喜欢明争暗斗,指桑骂槐,含沙射影,隐私,偷听,传播消息,甘心依附。把隐私当作新闻消遣,心理畸形。女性自觉认同男权文化,甘愿做男性的附庸。"阿房宫"将军有五个"终身伴侣",她们中的一个自豪地写下"愿为英雄妾,不作俗人妻"的诗句。梅女士被邀请至惠省长家做家庭教师。她无意给好色的将军作妾,但遭到他的妻妾的嫉妒,杨

---

① 〔法〕西蒙娜・德・波伏娃:《第二性》(二),陶铁柱译,中国书籍出版社,1998,第1页。
② 宗之櫆:《理想中少年中国之妇女》,《少年中国》第一卷第四期,第32页。

小姐拿着手枪对着她的脑门逼她离开,她担心梅女士成妾后和自己争宠。梅女士气愤地想:不知腐鼠成滋味,猜意鹓雏竟未休。

茅盾在《劳动节日联想到的妇女问题》中愤慨地抨击了男权文化的罪恶,他说:

> 是男子造出卖淫制度来,叫女子丢脸;是男子做出奇形怪状的东西来,叫女子好装饰;是男子做出不通的礼法来,叫女子没知识没独立的人格;是男子造出可恶的谎来,叫女子自认是弱者是屈伏者:男子把女子造成现在的这个样子了……①

二 主张男女平等

(一) 男女无贵无贱

中国有史以来的文化是父权文化,男尊女卑观念根深蒂固。明中叶以后,随着资本主义生产关系的萌芽,明末清初,思想领域民主意识潜滋暗长,女性地位、价值问题开始受到重视。蒲松龄的《聊斋志异》以花妖狐魅为题材,但歌颂了女性身上体现出的美好人情人性,以及她们超人的胆识能力,表达了对女性的崇拜。《红楼梦》第二回"冷子兴演说荣国府"借贾宝玉之口讲了这样一句名言:女人是水做的骨肉,男人是泥做的骨肉。我见个女儿,我便清爽;见了男人,便觉浊臭逼人。女儿被视为天地间灵气所钟,生命精华所聚。而且,小说描写金陵十二钗,其容貌,其品德,其才华,均高出须眉男子。无疑,《红楼梦》表现出女性崇拜意识。尤其,《镜花缘》针对现实社会对女性的压制,为女子鸣不平。小说借百花仙女下凡,展示女性的多方面的突出才华,描绘出一个"女尊男卑"的乌托邦世界。和男尊女卑意识相比较,这种意识又走到了另一极端。

茅盾在《弱点》一文中说:"多么脆弱的现代男子却最会说女子的如何如何脆弱,如何如何不完全。自然,女性有许多的缺点。虚荣心太重,

---

① 茅盾:《茅盾全集》(14),人民文学出版社,1997,第206页。

惯小意见，心窄，不能容忍，这都是所谓缺点了。但男性就没有了么？"①
在《虹》中，茅盾也表现男女平等观念。他认为男女在人格与权利上应该
是平等的。他反对男尊女卑思想。小说借助生动情节，表现男性女性各自
的优缺点。他主张男女互补，提倡平权，反对男权社会性别歧视。女性人
物，除了梅女士、徐女士，其他女性也均有人格缺陷。寡妇文太太，中年
妇女，有一双缠过又放开的畸形的脚。发髻散发恶臭。她没有文化却热衷
参政。她庸俗，见识短浅，其女权思想混沌到极点。陈女士 30 多岁，自我
标榜独身主义，却又喜欢打探和议论别人的隐私，对男女关系种种似乎很
有经验。黄因明，黄教员的夫人，张莲芳，杨女士都有性格或人格缺陷。
那么，男性呢？《虹》中除了梁刚夫人格完美外，其他男性均有人格道德
方面的缺陷。小说写到的男性多数在两性关系方面有色情狂倾向。柳遇春
是一个庸俗的市侩。他是孤儿，被舅舅梅中医收养。他不思报答，却垂涎
表妹梅行素的美色。他早就对梅表妹存有歹心。"在梅女士初解人事的时
候，已是成人的他便时时找机会来调戏。现在梅女士的臂上还留着一个他
的爪痕……她怀着被侮辱的秘密，她秘密地鄙视这个人。"新婚不久，他
还出去找娼妓寻欢作乐。她心仪的姨表兄韦玉，虽然人格高尚，但他优柔
寡断，性格怯懦，缺少男子汉的英武气概、阳刚果敢。他和梅女士有一起
出逃的机会，但他不敢行动。他自称不愿害自己喜欢的梅表妹，却去害另
一个未见面的陌生姑娘。结婚后，他又放不下恋人，慢性自杀，悲惨死
去，死前呼喊着恋人的名字。他既可怜，又可恶。梅女士逃离家庭以后，
在重庆和泸州遇见的几个男子表现出性饥渴特征。17 岁的徐自强，性格古
怪。他小小年纪就垂涎美色，遇见少妇梅女士，他极力接近，取得些许好
感便说出"我爱你"。其实，他对梅女士所谓的爱，与阿 Q 对吴妈的
"爱"没有多大区别，完全是性。他对梅女士的精神世界完全不了解。所
以，当梅女士问他："从什么时候起？为什么？你爱过么？你知爱的滋味
么？光景你只在小说里看见过爱的面目罢？"他被问糊涂了，他在这方面
连"幼稚"都谈不上。当梅女士谆谆告诫他的时候，他正用眼光好奇而又

---

① 茅盾：《茅盾全集》(14)，第 234 页。

贪婪地盯住了她的只罩着一层薄纱的胸脯，一个指尖轻轻地、畏怯地搔触她的手腕。小说温和的幽默的笔法曝光了少年人的"丑态"。升为省长的惠师长没有正面出场，但小说侧面描写了这位"阿房宫"将军对女色的贪欲。他公馆的大园子快成了阿房宫，几乎要使用太监了。他标榜"新派人物"，但其言论匪夷所思，他的经典"名言"竟是："妻者，终身伴侣也；伴侣者，朋友也；朋友愈多愈好！"他妻妾成群，还派出"花鸟使"四处物色美女。他名义上请梅女士去他家做家庭教师，实际上想纳梅女士为妾。梅女士看出他丑恶用心借机逃离。

李无忌恃才傲物，狂放不羁。他想在学校出点风头博得美女青睐，但被他瞧不起的体育老师吴麻子在国庆期间排练节目中出尽风头，这让他大为恼火。钱老师则和同校几位女性老师一样，爱拉帮结伙，排斥异己，背后施诡计，玩弄小手段。他的小说通过对男性缺点的展示，解构了男性优越的神话。茅盾所要求的男女平等主要是人格、道德和权利，还包括社会责任与义务等。

（二）男女社交公开

为了确保妇女贞洁，不被男子引诱，男权社会要求男女授受不亲，男女不能公开社交。男女交往禁绝导致男女关系的畸变。这在中国传统文学作品《西厢记》《牡丹亭》《聊斋志异》中有所表现。所谓的"一见钟情"乃是情势所逼，没有选择，没有机会。黄因明与堂兄的不伦之恋，梅女士在两个表兄之间的选择，无疑是旧时代男女没有公开社交的结果。黄因明卷进黄教员的家庭纠纷表层原因是黄因明报复嫂子的无端猜忌，其实深层原因在于黄因明社交面狭窄。她接触不到其他优秀青年，崇拜堂兄，青春年华抑制不住性本能冲动，坠入爱河。她对梅小姐讲："我只恨自己太脆弱，不能拿意志来支配感情，却让一时的热情来淹没了意志。"黄因明受生理支配成为插足他人家庭的第三者，她内心十分懊悔。梅女士婚前有恋爱经历。她接触的男青年只是两个表兄：柳遇春和韦玉。她的生活面狭小，到了恋爱的年龄，爱情只能在她和两个男人中的一个发生，别无选择。这不是人生的悲剧？而她到上海认识梁刚夫，才真正接触到她完全心仪的男性，做了感情的俘虏，觉得自己找到了值得一生托付的人。这正是她勇于抗争、走向大社会争取到公开社会交往权利以后的结果。茅盾在发表于1920年的《男女社交公开问题管见》一文中曾表达了对这一问题的认识，他说旧时代男女社交是变态的，男女禁绝不但无益于社会道德，反而是有害的。

> 男人可到的地方，女人当然也可以到；能这样的便是合理的状态，不能这样的便是反常的状态，这是极显明的。至于再进一步讲，拿社会进化的大题目来说，便知偏枯的社会决没有进化的希望。男女社交不公开是偏枯的表面的最显见的；背后藏的，便是经济底知识底道德的不平等。如此男女关系的社会，总是一天一天向后退……①

但，茅盾反对"变态"的男女社会交往：川南师范的男老师在忠山赏月时，借酒装醉，强迫女老师和他们表演捉奸场面，那是对女性的侮辱。梅女士严厉谴责，表现了女性的尊严。他提倡正常的男女社会交往："男女社交公开的人，见女人不知其为女人，只觉得伊和我一样的一个人，我们欲去了异性的爱情，我们只觉得那些旧式和我们不同的姐姐妹妹们，是和我们共撑成一个社会的，犹如一车之有两轮，并不是来满足，我们异性的爱情。"不能戴着"性"的眼镜去社交，不能带着"求偶"的念头去社交。

三　探索女性解放道路

女性解放不外乎两个条件。主观上讲，女性自身觉醒；客观上，社会要提供女性解放的条件和环境。二者关系辩证统一。

（一）"女性的自觉"

妇女解放既需要社会制度的变革和提供男女平等的社会条件，还需要女性自身从被压抑和被束缚中摆脱出来，自觉体认生命价值，实现个性的

---

① 茅盾：《茅盾全集》（14），第112~113页。

解放，建构女性的文化主体精神。女性自觉包括为自身性别正确定位。认识到女人和男人一样，人格上是平等的，但同时，女人也应该认识到在自身享有"人"的一切权利时也有一定的社会责任和义务。茅盾在《女性的自觉》一文中说：

> 现代的女性当自觉是一个人，是一个和男性一般的人。不但男性能做的事要去做，男性未做的不能做的事，也要去做。几千年来的人类的文化，是男性一手里包办出来的文化，也不过是如此罢了；女性要在此时发下大宏愿，将来的文化决定要由女性参加进来尽一份推进的力了。①

长期以来，女性被男权文化同化，她们在某些方面是男权文化更忠实的强化者、捍卫者和卫道者。不觉悟的女性自甘为男性的附属品，逐渐缺失独立人格，缺少社会权利，逐渐退化。叶绍钧说：女子的不幸，既是事实，……若要把这缺憾弥补起来，得个完满、幸福的解决，不可不先有一种自觉。女性应自觉地抵制、纠正男权文化对她们的偏见、歧视和束缚，再不做"二重标准"下虚伪道德和名义的牺牲品。

《虹》通过对梅行素心路历程的描写，细致表现了一个现代知识女性如何在"五四"新思潮影响下，逐步觉醒的过程。作为一名女性，她清楚知道由于历史原因自己身上有许多"女人性"，这是历史文化遗留给她的劣根性。她既已认识，就极力克服。她离开四川，走出夔门时，还在反思自己，她想到唯一的野心是征服环境，征服命运！几年来，她唯一的目的是克制自己的浓郁的女性和更浓郁的母性！

梅女士的觉醒除了反思作为女性自身的弱点，并加以克服外，还包括争取经济上的独立和对"伪道德"的反叛。旧时代，男女不平等，体现在经济、法律、教育、职业和道德等方面，但无经济权是受压迫的根本。鲁迅在《娜拉走后怎样》《伤逝》中分析了这一问题，强调了在女性解放中经济权的重要意义。《虹》也表现了这样的认识。黄夫人不满丈夫背叛自

---

① 茅盾：《茅盾全集》（14），第232页。

己的爱情，想要离开，但想到的出路是进尼姑庵、去教会救济中心或自尽。她不去争取一份工作独立谋生。梅女士离开家庭以后，首先让朋友想办法找一份工作，依靠自己的能力养活自己，不必像传统妇女一样做男子的附庸，依靠男人吃饭，把结婚当职业。这是女性经济权利意识及地位的觉醒。梅女士的觉醒也体现在她对"贞操观"的质疑与蔑视。《娜拉》话剧中的林敦夫人两次为了别人将"性"作为交换条件。学生们排练节目时没有人愿意承担这一角色，大家认为她不守贞洁。梅女士并不这样看她。她与不爱的柳遇春结婚后，她在贞操问题上的态度是"只要他肯就我的范围，服从我的条件，就让他达到目的，有什么要紧？旧贞操观念我们是早已打破的了……"柳遇春依仗自己有钱娶了她，她要让他人财两空。而且，她最终也认识到个体的解放必须与群体解放结合才有出路。

和自我标榜新女性的文女士等人相比较，梅女士表现出与传统女性完全不同的新气质、新精神，主要的精神是一种女性的自觉意识。

（二）参与社会革命

压迫中国女性的主要是社会制度。毛泽东在《湖南农民运动考察报告》中说，旧时代有四种权力——政权、族权、神权、夫权，代表了全部封建宗法的思想和制度，是束缚中国人民特别是农民的四条极大的绳索。① 鲁迅在《祝福》中生动描写了旧时代男权文化对妇女的压制。

女性解放需要社会提供能够使得她们获得独立人格的环境与条件。被束缚当作奴隶女性的妇女并非不想独立，是情势不允许。这就要求妇女起来推翻这样的不合理的制度。女性解放不仅是女性自身的生存发展要求，同时也是社会进步、发展的要求。一个合理、健全的社会，需要女性参与。女性走出家庭、走向社会是社会发展的要求。但是，由于历史原因，20世纪初的中国社会并没有为女性提供独立生存的环境与条件。女性必须把个人解放与社会解放结合，女性解放与阶级解放联系才可以找到

---

① 毛泽东：《湖南农民运动考察报告》（1），人民出版社，1991，第31页。

出路。

恩格斯在分析妇女解放问题时说，男权社会妇女只从事家务劳动，而家务劳动只有私人使用价值而没有创造交换价值，故而"同男子谋取生活资源的劳动比较起来已经失掉了意义"，这就是女性处于从属地位的经济原因。因此，"妇女的解放，只有在妇女可以大量地、社会规模地参加生产，而家务劳动只占她们极少功夫的时候，才有可能"①。《虹》描写了一个女革命家形象——益州女校崔校长。她在给同学演讲时说：

> 从前我们推翻满清，男党员女党员共同出力。男革命党放手枪掷炸弹，女革命党便私运手枪炸弹。现在要改造中华民国，也应该和推翻满清一样，男女一齐出力！现在有人喊"女子解放"，可是我要说：女子不要人家来解放，女子会自己打出一条路来。②

《虹》中梅女士给徐小姐的信写道：

> 绮姐，你来的机会不坏。时代的壮剧就要在这东方的巴黎开演，我们都应该上场，负起历史的使命来。你总可以相信罢，今天南京路的枪声，将引起全中国各处的火焰，把帝国主义还有军阀，套在我们脖子上的铁链烧断……③

《虹》通过对梅女士最后的觉醒以及投入社会斗争的描写，告诉读者，只有把女性解放问题纳入阶级解放、民族解放的总目标中，才是中国女性的解放的必然途径和正确道路。只有建立合理公平的社会制度，才可以实现真正的女性解放。

茅盾在《虹》中否定了女性的个人奋斗（梅女士的前期思想）、独身主义（陈女士）、出家当尼姑、自杀（黄夫人）等消极错误的思想和做法。

茅盾让女性走出家庭，走向社会，承担社会责任和使命的思想，体现

---

① 〔德〕恩格斯：《家庭、私有制和国家的起源》，《马克思恩格斯选集》，第162页。
② 茅盾：《茅盾全集》（4），第134页。
③ 茅盾：《茅盾全集》（4），第136页。

出男性本位的意识,以男性标准要求女性。由于男女生理和心理存在差异,女性从事男性的同等劳动和工作是不现实的。

四 秦德君因素

《虹》创作于茅盾与秦德君在日本同居期间。这一作品可以说是两人爱情的见证和共同智慧的结晶。该作的秦德君影响因素十分明显。

(一) 提供素材、人物

胡兰畦是四川女革命家,1927年曾在武汉国民党中央军事政治学校学习。此时,茅盾受聘在该校任中校二级教官。茅盾知道此人名字,但并不了解她。直至1932年,胡兰畦随宋庆龄从国外回来,成为轰动一时的新闻人物,茅盾拜见过她。茅盾以她为原型写作《虹》也有偶然因素,是秦德君为他提供契机。在日本期间,秦德君向茅盾细致叙述了四川的社会状况和风俗民情。尤其,她把自己和好友胡兰畦的生活故事向茅盾做了细致叙述。这成为茅盾创作《虹》的重要素材。秦德君带着浓厚情绪的叙述感染了茅盾,激发了茅盾的创作热情与冲动,这也构成了茅盾创作《虹》的灵感源泉。

> 这一时期,茅盾心情仍然有些郁闷。他说没有想到《幻灭》《动摇》《追求》三部曲在文坛上引起轩然大波,需要写一部更新的小说来扭转舆论,只是苦于没有题材,愁煞人啊!为抚慰他苦闷的心灵,我搜肠刮肚把友人胡兰畦的经历在脑子里过了一遍说,从"五四"浪潮里涌现出来的青年,反抗旧势力,追求光明,有许多动人故事,是很美妙的素材。接着我便把她抗婚出逃,参加革命的事情述说一番。茅盾大感兴趣,决定以胡兰畦为模特儿,再加上其他素材,集中精力动手写一部长篇。[1]

---

[1] 秦德君、刘淮:《火凤凰》,中央编译出版社,1999,第13页。

显然，茅盾在大革命失败后，十分消沉。《蚀》三部曲的发表引起革命作家的激烈批评和谴责。为了改变革命作家对他的看法，他想写作一部能够体现积极抗争精神的作品。正当他苦于找不到好的题材的时候，秦德君给他提供了很好的故事。于是，他决定以进步女性为题材创作一部作品。

（二）介绍情节、细节及环境

把秦德君的生活经历和《虹》的主人公的经历比较，其中有许多重叠的地方。秦德君提供的素材被《虹》吸收的部分有以下几点。

1. 成都青年爱国运动

秦德君的回忆录《火凤凰》记述了1919年由成都高等师范学生发起的全市学生参与的声势浩大的声援北京爱国学生运动的游行集会。秦德君和其他三位女生打头走在队伍最前面。她们打着五色国旗，高喊口号，向督军和省长请愿，并号召市民反日救国，抵制日货。《虹》的第二节有所描写。北京五四爱国运动爆发后，"这怒潮，这火花，在一个月后便冲击到西陲的'迷之国'的成都来。少城公园的抵制劣货大会，梅女士也曾去看热闹"。

2. 剪辫子

秦德君带头剪掉辫子，在成都掀起剪辫子运动，也引起一场风波。《火凤凰》写道：

> 为了节省时间，我索性就把长辫子剪掉。同班同寝室的杜芥裳，看见我剪掉长发以后清爽利落，十分羡慕，叫我帮她也剪掉了。没想到她的妈妈跑来又哭又闹，找我拼命……可是剪长辫子的女生仍然是一天多似一天，形成了女子剪发运动。①

《虹》中这样描写：一种异样的紧张的空气布满了全校。最后来了"剪发运动"，那是一个多月以后的事。剪发的空气早已在流动，那一天却突然成为事实。几个在学生会里最活跃的人首先剪了。她们又抢着来剪别人

---

① 秦德君、刘淮：《火凤凰》，第32页。

的。梅女士的一对小圆髻也便是这样剪掉了。

3. 出川

《虹》第一节有几段对三峡景色的细腻描绘：

> "扑面而来的危崖现在更加近了，已经看不见的顶；一丛翠绿的柏树略斜地亘布在半山，像一根壁带，再下去便是直插入水中的深赭色的石壁，有些莴萝之类的藤蔓斑驳粘附着。这一切，这山崖的屏风，正在慢慢地放大，慢慢地移近来……"；"冲天的峭壁闪开在右边，前面又是无尽的江水在山崖的夹峙中滚滚地流"；"只见右岸一座极高的山峰慢慢地望后移退；峰顶是看不见的了，赫然挂在眼前的，是高高低低一层一层的树林，那些树干子就像麻梗似的直而且细"。①

此前，茅盾没有到过四川。茅盾在回忆录《亡命生活》中解释说这些描写依赖四川人陈启修的描述，他"陈述三峡之险时，绘声绘影，使我如入其境，久久不忘"②。其实，关于成都重庆三峡的方方面面秦德君都为他做了详尽的介绍。秦德君说："他并没有见过《虹》里面的女主角梅女士的原型胡兰畦（注：此处有误，茅盾认识胡兰畦），由重庆出巫峡的山山水水，以及成都、泸州的风貌，他也没见过，我尽可能具体详细地对他描述。"③

4. 川南师范教书

1921年，"少年中国学会"会员卢作孚应杨森之邀赴泸州出任四川永宁道尹公署教育科科长。他以川南为实验基地，以极大热情和改革精神在泸州地区开展轰轰烈烈的"新川南、新教育、新风尚"的文化活动和教育改革试验。卢作孚在泸州创办了通俗教育会，向民众普及与生活密切结合的各种常识和文化知识，并开展一系列移风易俗的举措，更大力推进对川南师范学校的全面改革。为此，他聘请同为少年中国学会会员的王德熙、恽代英出任川南师范学校校长、教务主任。秦德君和胡兰畦在此教学。《虹》的六、七两节描写了建在四川泸州的川南师范的学校生活，有关于

---

① 茅盾：《茅盾全集》（4），第14。
② 茅盾：《茅盾全集》（34），第423页。
③ 秦德君、刘淮：《火凤凰》，第72页。

泸州名胜的描写。秋天,梅女士和女友来到龙马潭游玩。辽阔的水中央有座小岛。

> 葱茏地披了盛夏的绿袍,靠边有几棵枫树则转成柑黄色;阳光射在庙宇的几处白墙上,闪闪地耀眼,仿佛是流动的水珠;这使得全洲的景色,从远处望去,更像是一片将残的荷叶……在那边近洲滩的芦苇中,扑索索地飞起两三只白鸥,在水面盘旋了一会儿,然后斜掠过船头,投入东面的正被太阳光耀成白银的轻波中,就不见了。①

如果说龙马潭是清丽的,那么,忠山(钟山)则是雄壮的:出了西门,忠山就在眼前。

> ……到了山顶,在宏壮的大庙门前的石级上坐着休息了。前面是长江,抱着这座山,像是壮汉的臂膊;左面万山起伏,泸州城灰黑地躺在中间,平陷下去像一个疮疤。那庙宇呢,也是非常雄伟;飞起的檐角刺破蔚蓝的天空,那一片叫人走得腿酸的宽阔的石级,整整齐齐扩展着,又像是一张大白面孔。②

包括川南师范学校建筑布局等细节描写都有蓝本可寻。这些素材无疑是由秦德君提供的。

(三)精神风貌影响及写作介入

因大革命失败,茅盾一度看不到出路,苦闷彷徨。《蚀》三部曲反映了消极情绪。东渡日本,他与革命同志秦德君产生恋情。秦德君对他的开导、鼓励以及他们如火如荼的爱情,转变了他的思想情绪,他走出心理阴影,健康积极的思想情绪取代了消极悲观的思想情绪,茅盾进入新的创作阶段。和《蚀》三部曲比较,《虹》风格大变,其主题和风格,与茅盾原有文风截然不同。从《蚀》到《子夜》,《虹》是桥梁。它在茅盾早期创

---

① 茅盾:《茅盾全集》(4),第124页。
② 茅盾:《茅盾全集》(4),第124页。

作中具有重要意义。夏志清认为《虹》是茅盾小说中最精彩的一部：
"《虹》实在是一个近代中国知识分子的寓言故事。"① 其为茅盾转入长篇创作积累了丰富的艺术经验。

在《虹》的创作中，秦德君是参与者，包括一起讨论、口述、修改及誊写。女性叙述者长于抒情叙事的特点使得小说带有少有的浪漫色彩。同时，秦德君也是《虹》的第一读者，她及时为茅盾写作提供修改意见，同时，茅盾在写作中也借助了秦德君的女性视角。

茅盾在回忆录《亡命生活》中回避了关于他与秦德君相爱、同居的生活记录，但秦德君在《火凤凰》中有所记述，甚至小说名字也是秦德君取的："小说终于写成了，《虹》这个名字是我起的。四川的气象常有彩虹，既有妖气，又有迷人的魔力……茅盾非常赞美我提的名称，频频点头……"② 应该说，《虹》的创作也凝结着秦德君的心血。这是两人爱情的结晶、共同智慧的结晶。《虹》的创作有重要的秦德君因素，这是事实。

茅盾是五四时期妇女解放领域重要的思想者。他在五四前后发表近百篇关于妇女解放的论文、杂文。他本人也是旧婚姻制度的受害者。《虹》中渗透了茅盾对女性解放的较为成熟的思考。这一作品是现代文学史上比较全面深刻反映妇女生存状况并探讨出路的史诗性作品。此作也与秦德君有极大关系。

---

① 夏志清：《中国现代小说史》，复旦大学出版社，2005，第107页。
② 秦德君、刘淮：《火凤凰》，第72页。

1980年代前柳宗元《封建论》历史阐释的展开

霍　炬[*]

摘　要　柳宗元的《封建论》不仅是一份重要的历史文献，更代表了一个在中国历史上处于核心的理论战场的位置，封建（分封建国、权力多元、地方自治）和郡县（大一统国家、中央体制、权力集中）的讨论在柳宗元之前早已形成，而《封建论》成为唐代中期纷杂扰攘历史局面的刺激下对这一理论问题的最具有理论深度的总结，在后世影响深远，直至20世纪六七十年代，这个问题始终是国家政治思想讨论的核心。追溯这一历史争论的脉络有助于在"新时代"展开新的思想征程。

关键词　柳宗元　《封建论》　历史阐释

封建与郡县之争肇端于秦始皇、李斯，奠基于贾谊、晁错、主父偃，而后曹冏、陆机、刘颂又形成了一套反郡县制表述，唐代魏徵、李百药、杜祐直到柳宗元，正式形成了有高度说服力的"反封建"理论。新中国成立以后的古代政治思想史研究以这个论题为切入点而形成了重要的论域。毛泽东称"熟读唐人封建论"[①]，不是仅指柳宗元这一篇，而是指唐代整体对封建问题的讨论极富成效，所谓"莫从子厚返文王"是指不要忘掉了最基本的历史常识，要从历史发展的高级阶段出发来理解低级阶段，而不是

---

[*] 霍炬，男，文学博士，陕西师范大学文学院副教授。主要研究方向为文艺学。
① 《七律·读〈封建论〉呈郭老》流传有若干版本，措辞稍异，这里以中共中央文献研究室编《毛泽东年谱（1949～1976）》（第六册）（中央文献出版社，2013）第490页为准。

相反，从一个虚幻的原点（"圣人之意"）思考问题。

柳宗元《封建论》首先是对他之前各种观念的大综合。文中的第一次"或者曰""封建者，必私其土，子其人，适其俗，修其理，施化易也。守宰者，苟其心思迁其秩而已，何能理乎？"① 对应的是陆机《五等论》："五等之君，为己思治，郡县之长，为利图物……（郡县长官）侵百姓以利己……（封建诸侯）知国为己土，众皆我民，民安己受其理。"② 第二次"或者又曰""夏、商、周、汉，封建而延，秦郡邑而促"，相当于曹魏宗室曹冏《六代论》中所说的"昔夏、殷、周之历世数十，而秦二世而亡，何则？三代之君，与天下共有其民，故天下同其忧，秦王独制其民，故倾危而莫救"③，以及晋代刘颂《除淮南相在郡上书》"三代并建明德……列爵五等，开国承家，以藩屏帝室，延祚长久，……逮至秦氏，罢侯置守，子弟不分尺土，孤立无辅，二世而亡"④。第三次"或者又以为""殷、周，圣王也，而不革其制，固不当复议也"，则是陆机说的"昔者成汤亲照夏后之鉴，公旦目涉商人之戒，文质相济，损益有物，故五等之礼，不革与时，封畛之制，有隆焉而"⑤。柳宗元对这些"或者曰"的反驳同时也是对唐代相关讨论的总结。如对"封建易治郡县不理"论，《封建论》驳道："周之事迹，断可见矣。列侯骄盈，黩货事戎，大凡乱国多，理国寡。"这个说法来自李百药："数世之后，王室浸微，始自藩屏，化为仇敌，家殊俗，国异政，强凌弱，众暴寡，疆场彼此，干戈侵伐。"⑥ 对"封建祚长郡县危亡"的反驳则直接以完全废除封建制的唐朝为例进行反击，唐代"垂二百载，大业弥固"，而所谓享国八百的周代，其"丧久矣，徒建空名于诸侯之上，……威分于陪臣之邦，国殄于后封之秦。……继世而

---

① 《封建论》原文采自尹占华、韩文奇校注《柳宗元校注》（第一册），中华书局，2013，第185~189页。后不出注。
② （清）严可均辑《全晋文》，商务印书馆，1999，第1047页。应该说，柳宗元的驳斥对象并非仅某一人，类似的意图说法时有出现，最早在王绾与李斯的建议中就传达出这样的声音，只不过陆机、曹冏等人的表述最鲜明。
③ （清）严可均辑《全三国文》，商务印书馆，1999，第196页。
④ （清）严可均辑《全晋文》，商务印书馆，1999，第406页。
⑤ （清）严可均辑《全晋文》，商务印书馆，1999，第1046页。
⑥ （唐）吴兢：《贞观政要》，岳麓书社，1991，第126页。

理者，上果贤乎，下果不肖乎？则未可知也"。这些论点则与马周相通。"尧、舜之父，犹有朱、均之子。况下此以还，而欲以父取儿，恐失之远矣。"① 而当反驳"圣人不废封建"时说的名论，秦"之为制，公之大者也，其情私也，……公天下之端自秦始"，则来自杜佑《通典·王侯总叙》："汉隋大唐，海内统一，人户滋殖，三代莫俦。……建国立一宗，列郡利万姓，损益之理，较然可知。"② 可以说，毛泽东的"祖龙魂死秦犹在""百代都行秦政法"就是在呼应着这个历史母题：暴力的秦王朝创建了中国最"公天下""利万姓"的制度。如果要说柳宗元的独特性，那就是他以最集中有力的方式说出了真理，而且他的全部作品都绝对不寻求某个理念或历史源头作为托词："天地果无初乎，吾不得而知之也。"③

称柳宗元为"小人无忌惮者"④ 的苏轼对《封建论》的评价取得了一致的历史认同⑤："宗元之论出，而诸子之论废矣。虽圣人复起，不能易也。……故吾以李斯、始皇之言，柳宗元之论，当为万世法也。"⑥ 这也是苏轼第一次指出要将柳宗元的思想放在封建郡县大讨论的历史成果中进行理解。后世的评论者车载斗量，一方面是因为这的确是各个时代必然面对的核心议题，另一方面也是因为柳宗元的陈词有强大的理论空间，足够在其中展开论战。除了完全赞同的观点外，还可以分出"完全否定论"（以廖偁、胡寅、何文焯为代表）和"一分为二论"，即有条件地赞成柳宗元，隐含着更复杂的批评，代表人物有朱熹、叶适、沈德潜、袁枚等，其中以朱熹最为典型。《朱子语类》："子厚说封建非圣人意也，势也，亦是。但说到后面有偏处，……封建自古便有，圣人但因自然之理势而封之，乃见

---

① （唐）吴兢：《贞观政要》，岳麓书社，1991，第129页。
② （唐）杜佑：《通典》，中华书局，1984，第177页。
③ 柳宗元思想的这个整体维度需要进行专门而全面的考察。
④ （宋）苏轼：《与江惇礼秀才书》，《苏轼文集》卷56，中华书局，1986，第1702页。
⑤ 苏轼的下面这段评论被叶适、程大昌、黄震、杨慎直到林纾等人反复引用，已成为对《封建论》最标准的评价，因此被章士钊称为"子厚之功臣"（《柳文指要》，文汇出版社，2000，第68页）。
⑥ （宋）苏轼：《论封建》，《苏轼文集》卷5，第158页。

圣人之公心,且如周封康叔之类,亦是古有此制。因其有功、有德、有亲,当封而封之,却不是圣人有不得已处。……(子厚)不知所谓势者,乃自然之理势,非不得已之势也。"① 朱熹部分认同柳宗元的立论,说封建制"只是历代循袭,势不容己,柳子厚亦说得是"②,但只是强调圣人立下的法度"岂有无弊?"③ 后世不可能完全都照办好,在前提上和柳宗元完全不同,他坚持封建是圣人立法,"势"是"自然理势",不是"不得已"的"形势"所迫,绝不赞成柳宗元的核心论点"封建,非圣人意也"。朱熹从他的抽象理学体系出发,以理念为前提,部分认同结论,却坚决否认前提,实际上改写了柳宗元的结论。朱熹以后,大多数士大夫的判断都保留这个特点,那种"完全否定论"实际只是特别强化了这种批评,这也隐含了后世可以凭己意而断的可能。应该说,"一分为二论"在苏轼那里就非常明显了,苏轼区分出多个柳宗元形象,对其保有完全相反的态度④,和朱熹的区别只在于他根本不将这些面相统一起来⑤。现在已经有很多的"柳宗元接受史研究",大量著作和论文都十分强调柳宗元历史形象的复杂性,所谓的韩柳高下异同论、对永贞革新的判断,甚至对柳宗元文学成就、古文观念的认识都存在大量分歧,这意味着提出历史评价总存在着斗争的空间,对《封建论》完全可以有不同的理解倾向。这是《封建论》从一开始就要面对的命运,毛泽东对柳宗元的强调就是对这一历史

---

① 《朱子语类》卷139,中华书局,1986,第3321页。
② 《朱子语类》卷108,第2680页。
③ 《朱子语类》卷108,第2680页。
④ 《东坡志林》:"柳宗元敢为诞妄,居之不疑","子云临忧患,颠倒失据;而子厚尤不足观。二人当有丑于斯文也耶!"(《苏轼文集》卷65,第2037页)这是对为人出处的判断,建立在贬抑王叔文集团的正统观念之上;《书黄子思诗集后》:"柳宗元发纤秾于简古,寄至味于澹泊,非余子所及也。"(《苏轼文集》卷67,第2124页)《答程全父推官》:"惟陶渊明一集、柳子厚诗文数册,常置左右,目为二友。"(《苏轼文集》卷66,第2118页)这又是从文学趣味的角度讲。甚至对于《封建论》,苏轼的态度也是矛盾的,一方面在结论上完全肯定,另一方面在立论上绝对排斥,如《贞符》等文虽然和《封建论》一脉相承,他却坚决否定。
⑤ 王夫之对苏轼的评价是"荡闲败度"(《宋论》卷6,岳麓书社,2011,第162页),以自我主观判断为中心,良为确论。80年代以后人们特别强调柳宗元的文学价值美学意义,和苏轼相当类似。

戏剧的召唤。①

　　新中国成立后到20世纪80年代以前，以柳宗元为研究对象的有分量的著作和论文中，多少都涉及对《封建论》的评价，尤其是1963年毛泽东杭州讲话中对柳宗元的关注迅速推动了相关研究②。这一时期强调唯心主义与唯物主义的斗争，突出柳宗元"老唯物主义者"（侯外庐语）的特点，对《封建论》的评价也是在这个前提之下做出的，即因为柳宗元是一个唯物主义者，才能在封建郡县问题上做出正确的判断。最突出的就是对"封建，非圣人意也"的论断提出了正面立论即"生人之意"。赵纪彬较早提出对"生人之意"的关注。"一部社会发展史，全然是一个自然的发展过程，在此过程中，'生人之意'决定一切，毫无'尚功罚祸'的天意存乎其间。……'唐家正德，受命于生人之意'，其为正宗思想的反对命题，有所为而发，殊为明白。"③ 将"生人之意"作为反对正统思想的唯物史观基本原则④，而侯外庐则将"生人之意"进一步解释为柳宗元哲学的"人民性"："唐人避太宗讳，说'生人'即是'生民'。……就是说，历史事件的演变并不取决于'天'意，而是要从民心是否归附方面去寻求答案。……唐朝得到民心的归附，所以代隋而兴。"⑤ 与"生人之意"相对应，从"封建非圣人意也，势也"出发，对"势"的概念进行了定位，韩国磐说："所谓'势'，用现在的话说，即必然性。封建是古代社会历史发展的必然性，而不是古先哲王愿望的产物。……既批判了封建出于古先帝王愿望的

---

① "我国历史上的哲学家如柳宗元，他是文学家，也是唯物论者。他的哲学观点是在现实生活中同不同观点进行辩论和斗争中形成的。他在任永州司马的十年间，接触贫苦人民并为他们办了许多好事。正是在此期间，他写了《山水游记》等许多文学作品，同时又写了《天说》《天对》等哲学著作，这是针对韩愈的唯心观点而写的。"（陶鲁笳：《毛主席教我们当省委书记》，中央文献出版社，1996，第124页）毛泽东1963年的这段话就很鲜明地概括了在柳宗元历史评价问题上的斗争性。
② 如侯外庐1959年发表《柳宗元的唯物主义思想》，1960年《中国思想通史》下卷出版，而1963年发表了四篇以柳宗元为主题的论文：《柳宗元的唯物主义与无神论思想》、《柳宗元的社会思想》、《柳宗元〈天对〉在中国唯物主义史上的科学地位——兼看哲学党性原理的具体表现》（与李学勤合作）、《中国哲学史中的唯物主义传统》。
③ 赵纪彬：《刘禹锡和柳宗元无神论思想研究》，《哲学研究》1957年第5期。
④ 80年代以后，这个主题还出现过，但方向已经几乎是"人性"的解释了，甚至有人提出"生人之意"就不是柳宗元的理论表述。
⑤ 侯外庐：《柳宗元的唯物主义哲学和社会思想》，《哲学研究》1964年第6期。

唯心论，当然更是对天命论的有力的否定。"① 冯友兰也持此论："《封建论》的逻辑认为，决定历史发展的主要力量是势，而不是某一些大人物的意志。这包含有一种思想，认为历史的发展有客观的规律，这个思想也是唯物主义的思想。"② 侯外庐则将"势"解释为"形势"："'封建'的产生，既不受神学天命论之支配，也不取决于'圣人'之意，而是由历史本身的形势所决定。"③ 进一步，研究者对柳宗元这种反天命论唯心论的论点的来源有比较统一的认识，即它来自柳宗元自始至终融贯一致的唯物主义哲学，"势"的学说不是"凿空臆说"，而是从"天地果无初乎""生人果有初乎"两大问题入手，抓住了"由初为近"的立场进行表达。④ 从哲学、思想史的角度，对柳宗元唯物主义哲学体系的归纳构成了《封建论》的上下文，《封建论》反对天命论具有人民性，可以落实在其哲学上。"柳宗元认为作为物质世界的本源的是'元气'。……没有任何超越'元气'的造物主，仅仅是无始无终的'元气'本身的'庞昧革化'的运动。……'元气'是物质的同义语。把'元气'作为世界的第一性或本源，这显然是唯物主义的哲学命题。"⑤ 其强调唯物主义哲学"延伸"到了社会历史领域。除了上述有代表性的学术界的思想史、哲学研究，还有如章士钊那样的"世界观已经固定了的老先生们"⑥的表述："子厚再三阐发封建非圣人之意，……是不啻先树一义，昭告于天下曰：封建是可能彻底打碎之物，而所谓势者，亦可能如水之引而从西向东。吾人自文中仔细看来，子厚所暗示之推广义，则由秦达唐，封建虽经秦皇大举破坏，而其残余形象及其思想，乃如野火后之春草，到处丛生。是必须有秦皇第二出现，制与情全出于公，而以人民之利安为真实对象，从思想上为封建

---

① 韩国磐：《论柳宗元的〈封建论〉》，《厦门大学学报》1961年第3期。
② 冯友兰：《中国哲学史新编》（第四册），人民出版社，1986，第318页。
③ 80年代以后，这个主题还出现过，但方向已经几乎是"人性"的解释了，甚至有人提出"生人之意"就不是柳宗元的理论表述。
④ 侯外庐：《柳宗元的唯物主义哲学和社会思想》。
⑤ 侯外庐、李学勤：《柳宗元〈天对〉在中国唯物主义史上的科学地位——兼看哲学党性原理的具体表现》，《哲学研究》1963年第2期。
⑥ 章士钊：《柳文指要》附录章含之《〈章士钊全集〉前言》，文汇出版社，2000，第1665页。

余毒之根本肃清,此吾读《封建论》之大概领略也。"① 应该说,虽然章士钊的分析没有唯物史观,没有阶级分析,但在表述形式和对问题的把握上,相对于唯物主义哲学思想史学者而言,更接近于毛泽东的思维方式,一种不借助于抽象概念的历史直觉。相反,具备了一定唯物史观和阶级分析的《十批判书》被毛泽东认定为"不是好文章",就很明显是基本历史判断上的认定,是指"郭老从柳退,不及柳宗元",从柳宗元的认识高度退步了。

20 世纪 60 年代前的唯物主义思想史研究成果在 70 年代被继承了下来②,在具体的理论分析上,各种研究没有提出新的论点,但在复述那些唯物主义思想史论证的过程中,强调的侧重点有所不同。首先,尽可能降低纯哲学概念的演绎,如有文章称:"(柳宗元)恢复了天的自然面目。天地……只不过是一种自然物质罢了。……构成天的元气,象车轮般地转动,浑沦一片,使人产生了天圆的感觉。"③ 这个表述和侯外庐的分析在内容上一致,但已将说明的重点从"物质"这个哲学概念转向了"自然物质"这个更为普通的说法。④ 其将唯物主义分析方法扩展到相当广阔的领域,包括思想论争、政权角逐,甚至文学鉴赏⑤。其次,国家问题,一切时代的国家体制问题都被提上了议事日程,对柳宗元《封建论》的大讨论是要在当下语境中面对现实的道路选择。"郡县制度是伴随着与分封制的一系列斗争,通过变法、镇压、统一战争等革命暴力的手段产生和健全起

---

① 章士钊:《柳文指要》附录章含之《〈章士钊全集〉前言》,第 65 页。
② 如冯友兰的《柳宗元与唐代的儒法斗争》(《人民教育》1974 年第 6 期)中的分析和五六十年代的普遍观点没有太大区别,更多是措辞方式的不同,和 1986 年出版的《中国哲学史新编》也基本保持一致。周一良在《读柳宗元的〈封建论〉》中说:"柳宗元能够正确地认识秦始皇统一的功绩,是和他在哲学上具有唯物主义分不开的。"(《北京大学学报》1973 年第 4 期)这也是从类似的角度论述。
③ 李炳庠等:《唐中叶柳、刘和韩愈在天人关系的一场大论战》,《河北师范大学学报》1975 年第 2 期。
④ 在涉及类似问题的时候,那时的表述往往是将柳宗元的原文翻译成高度口语化的句子,直接作为论据,如"柳宗元指出:天既然与瓜果同属物质,那么又怎能赏功罚祸呢?难道瓜果之类也能奖善惩恶吗?……如果指望老天爷来行赏罚、施仁义,那就大错特错了"(武汉大学物理系理论小组:《唐代中期儒法两家在自然观上的一场大论战》,《武汉大学学报》1974 年第 2 期)。
⑤ 比如相当多的是对韩柳、李杜文学价值高低的讨论。

来的;它在全国确立之后长达二千年间,又不断在反复辟、反倒退的斗争中成长起来。这生动地教育我们,即使是剥削制度的更替,也是一个复杂的革命过程。"① 这种论述将对革命的展望放在了极为复杂的历史现实中进行理解,对教科书式的分析方法进行了灵活的理论改造,"从封建制产生的第一天起,农民与地主的对立和斗争就出现了。这种阶级矛盾构成了封建社会的基本矛盾。但是用封建制取代奴隶制在历史上毕竟是一个很大的进步。维护这个革命成果的斗争是很艰巨的。秦始皇采取的专政措施,当然有针对农民的一面,但在当时的历史条件下,更迫切的却是要解决防止奴隶制复辟的问题"②。毛泽东之所以说"劝君少骂秦始皇""《十批》不是好文章",是指在一部分革命者心中,仍然保有"五四"以来对自由民主平等等抽象价值的认同,对国家、民族和社会的具体认识以那些抽象价值为标准,抽象地"反封建"(抽象地"骂秦始皇"),并不能真正触及"封建余毒",错把大一统的郡县制国家当成了真"封建"。所谓"为生民立命",反对暴君和专制,在根本问题上,在具体的国家问题上失去了判断力。从某种程度上讲,70 年代对以柳宗元《封建论》为代表的众多历史文献进行大规模探讨的历史意义在于:用人民群众能听懂的语言来进行高深的政治历史哲学思考,召唤群众广泛而热烈地参与其中,这样就使得在社会主义制度的基本原则下达到了对国家问题的意识形态统一,至今影响深远。

1970 年代末的思想讨论在一开始仍然遵循着"运动"的形式,但落实到具体的历史问题,如对柳宗元评价,"反评法批儒"运动并没有改变任何基本判断,因为那些学术判断在"文革"前就基本成型了,如 1978 年发表的一篇论文仍然坚持 70 年代中的基本判断:"中唐著名文学家韩愈和柳宗元之争,也被他们(四人帮)说成是'儒法斗争'在唐代的'延续和发展'。"但是"(韩柳)在实际生活中,终于分化为对立的政治派别。……彼此在情感上的裂痕和思想上的鸿沟,却始终不曾填平"③。整个

---

① 冉光荣:《论郡县制度》,《四川大学学报》1975 年第 1 期。
② 罗思鼎:《论秦汉之际的阶级斗争》,《人民日报》1974 年 8 月 6 日,第 8 版。
③ 张绪荣:《韩柳之争探讨》,《武汉师范学院学报》1978 年第 1 期。

论述只是去掉了大批判的火药味，基本判断毫无二致。在更多关于唯物主义哲学观念的整理上，对柳宗元的判断基本回归到了60年代前，以更多资料支撑了侯外庐、冯友兰等的论述[①]。也就是说，在70年代以后，思想史研究绕过了"评法批儒"，直接接续了60年代前的研究思路，而这个思路从80年代开始有了新变化，强调柳宗元成了儒学的改革者[②]，直到现在仍有大量论述从柳文的美学特质到中唐经学新特点等角度来强调这一点。

应该说，1970年代的"封建论"思想讨论颠覆了以学派、先师、思想形态为标签的思想史模型，在重写思想史传统的过程中打破了僵硬的流派归纳，应该在中国思想史中占据一席之地。任何历史形象都有各种理解的可能，前述从柳宗元生活的时代开始，《封建论》就形成了论战的常见主题，这个伴随着中国历史始终的核心问题经常会以激烈或温和的方式展露出来。历史地分析古代中国思想界关心的议题从来都与最直接的现实政治息息相关，极少有纠结于抽象概念的阐发和思辨义理的推论，"封建与郡县"这样的问题在1980年代以前的不同语境中展现了各自时代的思想特点，我们完全有理由可以得出这样的判断：这个问题也将在当代中国思想界中不断地得到回顾和继承，我们将会在历史积累的各种成果的基础上形成自己的理论选择和判断。

---

① 如周桂钿说："（柳宗元）在政治上改革失败，在哲学上，却成了唯物论的重要代表，是思想战线上坚持唯物主义的中流砥柱。"（《柳宗元〈天论〉研究》，《中国社会科学》1984年第3期），所不同的是加上了一个补充：柳宗元的某些观点古已有之，不是他的发明。
② "（柳宗元）否定分封而行郡县，其思想根据是孔子尊王和孟子尊王贱霸的学说。"（刘光裕：《柳宗元与儒学革新》，《孔子研究》1994年第3期。）

晚明士人群体的日常空间的生成及其特征*

——聚焦美学的视角

丁文俊**

摘 要 晚明美学转向重视"性灵",在空间维度集中表现为士人群体对日常空间的开拓。从思想史角度看,儒学通过对《周易》的阐释,立足以《中庸》为代表的先秦典籍和两宋理学,建构了合法性来源于上天的伦理政治秩序,而阳明心学则通过将本心等同于天理,开启了儒学的天理观念向内转向,为日常空间的生成创造了契机。阳明心学将个体的内在尺度确立为德行培育和社会实践的规范性法则,为晚明士人群体重视日常生活的经营并追求一定程度的欲望满足赋予了合法性。以《长物志》为代表的美学著作为例,晚明士人群体的日常空间具有闲适和欲望的二重性,日常空间独立于道德规训和政治实践,以追求雅致品位为准则,在审美意境的塑造过程中隐含对享乐欲望的诉求。

关键词 晚明 天理观念 日常空间 闲适 欲望

在中国美学研究中,晚明美学具有崇尚性灵、重视欲望的特征,和其他时段的美学思潮具有显著差异。晚明美学突出表现在对"物"的崇尚。赵强在生活美学的理论视野中指出,以"物"为主题形成的不同形式的癖

---

* 基金项目:教育部人文社会科学研究青年基金项目"戴维森与当代文论的分析哲学向度研究"(18YJC751065)。
** 丁文俊,男,文学博士,中山大学中文系博士后、助理研究员。主要研究方向为文艺社会学。

好有力改造了晚明各阶层的日常生活习性和跨阶层的交往方式，由此展开生活美学的多维向度。① 再参考李玉芝对晚明美学著作的统计，可以简要了解"物"的主题所关涉的领域，"仅《四库全书总目》所著录的就多达二十余部，其中为后世所熟知的包括高濂的《遵生八笺》，袁宏道的《瓶史》，文震亨的《长物志》，计成的《园冶》，屠隆的《考槃余事》《起居器服笺》《山斋清供笺》《文房器具笺》，卫泳的《枕中秘》，陈继儒的《妮古录》，谷应泰的《博物要览》等等"②。可以看到，晚明美学对"物"的推崇最终转化为日常生活中丰富的审美实践，这意味着以士人群体为审美主体的儒家诗学在一定程度上从"经学中心主义"③中得以解放，在社会空间中则表现为日常空间从伦理政治空间中分化。考虑到士人群体的审美习性受其服膺的儒家思想的深刻影响，本文引入文化社会学的思考方法，在空间的视野中探讨晚明士人群体的审美转向，日常空间生成如何获得儒家思想史的正当性论证，并由此进一步思考发生在日常空间中的审美实践具有何种张力性特征。

一 儒家思想的转向：天理观念的内转

通过晚明一系列代表性的审美著作可以看到，士人群体致力于在日常生活中进行各类型审美活动，例如日用物的选取和装饰，居室建造的设计和内部布置，以赏玩、观景为主题的文雅社交等，这意味着儒家诗学的空间转向，士人群体将精力从政治场域转向独立于伦理政治秩序的日常生活。考虑到儒学一直作为士人群体的知识信仰和行为准则，那么这种空间转向的发生是否可以在儒家思想史的脉络中找到原因？

儒学的空间观念的起源可以上溯至《周易》，道作为真理性内容具有贯穿自然空间和社会空间的有效性，自然空间通过呈现天、地、山、泽等八种一般性事物之间的组合变化以突显时势的变易，为社会空间的行动者

---

① 赵强：《"物"的崛起：前现代晚期中国审美风尚的变迁》，商务印书馆，2016。
② 李玉芝：《晚明玩物文化与明代文人审美心态的蜕变》，《理论与现代化》2015年第5期。
③ 杨乃乔：《东西方比较诗学——悖论与整合》，文化艺术出版社，2006，第62页。

提供实践的引导性依据。其后，儒学思想家将《周易》所展现的自然空间和社会空间之间的互动关系在思想层面予以系统化和理论化，将君王治理国家、士人的修德和功业、家庭伦理关系均整合纳入以纲常伦理为基础的社会系统，社会体系的合法性来源于上天所呈现的道。以子思《中庸》为例，"天下之达道五，所以行之者三，曰君臣也，父子也，夫妇也，昆弟也，朋友之交也：五者，天下之达道也"[①]。儒家经典将君臣、父子、夫妇、昆弟、朋友交往这五个涵盖政治和宗族伦理的方面视为促成社会秩序实现达道的途径，成为道学家构建以纲常伦理体系为基石的社会秩序的重要参考。在"达道五"之外，子思还通过论述"行之者三""九经"的方式，确立了理想的社会空间秩序的形态和士人阶层自我修行、介入政治的规范法则，建构了以道为核心的贯穿个人、家庭、社会政治的纲常伦理体系，社会空间被构建为单一的伦理政治空间，而道则来源于天，社会空间运行机制的合法性需要上溯到自然空间。

两宋思想家在阐释《周易》和《中庸》的基础上建构理学的思想体系，作为真理内容的理的合法性根源继续需要上溯到天。理学的先驱者周敦颐写道："《通书·顺化第十一》：天以阳生万物，以阴成万物。生，仁也；成，义也。故圣人在上，以仁育万物，以义正万民。天道行而万物顺，圣德修而万民化。大顺大化，不见其迹，莫知其然之谓神。故天下之众，本在一人。道岂远乎哉！术岂多乎哉！"[②] 周敦颐以阴阳五行思想作为根基，借鉴、吸纳道家思想以构建社会空间的秩序，万物的产生和形成的根源来自阴阳两极的变化运动，而阴阳两极的变化运动正是道的一个面向，阴阳两极和道的权威性来源于上天，圣人遵循天道的启示将仁和义的思想用于培育万物和教化万民，天道得以被遵行的结果将是社会空间顺畅有序地运作。对社会空间的个人而言，则需要遵循圣人的教化，以"诚"作为养性和修德的准则，顺应天道的运行规律，从而妥善处理个人、家庭和天下的事务，趋向于"立人极"的境界，这是建基于融合《周易》和

---

① （宋）朱熹：《四书章句集注》，中华书局，2012，第29页。
② （宋）周敦颐：《通书：朱熹解附》，中华书局，2009，第23~24页。

《中庸》的基础上的阐述。简言之，作为周敦颐思想体系根基的道来源于上天，其合法性也是由上天所赋予。周敦颐对于天理观念的论述为朱熹所继承。"天地之间，有理有气。理也者，形而上之道也，生物之本也；气也者，形而下之器也，生物之具也。是以人物之生，必禀此理然后有性，必禀此气然后有形。"[①] 朱熹对"理"和"气"进行区分，理即具有普遍真理意义的道，不仅是个人和万物得以产生的根源，而且是士人阶层介入以纲常伦理体系为根基的社会空间需要遵循的规范性法则；气则是具体的个人得以产生的根源，而具体的个人通过秉承气而产生独特性的形体。"理"和"气"分别代表了贯穿个体、万物和社会的普遍性真理以及具体化的个人及其形体，二者同时来源于外在于个体的"天地之间"，理和道的起源和权威性需要上溯到天，因而必然外在于个体，这也正是朱熹所言的以外物作为认知对象的格物致知的意义所在。

从《周易》《中庸》到两宋理学的儒学发展脉络，寓意普遍性真理的道需要通过自然空间的现象变化予以呈现，道对于个体和社会空间的合法性也来源于上天，外在于个体而存在。正如杨国荣对经历过朱熹改造之后的理学总体思想的阐述，"在理学家那里，理既是普遍的规范，又是存在的根据（万物之本）。作为万物之本，理往往被赋予了超验的性质"[②]。理学将理确立为"普遍的规范"和"万物之本"，成为贯通社会所有领域的真理性法则，儒家思想家为了确立社会空间的秩序进一步构建了涵盖个人修身、家庭伦理、君臣关系的纲常伦理体系，士人阶层得以介入进行实践的社会空间是单一的伦理政治空间。与朱熹同时代的另一位儒学思想家陆九渊则开启了儒学思想史的心学转向，为理解和阐释天理提供了另一种路径，然而他的思想在宋代被视为沦为禅学的异端，儒学的空间观念的真正转向发生在王阳明系统地以心学思想改造程朱理学。

王阳明在深入反思朱子学的基础上，在"龙场悟道"之后发展出以

[①] （宋）朱熹：《晦庵先生朱文公文集（四）》，徐德明、王铁校点；见朱杰人、严佐之、刘永翔主编《朱子全书》（第二十三册），上海古籍出版社、安徽教育出版社，2010，第2755页。

[②] 杨国荣：《善的历程：儒家价值体系研究》，中国人民大学出版社，2009，第223页。

"心即理也"为核心的思想体系,其后开始深入理解陆九渊的心学思想,将其学说重新纳入儒家思想谱系,视其为思想同道。① 王阳明尝试完全取消本心和天理之间的区别,将本心等同于天理,参考《传习录》:"今姑就所问者言之:且如事父,不成去父上求个孝的理?事君,不成去君上求个忠的理?交友治民,不成去友上、民上求个信与仁的理?都只在此心,心即理也。此心无私欲之蔽,即是天理,不须外面添一分。以此纯乎天理之心,发之事父,便是孝,发之事君,便是忠,发之交友治民便是信与仁。只在此心去人欲、存天理上用功便是。"② 事父、事君、交友、治民,均属于经典儒家典籍所构建的纲常伦理体系的一部分,构成了社会空间运作的基础,王阳明以纲常伦理范畴为例阐述心学观点,这段论述可以从两个层次予以解读。在认识论层面,王阳明以事父、事君等例子为证质疑朱熹关于格物致知的阐述,认为理并不存在于父亲或君王身上,求理需要返诸自己的内心,不存在外在于内心的天理,从而得出天理和本心相同一的结论,即理、性和天这三个形而上的概念均和本心同一,人们需要通过自省,祛除欲望对本心的遮蔽,让本心得以呈现,这个过程即尽心、知性、知天的过程,因此对天理的体悟和本心的呈现是同一件事情,这从理论层面确立了天理观念的内转,天理被王阳明阐释为本心。再从实践层面的角度看,王阳明提出知行合一的学说,事父、事君、交友和治民作为具体的实践行动并非在"知"之后,认知和行动本身就是相互同一、不可分离,由于认知是心意的呈现,因此一系列的实践本质就是心意针对具体事务的投射。具有正当性的实践表现为"纯乎天理之心"的运动,"纯乎天理之心"就是经过"去其心之不正、以全其本体之正"③的内省过程后的本心,因而实践的关键在于正心,事君、交友、治民的实践同样可以如此理解。

---

① 王阳明"龙场悟道"的思想起源,以及他对陆九渊思想的接受和评价,详参孙宝山《论王阳明与陆象山的学术承继关系》,《中国哲学史》2010年第1期。葛兆光在综合引述唐君毅、岛田虔次、狄百瑞的观点后指出,王阳明学说主要来源于程朱理学:"明代王学实际上是宋代理学的延续。"葛兆光:《中国思想史(第二卷):七世纪至十九世纪中国的知识、思想与信仰》,复旦大学出版社,2011,第268页。
② (明)王守仁:《传习录》,《阳明先生集要》,施邦曜辑评,中华书局,2008,第30页。
③ (明)王守仁:《传习录》,《阳明先生集要》,第36页。

简言之，在社会空间的行动要符合纲常伦理体系的要求，需要通过彻底的内心自省以复归"纯乎天理之心"，天理等同于内心的意向所指，这是从实践层面确立天理观念的内转。

总之，王阳明的心学思想体系在理论和实践两个层面同时确立了天理观念的内转，理和道被阐释为一个和不受欲望遮蔽的本然之心相同一的概念，在本心之外不存在理。对于社会空间而言，天理是社会空间的伦理政治秩序的合法性来源，天理观念的内转意味着社会空间的合法性从自然空间转向了人的本心，为社会空间结构的分化创造了契机。

二 阳明心学与日常空间的生成

王阳明的心学学说完成了儒学的天理观念的内在转向，深刻影响了明代中后期士人群体的精神世界和实践动向。参照《明史》的陈述"嘉、隆而后，笃信程朱不迁异说者，无复几人矣"[1]，顾炎武得出相似结论："嘉靖以后，从王氏而诋朱子者始接踵于人间。"[2] 阳明心学在明代中后期成为士人群体的主要思想根源，王阳明的心学体系主导的天理内在化转向，对士人阶层介入社会空间的实践影响深远，这种影响以何种方式产生？

总体来说，王阳明认为天理、本心、良知均是同一的概念，培育德行的唯一路径在于正心，这是一种完全返回自身的修身养性的路径，将培育内心的诚意作为首要方式，通过祛除私欲对本心的遮蔽，让心体回归本然的至善状态，而顺应本心的行动即致良知的实践。对于晚明士人群体而言，面向自身的德行培育和面向社会空间的实践行动的依据均来自理和道这两个一直被视为同一的形而上概念，而阳明心学主导的天理观念内转意味士人阶层的德行培育和实践行动的依据不再来源于外在的自然空

---

[1] 张廷玉等：《明史：清乾隆武英殿原刊本（六）》，王云五编，台湾商务印书馆，2010，第3094页。
[2] （清）顾炎武：《日知录》（二），《顾炎武全集》（第十九卷），严文儒、戴扬本校点，上海古籍出版社，2011，第729页。

间对天理的呈现和儒家经典典籍对天理的阐释,而是以本心作为士人阶层追求内圣外王的人生境界的最终依据。这是一种从他律向自律的转向,在"心即理也"的命题下,天理和本心相等同,本心又为个体自然所拥有,不存在脱离本心的天理,这意味着天理此前所具有的客观性和普遍性特质被置换为个体的内在尺度,士人阶层的德行培育和社会实践也随之转化为以个体的内在尺度作为规范性法则,由此产生了两个方面的主要影响。

其一,根据王阳明的论述,所有个体天生就和圣人一样具备本心,只因本心被私欲所遮蔽,而导致不同个体的道德境界存在区别,由此可见,判别个人是否保有本心的重要尺度是私欲,而私欲意指追求学识、名望、地位和利益的欲望,以功利性为主要特征。因此,只需要排除这些功利性欲望即可以恢复本心,从而得以在社会空间进行致良知的实践。王阳明多次以事父、事君、交友和治民为例讨论如何做到格物致知和致良知,然而这并不意味着致良知的社会实践仅仅局限在以事父、事君、交友和治民为主要代表的伦理政治实践,而且祛除功利性欲望、顺应本心的所有行动均可以视为致良知的实践。《答顾东桥书》:"区区'格致诚正'之说,是就学者本心日用事为间,体究践履,实地用功,是多少次第,多少积累在,正与空虚顿悟之说相反。"[①] 王阳明特意指出,如果以自我正心、培育诚意作为目标,就需要在日常事务中时刻自我锤炼,不能仅仅凭空想象圣贤的立场和行动,包括愚夫和小童在内的庶民阶层只需要在日常事务中能够省察内心以自正,也可以成为圣贤。对士人阶层而言,这意味着在伦理政治空间之外的日常事务也具有价值和意义,个体只需要顺应本心做出行动,日常生活的经营也属于致良知的实践,并非纯粹的闲暇消遣,具有和伦理政治空间的实践相等同的地位,为社会空间分化出独立的日常空间提供了思想论证。

其二,在王阳明的心学体系中,个人修身养性的唯一途径是锤炼心体。王阳明称之为"明的工夫","然学者却须先有个明的工夫。学者惟患

[①] (明)王守仁:《答顾东桥书》,《阳明先生集要》,第202页。

此心之未能明，不患事变之不能尽"①。人们只需要通过返诸自身的克己工夫使内心恢复澄明，就可以妥善应对不同事务。王阳明认为天理必然内在于自身，不在本心之外存在，因此尽管他设计了"明的工夫"作为锤炼心体的方法，继续延续儒家思想的修身养性的传统，然而一方面，澄明心体得以有效的前提是每个人天然具有本心，因此人们只需要通过澄明心体的克己工夫祛除遮蔽本心的私欲即可以回归本心；另一方面，澄明内心作为儒家的修身养性的克己工夫，和儒学先贤的修身工夫一样，均以天理作为依据标准，而在王学体系中天理又和本心相同一，可以看出澄明内心的克己工夫的依据标准是个体自身的内在尺度。可以看到，澄明内心的工夫论的有效前提和依据标准均需要返回个体自身，以内在尺度作为根基。这意味着士人阶层进行修身养性的标准将一定程度上由自我所确定，虽然祛除私欲得到王阳明着重强调，然而究竟何种类别和何种程度的欲望需要被祛除，则需要立足于自我本然存在的心体做出判断。尽管王阳明设定了本心具有恒常性和共同性的性质，即本心的特性恒常一致并被所有人所天生具有，但是本心的这种形而上特质需要人们植根自身而体悟，将不可避免地在具体操作过程中导致对私欲的理解各异。这种对私欲划分的差异性理解，展现在士人阶层的行动中的结果将是严格的纲常伦理体系之外的诉求得到自我认可和保留。例如，晚明士人阶层往往沉溺于各种癖好，并引以为荣。"人无癖不与可交，以其无深情也；人无疵不可与交，以其无真气也。余友祁止祥有书画癖，有鞠躬癖，有鼓钹癖，有鬼戏癖，有梨园癖。"② 他们或沉迷于搜寻各类珍版图书和画作，或沉迷于收集各类古玩和时玩，或沉溺梨园戏曲，在内在尺度成为士人阶层自我规范的唯一标准的情况下，这些物欲往往被自认为一种文化品位而得以保留，成为士人阶层日常空间的构成部分。

王阳明的后继者泰州学派进一步忽略锤炼本心的克己工夫，突出强调具有同一性的天理、本心和良知的现成特性，即几乎无须通过特意的克己

---

① （明）王守仁：《传习录》，《阳明先生集要》，第46~47页。
② （明）张岱：《陶庵梦忆注评》，林邦钧注，上海古籍出版社，2014，第123~124页。

工夫就可以保有本心和良知,并进而得以体悟天理。王艮认为:"天理者,天然自有之理也。良知者,不虑而知,不学而能者也。"① 他进一步强调良知的"不虑而知,不学而能"的特性,主张良知和天理均为所有个体天生所具备,因而无须通过另外一系列的修身养性的工夫以追求良知的境界,只需要遵循现成的本性去行动,就是遵循天理的实践行为。以王艮为代表的泰州学派,将天理阐释为个体无须经历特别的克己工夫就可以具备的本心或良知,进一步强化个体自身内在尺度在判别实践正当性和价值方面的权威,为日常空间的产生进一步奠定了思想基础。

参考王汎森的观点,"可是,到明代后期,人们开始认识到人欲是不可能消除净尽,也不必消除净尽。后天的才、情、人欲、气质原来是人的天性中一个天然的组成部分,也就是说所有这些后天的东西皆有其先天性"②。经过王阳明和泰州学派的不断阐发,天理观念的内转在儒家思想脉络中确立了对个体本性的重视和对个体的内在尺度作为判别标准的认可,个体的情感和欲望因为被视为天性的构成部分而通过自我审查,其合理性在全社会得到认可和接受。同时,这种区别于纲常伦理体系之外的情感和欲望需要在社会空间中得到安置,因而,社会空间从单一的伦理政治空间模式日益分化出以闲适和享乐为特征的日常空间。以万历年代的袁宏道为例,作为文学流派公安派的代表人物,他深受王学左派的影响,推崇植根于本然情性的"性灵",将之视为诗歌创作和文学评鉴的最高原则,参考他的诗学主张,"大都独抒性灵,不拘格套,非从自己胸臆流出,不肯下笔。有时情与境会,顷刻千言,如水东注,令人夺魂"③。叶朗将"性灵"界定为"是指一个人的真实的情感欲望(喜怒哀乐嗜好情欲)"④。袁宏道深受泰州学派思想的影响,认为诗歌的创作建立在不受拘束地表达自我"情感欲望"的基础之上,诗歌的功能并不是对特定社会规范和道德伦

---

① (明)王艮:《王心斋全集》,广文书局,2012,第101页。
② 王汎森:《晚明清初思想十论》,复旦大学出版社,2004,第93页。
③ (明)袁宏道:《叙小修诗》,见《袁宏道集笺校》(上册),上海古籍出版社,2008,第187页。
④ 叶朗:《中国美学史大纲》,上海人民出版社,2014,第346页。

理的注解，诗歌所表达的情感内容和方式不应被局限在古人诗歌创作的构思或用典的惯例之内。值得注意的是，袁宏道重视"情与境会"的意境审美效果，诗人的本真感情和所处环境相融合将是诗歌创作的动力来源之一，触发情感发生、流动并与之相契合的"境"则是一种日常的情境，因为个体只有置身伦理政治空间之外才可能摆脱既有道德规范和诗教传统的约束，真正抒发纯粹的本真性情。袁宏道致力于日常生活的构建，在《瓶史》中写道，"浴之之法：用泉甘而清者，细微浇注，如微雨解酲，清露润甲。不可以手触花，及指尖折剔，亦不可付之庸奴猥婢"①。袁宏道对浇花的水源、技巧和人选均做了精细的规定，例如选择泉水用以浇花，通过泉水和自然的关联性以营造品鉴花的雅兴，而且通过泉水的甘甜和清澈的特性切实提升观赏花卉的审美效果，兼顾了营造雅致的情趣，并且从实用性出发提升感受效果。这种对花卉的养护和欣赏方式紧紧围绕着花卉的特性，聚焦于如何构建雅致和舒适的日常生活，并没有试图将日常生活纳入以提升道德境界为目标的传统儒家伦理生活模式之中，区别于伦理政治空间的日常生活空间得以构建而生成。

三 日常空间的特征：闲适和欲望的二重性

考虑到儒家思想一直作为士人阶层的知识信仰，发生在晚明儒学思想史中的天理观念内转，导致个体的内在尺度成为人们处理生活和社会问题的重要依据，个体的本然情性日益受到重视和认可，在伦理政治空间之外组织日常生活具有正当性。发生在晚明时期的儒学内部的转向，则需要结合晚明社会空间的结构变化予以综合理解。余英时："大体言之，这是儒学的内在动力和社会、政治的变动交互影响的结果。以外缘的影响而论，特别值得注意的是'弃儒就贾'的社会运动和专制皇权恶化所造成的政治僵局。这二者又是互相联系的：前者以财富开拓了民间社会，因而为儒家的社会活动创造了新条件；后者则堵塞了儒家欲凭借朝廷以改革政

---

① （明）袁宏道：《瓶史》，黄永川解析，山东画报出版社，2015，第48~49页。

治的旧途径。这两种力量，一迎一拒，儒学的转向遂成定局。"① 晚明的社会状况发生了深刻的变化，一方面是"大礼议"事件后，政治环境日益恶化，清朝史学家万斯同就将"大礼议"视为明朝国势转衰的折点——"实有明一代升降之会也"②。士人阶层在知识信仰和政治地位上自我确立的皇权合作者的身份定位岌岌可危，士人群体不再将伦理政治空间视为唯一理应介入的社会空间，王阳明及其后继者的学说顺应时势在思想史维度确立了天理观念的内转，逐渐将本心乃至本然性情确立为自身行动的指引，从而为日常空间的产生创造了条件。另一方面，商人的经济实力和社会地位不断提升，士商阶层之间的双向互动的程度不断加深，不仅出现了个别士人群体为了追求经济利益而从商的"弃儒就贾"的现象，而且一部分商人及其后裔可以凭借经济资本获得士人身份，跨阶层的接触和交流促进了民间社会的物质财富的增加和文化流通的扩大，促成了士人阶层日常空间中的物质和精神二者之间的张力性互动。

在结合晚明的经济、政治局面的基础上梳理了日常空间产生的思想史脉络之后，我们有必要回到美学维度阐述士人阶层的日常空间的特征。以晚明代表性的审美著作《长物志》为例，第四卷《禽鱼》总论：

> 语鸟拂阁以低飞，游鱼排荇而径度，幽人会心，辄令竟日忘倦。顾声音颜色，饮啄态度，远而巢居穴处，眠沙泳浦，戏广浮深；近而穿屋贺厦，知岁司晨，啼春噪晚者，品类不可胜纪。丹林绿水岂令凡俗之品，阑入其中。故必疏其雅洁，可供清玩者数种，令童子爱养饲饲，得其性情，庶几驯鸟雀，狎凫鱼，亦山林之经济也。志禽鱼第四。③

文震亨在关于居室布置的规划中引入禽鱼进行饲养和观赏，意在营造生活情趣和提升生活质量，在审美感受上追求"幽人会心，辄令竟日忘倦"。具体来说，"幽"是文震亨试图构建的居室风格，通过将禽鸟引入居

---

① 余英时：《士商互动与儒学转向——明清社会史与思想史之表现》，载《现代儒学的回顾与展望》，生活·读书·新知三联书店，2012，第189页。
② （清）万斯同：《石园文集》，载《万斯同全集》（第八册），宁波出版社，2013，第251页。
③ （明）文震亨：《长物志校注》，陈植校注，江苏科学技术出版社，1984，第119页。

室设计规划中，营造幽雅的居家生活氛围，以求"会心"，即满足内心的自然情性。这和晚明儒学的天理观念的内转相契合，士人阶层意图顺从自我的内在尺度，将关注点放在营造居室的雅致和提升生活的质量，这正是对日常生活的建构。同时，文震亨设想的审美效果不仅包含了通过塑造清幽的居室氛围以达到满足个人内心体验，而且追求达到"竟日忘倦"的境界，这种境界以摆脱社会性事务带来的烦扰为前提。对士人群体而言，社会性事务以伦理政治空间中的实践活动为主，因此文震亨的日常生活设想并非作为伦理政治空间的附庸，而是试图在伦理政治空间之外构想一种新的社会空间形态。正因如此，以该卷的总论作为考察对象，有助于以此为例展示晚明日常空间的特征。

首先，根据文震亨对居室情境的描绘和概述，日常空间的显著特征是闲适。参照《长物志》所描绘的庭园场景，不同种类的鸣鸟不仅穿越亭台楼阁，而且在不同时段循习鸣叫，池鱼自行排列有序畅游，孩童在喂养、观赏禽鱼的过程中培育性情，这是将禽鱼的声音、动态以及人的情感活动相融合的居室情境。这种居室情境具有清幽和雅洁的特色，不仅顺从内心性情的抒发，而且又为人们提供了摆脱世俗事务的场所，因此这是一种兼具自然生机和性灵情怀的风格，因而可以用"闲适"予以概述。构建展现雅致品位的生活情境一直是士人阶层的文化主流，尤其贯穿于历代园林的设计和建造历史中，而晚明时代营构闲适的日常生活又和士人阶层对待政治的立场变化相关联。文震亨在描述中明确提到了"竟日忘倦"是其所追求的审美感受，意图将世间的事务隔绝在闲适的日常生活之外，为士人阶层提供一个和世俗事务无关的生活场所，从而避开政治领域的声望变化和名位得失引起的烦扰，雅致生活方式只需要顺应个人的本然心性即可，无须严格遵循传统儒家对居室等级的规范。同时，细观文震亨对禽鸟活动和相关联的庭园的树木和水源的描绘，其以"雅洁"予以形容，立足点在于禽鸟的自然情性和生命活力，人们置身于这种生活情境中所获得的内心满足和性情培育，也是指体验感受而言，并没有引申至道德领域做进一步升华，也没有从情境出发抒发政治抱负和入世情志。相似的情况同样出现在袁宏道《瓶史》所描述的赏花情境中。"茗赏者上也，谭赏者次也；酒赏者下也。若夫内酒越茶及一切庸秽凡俗之语，此花神之深恶痛斥者，宁闭口枯坐，勿遭花恼可也。夫赏花有地有时，不得其时，而漫然命客，皆为唐突。"① 袁宏道描述了三种赏花情境并予以对比，按照从雅正到庸俗顺序对三种赏花场景依次进行了排列：喝茶、谈话、喝酒，以喝茶为最适宜的赏花情境，因为在中国文化传统中茶和花均具有雅致、逸远的文化符号属性，可以看出袁宏道对日常生活空间的塑造风格同样具有闲适的特征。与此同时，与文震亨对闲适的居室情境的构建逻辑相似，袁宏道以"花神"比拟花的性情，将其视为赏花情境的核心要素，将个体以花卉作为审美对象的过程中的体验感受作为赏花情境是否雅致的判别标准，并没有将个体的感官经验升华为道德觉悟或政治进取的决心，可以看出日常空间和伦理政治空间在一定程度上保持距离。陈继儒同样认为："人言天不禁人富贵，而禁人清闲，人自不闲耳。若能随遇而安，不图将来，不追既往，不蔽目前，何不清闲之有？"② 简言之，晚明士人阶层意在将日常空间塑造为以闲适为主要特征，并与伦理政治空间相分离的社会空间。

其次，透过文震亨以构筑幽深、雅致的情境风格为目标的构建方案，可以发现隐匿在闲适之下的欲望诉求，这是晚明日常空间的第二个特征。相比于商人或权贵阶层对穷奢极欲生活的追求，晚明士人对于欲望的渴求往往隐匿于闲适和雅致的审美趣味中，并不会直白地予以呈现，因而容易被研究者所忽视。陈宝良就认为："明代士人尚物，所取者不是耳目之娱，意趣之适，而在于其德。"③ 但是细致考察士人群体的审美生活，我们会发现欲望的逻辑隐藏在自我宣称的追雅、崇德的外在特征之中，并没有止步于淡逸的限度。继续以文震亨的居室设计方案为例，足以支撑和容纳达到这种规模的场景设计的场所显然并非寻常民宅，从住宅的内部层次而言，住宅内部需要包含庭院、楼阁、亭榭等多样化、各有用途的建筑，而不能建造为千篇一律的房舍，只有在多样化风格的建筑之间，鸟的飞翔才能产生掠过"拂阁"的空间视觉效果；从住宅的面积而言，文震亨列举了燕

---

① （明）袁宏道：《瓶史》，第71页。
② （明）陈继儒：《小窗幽记》，成敏评注，中华书局，2013，第72页。
③ 陈宝良：《明代士大夫的精神世界》，北京师范大学出版社，2017，第429页。

雀、黄鹂、乌鸦等诸种禽鸟，并对它们在巢居和活动两种时段的姿态和声音进行了审美观照，因此住宅必须具有广阔的面积，为诸种禽鸟的筑巢和活动提供足够的范围，而且只有在足够广阔、空旷的范围中诸种禽鸟的不同发声才得以辨明，从而产生听觉审美效果；最后从住宅的内部布局而言，文震亨明确写到需要具备"丹林绿水"，即需要种植树木、建设水池，不仅为禽鸟和鱼类提供原生态的生活场所，而非将禽鱼当作圈养的玩物，而且为人们休憩放松提供近似大自然的场所。综合上述三个方面，满足文震亨的情境构想的只能是大型世家园林。与此同时，为了满足感官享受，禽鸟和鱼类的品种和数量需要达到一定的要求，而且还需要置放"清玩者数种"以营造雅致洁净的情趣，可以看出文震亨在营造闲适的日常空间的同时，也在设计一种追求物质享受的生活方式，以极力满足个体自身的欲望享受为追求目标，从而营造"欲望和审美的交融"[1]的效果。试将文震亨的审美追求和宋代文人做对比，参见欧阳修评赏奇石所论，"夫物之奇者，弃没于幽远，则可惜，置之耳目，则爱者不免取之而去。嗟夫！刘金者虽不足道，然亦可谓雄勇之士，其平生志意岂不伟哉？及其后世，荒堙零落，至于子孙泯没而无闻，况欲长有此石乎？用此可为富贵者之戒"[2]。欧阳修结合奇石的曾经拥有者的生平遭遇和家族命运的变化，以鉴赏奇石的名义，从历史视野出发反观自身遭遇，一方面羡慕刘金有机会在社会空间践行政治理想，另一方面则自省不能将赏物的雅好发展为穷奢极欲的生活。换言之，欧阳修的赏物逻辑是将物作为中介，通过物所负载的历史抒发人生际遇的感受和进行道德自省，将赏物限制在伦理政治空间的视域。而晚明士人则恰恰相反，立足物性进行精益求精的设计，最大限度地满足自身的享乐欲望，而宋代士人在赏物过程中对政治际遇和道德反思的思考，则被隔绝在晚明士人的日常生活空间之外。

综合来看，晚明士人阶层的日常空间呈现出闲适和欲望两种特征，前者是士人阶层试图构建日常空间的风格，而后者则作为结果内在于具体的

---

[1] 朱忠元等：《中国审美意识通史：明代卷》，人民出版社，2017，第429页。
[2] （宋）欧阳修：《菱溪石记》，见《欧阳修集编年笺注》（三），李之亮笺注，巴蜀书社，2007，第94～95页。

构建策略之中,这正是晚明士人阶层日常生活的独特之处。闲适和欲望之间的相互结合和相互作用,实质上构成了一种和政治相疏离的背景下的雅致式奢华生活,这是中国美学史上一种新颖的闲适观念。妥建清:"由此看来,晚明士人以华为美的'去崇高化'的审美趣味的播散,不但表现出怪诞化的颓废审美风格,而且已然反动儒家'温柔敦厚'的审美风格特征,致使晚明宰制的儒家文化约束机制日趋弱化甚至濒于失效的境地。"① 妥建清的论述凸显晚明士人阶层的审美趣味的"去崇高化"特点,士人阶层在日常空间的审美活动中倾向追求华美的审美设计和奢侈的欲望享受,削弱了日常生活和伦理政治空间的联系,这意味着传统儒家建立在纲常伦理体系基础上的道德观念和政治信仰在士人群体中失去了独尊地位。但是,晚明士人对日常空间的打造又并非完全背离了儒家思想,可以从两个角度予以阐明。其一,从士人阶层的审美品位看,晚明士人的审美主流并没有完全表现为怪诞化或者奢华式的风格,《长物志》《瓶史》等著作意在确立以闲适为首要特征的审美风格,试图重新定位明清士人阶层的标志性审美趣味,以此回应社会地位不断上升的商人阶层对文化话语权的争夺,对奢华的追求作为社会无意识渗透在士人阶层对日常生活的构建方式中,对欲望的追求却并非士人阶层进行审美活动的主要意图,然而却最终成为士人阶层审美活动的结果。其二,儒学内部在晚明时期也发生了天理观念内转的变动,阳明心学主导的儒学发生了从以外在的天理为标准的约束机制向以本心为准绳的引导机制的转变,即士人阶层遵循自我的本心行动即可,无须遵循程朱理学的路径以烦琐的道德训导和行为规范约束自我。另外,日常空间同样可以成为体悟天道的场所,参见成书于万历年间的《菜根谭》:"满室清风满几月,坐中物物见天心。一溪流水一山云,行处时时观妙道。"② 置身于闲适的生活状态中,人们只需要顺应本心,保有本真情性,也可以在日常空间中得以体悟天道,这正是儒家王学学派以本心为标准的引导机制的体现。

---

① 妥建清:《论晚明士人的颓废生活审美风格——以晚明士人任侠生活为中心》,《人文杂志》2013年第5期。
② (明)洪应明:《菜根谭》,天津古籍出版社,2003,第228~229页。

结　论

晚明士人群体对日常空间的开拓，通过王阳明及其后继者将个体内在尺度确立为思想和行动的判别尺度而获得思想意识形态的合法性，日常空间和伦理政治空间相分离，具有闲适和欲望的二重性特征，士人阶层意图通过将居室生活构建为以闲适为特征的日常空间，而在对闲适的审美构建过程中，以物性为依据打造了奢华的居室陈设和布置，满足了士人阶层的享乐欲望，形成了雅致式的奢华生活。简言之，"大礼议"事件之后，儒学思想转向和审美思潮变动之间的结合，促成了晚明士人群体日常空间的生成和张力性结构的特征。

《小戏骨：红楼梦之刘姥姥进大观园》影视改编成功因素试探

李辰辰[*]

摘 要 《小戏骨：红楼梦之刘姥姥进大观园》是潘礼平导演根据曹雪芹小说《红楼梦》及1987年《红楼梦》影视版改编而成的古装剧。本文从以小见大、写实为主的结构层面，顺应时代致敬经典、宣扬人性美和传统文化精神的内容层面和儿童主演、演员与角色合二为一的表演形式层面，对《小戏骨红楼梦》进行影视改编成功因素的尝试探讨分析，并试图从更深层次引发人们对资本市场操控下消费儿童、过早引发儿童成人化现象的冷静思考。

关键词 《小戏骨：红楼梦之刘姥姥进大观园》 影视改编 成功因素

《小戏骨》是导演潘礼平所执导的系列影视，是针对艺术成就、思想价值、人物刻画等各方面都堪称经典的影视剧进行浓缩、改缩而成的系列剧目，代表作有《小戏骨：白蛇传》《小戏骨：放开那三国》。该创作团队以复刻经典作品为主张、向经典致敬为目标，以十岁多的孩童为主要剧中表演人员，并力图用与原著人物"形神皆似"的儿童主演，追求再现经典。

---

[*] 李辰辰，女，安徽合肥人，中国艺术研究院研究生院博士研究生，主要从事红楼梦和中国古代小说方面的研究。

《小戏骨：红楼梦之刘姥姥进大观园》（以下简称《小戏骨红楼梦》）是根据曹雪芹小说《红楼梦》及1987年《红楼梦》影视版改编而成的古装剧。该剧由潘礼平团队执导，罗熙怡、释小松、周漾玥、钟熠璠、郭飞歌、陶冰蓝、钟奕儿等小演员主演，于2017年10月1日在湖南卫视首播。本文拟从结构、内容和表演形式三个方面对《小戏骨红楼梦》的影视改编成功因素进行分析。

一　结构：以小见大，写实为主

（一）主线明晰，线索清晰

不同于依据全本120回《红楼梦》书目改编的鸿篇巨制影视剧，《小戏骨红楼梦》这部剧仅以刘姥姥的视野为剧情推动点，全剧主线明晰，线索清晰。潘礼平以刘姥姥三进大观园这个内视角为剧情切入点，从刘姥姥的视角，展开了对荣国府、大观园的全景式描写，凸现了凤姐、贾母等主要人物的性格和封建大家庭由盛及衰的转化过程。

论起《红楼梦》那极高的艺术成就，首先不能忽略它在形式方面"草蛇灰线、伏脉千里"的网状结构，"太虚幻境是梦中之梦、幻中之幻"，"大观园便是太虚幻境的人间投影。这两个世界本来就是叠合的"。[①]《红楼梦》这部书以"假作真时真亦假，无为有处有还无"的天上世界——太虚幻境，对应折射"天上人间诸景备"人间世界中的大观园，在此基础上，曹雪芹又将人间世界分为大观园外的世界和大观园内的世界，分别从太虚幻境、大观园、大观园外的世界三个世界层次展开叙述。

而在这三个世界里，大观园则是重中之重，贯穿全书。《小戏骨红楼梦》影视改编的成功之处首先便应归功于此：以小见大，写实为主；主次分明，线索明晰。潘礼平导演以大观园里为故事发生地点，以刘姥姥为叙事视角，以时间的发展推进剧情，删去了女娲补天、幻珠仙草和神瑛侍

---

① 余英时：《〈红楼梦〉的两个世界》，胡文彬、周雷编《海外红学论集》，上海古籍出版社，1982，第33页。

者、一道一僧等天上世界"太虚幻境"的故事，保留了《红楼梦》中脍炙人口的宝黛共读西厢、元春省亲、黛玉葬花、宝玉挨打、螃蟹宴赏菊作诗等发生在大观园内的经典情节，同时利用回忆性的剪贴拍摄手法，穿插了书中的一些经典判词、曲目和诗词。这样的结构改编既抓住了原著作者在创作方面的主要意图，又删去了书中象征梦幻意味极重、难以理解的部分，如书中借太虚幻境世界层面传达的"情"与"淫"、"真"与"假"的对立，用接地气的农村妇女刘姥姥的视角将艺术创作者（导演）自身从叙述层面隐退，以刘姥姥的视角为切入点，从她的亲身经历中，见证贾府从极度繁华到最后衰落的过程，着重呈现的是大观园中的欢声笑语、鸟语花香，以"喜悦"和"热闹"奠定全剧的感情基调，删去了原著中贾府衰落、大观园中众女子悲惨命运结尾的凄凉、冷清基调。这样的影视改编比原著更贴近群众生活，为全书营造了一个偏于写实的艺术氛围，更易于广大观众接受和理解，更有益于这部影视在当今新媒体背景下的口碑营造和迅速传播。

（二）剧情集中、剧集简短

"艺术这种社会事物是一种相对于物质关系的社会意识形态；是建立在一定经济基础之上，并从根本上说是为经济基础所决定的上层建筑，它反映经济基础，也反作用于经济基础"[①]，诚然，电视剧这门艺术种类也逃脱不了被资本控制的窠臼。当今市场上的电视剧基本难以见到三十集以下的，动辄四五十集，甚至八九十集。投资方或制片方为了获取更高的经济效益，或者为了提携带资入组的某些"新人"明星，在拍摄上剧情大量注水、影响主线发展，电视台为了提高收视率，随意剪辑、乱插广告，将本可以三四十集播完的电视剧延长至五六十集，这种种操作行为大大影响了电视剧的内容品质。

《红楼梦》这么一部宏大巨著，人物 400 多人，粗略计算，"书中主子

---

① 王宏建：《艺术概论》，文化艺术出版社，2010，第 18 页。

和半主子有 80 人左右"①，不论对哪个编剧导演来说，改编都是极其复杂、极具挑战性的任务。2010 年李少红执导的新版《红楼梦》以新注本 120 回《红楼梦》为改编依据，大致是将书中的两个回目拍摄为一集，虽然在内容选择上有所取舍，但仍总共拍摄出 50 集的巨制，每集不下于 45 分钟。哪怕最为经典的影视剧 87 版《红楼梦》也有 36 集，每集均在四十分钟左右；而《小戏骨红楼梦》的导演潘礼平便巧妙地吸取新《红楼梦》拍摄剧集过长、琐碎剧情过多等经验教训，将剧情集中在刘姥姥进大观园这一条主线上，重点展示主要人物和活动，删去书中的一些次要人物的出场，节奏紧凑，总共 9 集便完成了重新翻拍，并且每集时间并不长，20 分钟至 30 分钟不等，故事内容丰富又条理清晰，也避免了观众在观看冗长剧情下产生厌倦、弃剧心理。从观众回馈的观看效果和好评来看，剧情集中、剧集简短的拍摄形式不仅更符合当今社会发展快速、信息碎片化、文化快餐化的特点，而且给如今电视剧市场注水严重、观众耐心和宽容度降低、电视剧拍摄亟须改革以侧面警示。

二　内容：顺应时代致敬经典，宣扬人性美和传统文化精神

2017 年恰逢 87 版《红楼梦》播出 30 周年，《小戏骨红楼梦》开篇便以"根据《红楼梦》小说改编，向 87 版电视剧《红楼梦》致敬"的提法，表明自己向经典的致敬之意和学习模仿经典的编剧态度。《小戏骨红楼梦》无论是从剧中外部层次的音乐配乐、场景环境、服装配饰，还是内在层次的人物动作、语言对白等，都是以 87 版《红楼梦》为模仿对象。从这个角度来说《小戏骨红楼梦》顺应了当今时代潮流，以致敬经典为目标，用经典剧目推动了中国优秀传统文化的传播，促进了华夏子民对中华文化精神内涵的深入把握。

《小戏骨红楼梦》这部剧仅以刘姥姥三进大观园为主线：初进荣国府——穷人走进权贵之家、得到救济，彰显人性之美与善；二进荣国府

---

① 冯其庸：《论红楼梦思想》，商务印书馆，2014，第 191 页。

府——为大观园众人打开新世界，欢声笑语、饮酒赏花中推动剧中人物性格塑造、故事发展；三进贾府——贾府落魄，揭露众人悲惨结局，刘姥姥报恩解救巧姐。剧本借由刘姥姥呈现贾府由兴至衰的全过程，进而传达影视版《小戏骨红楼梦》所蕴含的人性美和传统文化精神。

潘礼平导演曾公开表示，《小戏骨红楼梦》的初衷是传播经典，让当代的青少年儿童了解传统经典、学习优秀文化。因此《小戏骨红楼梦》在拍摄中只保留了黛玉葬花、宝玉挨打等经典情节，删去了宝黛钗三人的感情纠葛，至关重要的黛玉之死也仅仅设置为黛玉因病咯血而逝，将原著《红楼梦》中"黛死钗嫁"的鲜明悲剧对比删去，虽大大削弱了艺术效果，但更准确地把握了对青少年真善美的价值观输出。导演和编剧更是大刀阔斧地删去了秦可卿淫丧天香楼、可卿出殡；王熙凤毒设相思局、弄权铁槛寺；贾瑞正照风月宝镜等儿童不宜的情节，甚至有些"风流"人物如尤氏姐妹、贾珍等压根没有给予出场机会，改编拍摄仅以传播优秀文化和文明思想为目标。

这种全新的微型翻拍立足于当今社会和时代，导演恰到好处地把握了国家层面输出文化经典的想法，以宣扬人性美和传统优秀文化精神为拍摄主线，如此，剧作在最初的审核、前期宣传和推广上，乃至在口碑打分上亦有所助力。事实情况也正是如此，《小戏骨红楼梦》播出之前已是吸引了足够的关注量，可谓"未播先热"，播出后更是好评如潮，不可否认《红楼梦》这部巨著本身带来的大流量，但媒体、报刊等的前期营销作用亦不可小觑。

三 表演形式：儿童主演，演员与角色合二为一

潘礼平执导的《小戏骨》系列，自 2015 年 12 月播出以来，一共有十几部剧作面世，但并不是每部剧都能成为爆款，如《小戏骨：焦裕禄》《小戏骨：刘三姐》便因改编内容选材等因素，并未引起观众的兴趣，可见哪怕都是致敬经典、顺应潮流的翻拍也并非都可以成为爆款。而《小戏骨红楼梦》除了翻拍的题材内容选择方面顺应了时代社会的大环境背景之

外,更不容忽视的便是它在表演形式上的特点:使用儿童演员、力图达到演员与角色合二为一。

《小戏骨》系列剧的演员都是年龄在 6~13 岁的儿童,在全国首创了以"儿童演成人剧"的表演形式。而让儿童去表演成人的行为方式等,这从本质上来说是儿童对成人的一种摹仿。恰如亚里士多德所说"人从孩提的时候起就有摹仿的本能(人和禽兽的分别之一,就在于人最善于摹仿,他们最初的知识就是从摹仿得来的),人对于摹仿的作品总是感到快感"①,人从出生开始,便带有人性中最原始的摹仿学习的能力,而儿童这一特殊人群因为涉世未深、原始天性保留较好、可塑性极强,让他们进行一段时间摹仿学习的强化训练,较成年演员而言更易于成功塑造典型形象,刻画还原经典角色。除此之外,潘礼平团队为达成高度还原 87 版《红楼梦》中各经典人物的目标,在《小戏骨红楼梦》的演员挑选上更是慎重再三,以人的天生气质、生理特征等为选拔标准,为每个儿童演员选择符合自身特点的人物,使儿童演员与其所扮演的角色"形神皆似",避免出现"肥黛玉、瘦宝钗"等贻笑大方的情形。

正如斯坦尼斯拉夫斯基主张的"演员表演的表现力不仅取决于对角色内容理解的深度,而且也取决于演员用以体现这种内容的形体器官训练的程度"②,首先潘礼平按照小演员们天生的气质特点为他们选择合适的扮演角色,再通过一段时间的集中学习训练,让小演员们熟悉角色、在特定的情景扮演中加深小演员对他所饰演角色的理解,并逐步开始引导他们在角色扮演中融入自己的生活体验、认知感受、情感抒发、思考理解等,逐渐完成演员到角色的"移情",最终达到演员与角色融为一体的目的。

剧组在拍摄中也真正做到了"向经典 87 版《红楼梦》致敬",邀请了 87 版《红楼梦》中的演员、音乐作曲、服装设计等专业人士进行技术指导,如 87 版中的宝玉扮演者欧阳奋强便莅临现场,这位在剧中与宝钗、黛玉等众多人物有过对手戏的主角,不仅熟练地把握了宝玉这个主要人物的

---

① 〔古希腊〕亚里士多德:《诗学》,罗念生译,人民文学出版社,1962,第 11 页。
② 〔苏〕斯坦尼斯拉夫斯基:《演员的自我修养》(第二部),郑雪莱译,中国电影出版社,2006,第 2 页。

角色扮演，更给予《小戏骨红楼梦》中小演员们以最贴近 87 版《红楼梦》的经验指导，使小演员们更加熟悉角色、熟练演技，力图让小演员们通过摹仿再现经典角色的神韵。这些都是《小戏骨红楼梦》成功的精髓所在。

更有学者指出，小戏骨系列剧正是通过"微型演员、微时长、微变动的多方位策略实现创新，满足观众的趋奇心理"等"微"策略打开了成功之门。[①] 我们承认《小戏骨红楼梦》在拍摄中使用儿童演员、剧情集中、剧集简短等方面的成功，但是，与此同时，我们也不能忽略《小戏骨红楼梦》爆红之下所反映出来的一些早已存在的社会问题。动用尚未成年的儿童演员、过早让儿童进入资本市场，消费儿童使其成为流量，便是最有争议的一个问题。谢秋认为"从角色的选择到播出及产生的节目效果而言均存在儿童成人化的问题，也不可避免地具有娱乐化、商业化的倾向，值得我们冷静下来认真思考"[②]。

其实不只是小戏骨动用儿童演员进行影视改编，如今市场大热的《爸爸去哪儿》《爸爸回来了》《妈妈是超人》等亲子综艺节目也正是资本操控下消费儿童的典型代表，过早引发儿童成人化、社会化、商业化的趋向，对儿童身心健康发展是否有益暂且不论，儿童成为热门流量能持续多久，资本运转退出消费儿童的市场后影视界又该何去何从，可能是更值得我们思考的一个问题。

[①] 熊恺妮、刘诚：《翻拍剧〈小戏骨白蛇传〉的"微"策略研究》，《西部广播电视》2017 年第 14 期。

[②] 谢秋：《对"小戏骨"热的冷思考——以〈小戏骨：红楼梦〉为例》，《太原学院学报》（社会科学版）2018 年第 5 期。

◎ 语言文字学

敦煌文献佛教文化语词考释[*]

赵家栋[**]

摘　要　结合敦煌写本原卷影印资料、中土文献和佛经材料，运用训诂学、音韵学及汉语俗字研究的最新成果，从汉语词汇史和佛教义理二维视角对敦煌文献中佛教文化语词"傍行檀""过索""练心"等做了尝试性的延证考释，以便学术界更好地释读敦煌文献并进行相关研究。

关键词　敦煌文献　佛教文化　语词

　　对敦煌文献疑难字词的考释，前辈学者已经做出了巨大的成绩，但仍然有很大一部分语词处于"阙如"状态，又鉴于敦煌文献中十之八九是佛教文献，而一些非佛教文献其内容往往与佛教存在千丝万缕的联系，敦煌文献中存在大量佛教文化语词。这里笔者不揣浅陋，试结合佛典及中土传世文献用例，并运用传统训诂理论和汉字俗字知识，从汉语词汇史和佛教义理二维视角入手，对敦煌文献中佛教文化语词"傍行檀""过索""练心"等做了尝试性的延证考释，以就教于大方之家。

---

[*] 本文为国家社科基金一般项目"敦煌西域写本文献疑难字词释证及相关理论研究"（编号：18BYY157）及江苏高校优势学科建设工程资助项目（PAPD）的阶段性成果。感谢匿名审稿专家提出宝贵的修改意见！

[**] 赵家栋，男，文学博士，南京师范大学文学院副教授。主要研究方向为敦煌吐鲁番文献语言。

【傍行檀】

《大目乾连冥间救母变文》："贫道慈母傍行檀，魂魄飘流冥路间。"（《校注》：1028①）

按：项楚云："傍行檀，俟考。"② 曾良认为"傍"有背、逆义，"傍行檀"言背弃行檀施③。曾良指出"檀"为梵语音译，汉言曰施，梵汉合举曰檀施，甚是。然释"傍"为"背弃"义，似有商榷之处。今谓"傍行檀"当校读为"妨行檀"。傍，《广韵》有"步光切""蒲浪切"，为并母平声唐韵或去声宕韵；妨，《广韵》有"敷方切""敷亮切"，为敷母平声阳韵或去声漾韵。敷、并皆为唇音，仅有清浊之别，又唐五代西北方音阳唐已经合流，故傍、妨可得相借。"妨行檀"就是妨碍行布施，佛典中习见"妨行道""妨行施"用例。刘宋·佛陀什共竺道生等译《五分律》卷十四："尔时诸比丘尼如法集僧时，有比丘尼不即往，诸比丘尼待之以妨行道。诸长老比丘尼种种呵责，乃至今为诸比丘尼结戒，亦如上说。"（T22/97b④）诃梨跋摩造、姚秦·鸠摩罗什译《成实论》卷十四："若多疾病，则妨行道。精进者，为求道故常勤精进，如攒燧不息则疾得火。"（T32/354c）隋·慧远述《涅槃义记》卷五："第四段中明由分别妨行施业，是以呵言如是痴人，竟未能知，寻便命终，合中初言菩萨亦尔合初人也。若行施时第二段，分别受等合第三段，终不能下合第四段，于中还三：一由分别不能行施；二不行施故不具檀度；三不具檀故不得菩提。"（T37/753b）

变文中目连出远门求法，而让其母代为施舍财物，而其母起悭吝之心未作檀施，即妨碍了目连行檀施，故遭业报在冥间地狱受苦。准此，文意顺洽。

---

① 黄征、张涌泉：《敦煌变文校注》，中华书局，1997，第 1028 页。下文标注同。
② 项楚：《敦煌变文选注》，中华书局，2006，第 674 页。
③ 曾良：《敦煌文献字词通释》，厦门大学出版社，2001，第 166 页。
④ 本文所引佛典文献标注格式为"T"指《大正新修大藏经》（台湾"中华佛典协会"及法鼓山佛院著，2008 年）、"X"指《卍新纂续藏经》（同前），"/"前后的数字分别表示册数和页数，a、b、c 分别表示上中下栏。下同。

【过索】

《金刚般若波罗蜜经讲经文》:"如来向说过索云,被人计一合相。"(校注:634)

按:"过索"一词,黄征将其列入敦煌变文字义新待质录[1]。今谓"如来向说过索云"指如来所说几种违制索取衣服事,此事见于唐·义净译《根本说一切有部苾刍尼毗奈耶》第三部(卷七、卷八及卷九)三十三舍堕事,其中"有长衣不分别学处第一""离五衣学处第二""一月衣学处第三""与非亲苾刍浣故衣学处第四""从非亲苾刍取衣学处第五""从非亲居士乞衣学处第六""过量乞衣学处第七""知俗人共许与衣就乞学处第八""知俗人别许与衣就乞学处第九""过限索衣学处第十"等十事即佛如来说过索衣诸事。"过索衣"指违反一定制度而索取或接受布施的衣服。佛说"索时得恶作,得时犯舍堕",即违反戒律,由此罪堕落于地狱,即"尼萨祇波逸底迦"。关于"过索衣"事又见刘宋·佛陀什等译《五分戒本》,唐义净译《根本说一切有部毗奈耶》,尊者胜友集、义净译《根本萨婆多部律摄》等佛教经律。

又"被人计一合相"当读为"彼人计一合相",指佛所说凡夫之人偏计世界实有。元魏·菩提流支译《金刚般若波罗蜜经》云:"须菩提言:'彼微尘众甚多。世尊!何以故?若是微尘众实有者,佛则不说是微尘众。何以故?佛说微尘众,则非微尘众,是故佛说微尘众。世尊!如来所说三千大千世界,则非世界,是故佛说三千大千世界。何以故?若世界实有者,则是一合相。如来说一合相,则非一合相,是故佛说一合相。'佛言:'须菩提!一合相者,则是不可说,但凡夫之人,贪着其事。何以故?须菩提!若人如是言:"佛说我见、人见、众生见、寿者见。"须菩提!于意云何?是人所说,为正语不?'"(T08/756c)此则文字又见于姚秦·鸠摩罗什译《金刚般若波罗蜜经》(T08/752b)。

---

[1] 黄征:《〈变文字义待质录〉考辨》,《中古近代汉语研究》第一辑,上海教育出版社,2000,第223页。

【夹㐆心】

P.3056 + P.4895《佛家诗曲集》之《僧诗十三首》之五"佛坐道场时":"声闻夹㐆心,止使为无作。已有二心生,迷中见去住。"

按:"夹㐆心"之"㐆",边卫刚《敦煌佛曲集残卷校注》云:"此字不能识别,有待于进一步考证。"① "夹㐆心"当校读为"狭劣心","夹"为"狭"之省简文,"㐆"为"劣"字手书讹变。声闻,梵语作 Śrāvaka,音译作舍罗婆迦,指佛之小乘法中弟子闻佛之声教,悟四谛之理,断见思之惑,而入于涅槃者也,是为佛道中之最下根。大乘佛教常视小乘佛教为下劣乘,隋·智者大师说、灌顶记《摩诃止观》卷五上:"设厌世者,玩下劣乘,攀附枝叶,狗狎作务,敬猕猴为帝释,宗瓦砾是明珠,此黑暗人,岂可论道?"(T46/49a)隋·吉藏撰《胜鬘宝窟》卷上:"声闻者,下根从教立名,声者教也。"(T37/25b)隋·慧远撰《大乘义章》卷一:"声闻藏法,狭劣名小,未穷名半。菩萨藏法,宽广名大,圆极名满。"(T44/466c)小乘佛教追求自我小涅槃,自度不度他,大乘佛教视此为"狭劣心",元魏·佛陀扇多译《大宝积经》卷九十九:"譬如人至海,而取一文钱。我见诸声闻,所行亦如是。至大法海已,舍大乘宝聚,而起狭劣心。……如人求一钱,声闻亦如是。不求真解脱,而取小涅槃。若起狭劣心,自度不度他。犹如小医师,唯自治己身。""狭劣心"与大乘的"菩提心"相对,"菩提心"追求普度众生,元魏·菩提流支译《大萨遮尼干子所说经》卷一:"尔时世尊欲说此法,告诸大众:'诸善男子!若有善男子、善女人等,毕竟成就十二法者,乃能发于阿耨多罗三藐三菩提心。何等十二?一者,自性信大乘法,为离小乘狭劣心故,发菩提心;……十二者,具法行力,为能成就诸功德故,发菩提心。善男子!是名十二妙法。若善男子、善女人成就此十二法者,乃能发于阿耨多罗三藐三菩提心。'"(T09/320a)"狭劣"之"狭"本字作"陿",《慧琳音义》卷十三《大宝积经》卷三十八"陿劣,咸甲反。顾野王曰:陿,迫隘不广大也。经文从

---

① 边卫刚:《敦煌佛曲集残卷校注》,硕士学位论文,南京师范大学,2007,第8页。

犬从夹作狭，非也，乃是狭习犬马也，非经意。《说文》正体从自从匚（音方），夹声也。"又《大宝积经》卷九十九："陿劣，咸夹反。迫陿也。从阜从匧，经文从犬作狭，误用也，乃狭习犬马字也，非经义也。"由于小乘佛教被视为下劣乘，故又称"狭劣心"为"下劣心"，唐·玄奘译《大般若波罗蜜多经》卷一百二十六："憍尸迦！是善男子、善女人等超过声闻及独觉地。何以故？解脱一切声闻、独觉下劣心故。"（T05/691b）又同卷："憍尸迦！是善男子、善女人等超过一切声闻、独觉下劣心想，于诸声闻、独觉乘法终不称赞，于一切法无所不知，谓能正知都无所有。"（T05/691c）

【大法砺】

Ф.148《般涅槃经》卷三十九："大王谛听，大王今者是大法桥，是大法砺，是大法秤。"

按："大法砺"之"砺"，曾良云："'砺'指排放在河水中的石墩，人踩石墩而过水。与桥有相同的功用。"① 今谓曾说虽然故训有证，然与佛教思想不合。佛典未见将"法"喻为"河水中石墩"的说法。Ф.148《般涅槃经》卷第三十九这则文字今见于传世藏经，即北凉·昙无谶译《大般涅槃经》卷第三十九（T12/591c），又见于宋代慧严等依泥洹经加之《大般涅槃经》卷第三十五（T12/839c），文字皆同。而北宋·智圆述《涅槃经疏三德指归》卷十九云："经'是大法砺者'，其平如砺故；'是大法称者'，能定轻重故。砺，力制反，磨石也。"（X37/611b）知"砺"读为本字，指砺石。《玉篇·石部》："砺，崦嵫砺石，可磨刀。"《书·禹贡》："砥砺砮丹。"孔传："砥细于砺，皆磨石也。"《山海经·西山经》："崦嵫之山……苕水出焉，而西流注于海，其中多砥砺。"郭璞注："（砥砺），磨石也，精为砥，麤为砺也。"佛教常喻法为砺，因为智慧之砺能砺众生暗钝之心。乞伏秦·释圣坚译《佛说除恐灾患经》："众生顽愚，志性钝浊，今离世尊，安从复得智慧之砺，

---

① 曾良：《敦煌文献字词通释》，第88页。

磨莹钝心。"（T17/552c）宋·释宝云译《佛本行经》第五"游维耶离品第二十三"："众生心暗钝，谁能诣慧砺，砺其暗钝心？"（T04/90b）唐·波罗颇蜜多罗译《般若灯论》："信是莹心神之砥砺，越溟崄之舟舆。"（T30/51b）

【练心】

P.3718《索律公邈真赞并序》："练心八解，克意真风。"（《辑释》：457①）

P.4660《都僧统唐悟真邈真赞并序》："练心入理，克意修持。"（《辑释》：116）

P.4660《金光明寺索法律邈真赞并序》："练心八解，洞晓三空。"（《辑释》：108）

按：杨晓宇《敦煌碑铭赞词语诂解》认为"练心"犹言"修持加强人在某方面的意识"，并举了佛典中的用例，认为"练心"为佛教常用词。② 今谓"练心"为佛教常用词，是。然云"练心"犹言"修持加强人在某方面的意识"，则释义过于笼统且欠准确。今谓"练心"意为使其心远离怯弱杂染。姚秦·竺佛念译《出曜经》卷二十五："自净其意者，心为行本招致罪根，百八重根难解之结缠裹其心，欲怒痴盛憍慢悭嫉种诸尘垢，有此病者则心不净，行人执志自练心意使不乱想，如是不息便成道根，是故说曰'自净其意'也。"（T04/741c）唐·澄观撰《大方广佛华严经疏》卷八："四精进者，练心于法名之为精，精心务达目之为进。"（T35/560b）唐·澄观述《大方广佛华严经随疏演义抄》卷十六："若般若无着论七大性者。……四净心，即精进，由精进练磨令心净故。"（T36/119a）

"练"本指把生丝或织品煮得柔软洁白。《释名·释采帛》："练，烂也，煮使委烂也。"《玉篇·糸部》："练，煮沤也。"《周礼·天官·染

---

① 郑炳林：《敦煌碑铭赞辑释》，甘肃教育出版社，1992，第457页。下文标注同。
② 杨晓宇：《敦煌碑铭赞词语诂解》，《兰州大学学报》（社会科学版）2009年第3期。

人》:"凡染,春暴练,夏纁玄。"郑玄注:"暴练,练其素而暴之。"佛教认为去离不净之心如同练丝一样,使其精熟纯净,故称"练心"。佛教禅修中有"三种禅",第二种为"根本净禅",其中"出世间禅"之四种为"观练熏修"。丁福保《佛学大辞典》"观练熏修"条云:"三种禅中第二出世间禅之四种:一观禅,……二练禅,四禅四空灭尽定之九次第定也。于上之观禅,虽得色无色之八定,而入于此,则有垢滓之间离,今欲纯熟而自初浅至后深,次第而入,中间无有垢滓之间杂,使不次第而为次第,故名次第。亦是练无漏有漏而除诸间秽,故名练禅。"① 又"三种禅"条下云:"练禅者,九次第定也。练为锻练之义,前之观禅,行用未调练,出入之中间,尚杂异念,此禅自浅至深,顺次锻练四禅灭尽定,不杂异念,故名为练。又以无漏锻练有漏,故名为练。俱舍名之为杂修静虑。但彼局于四禅。今为通练八地也。"②

佛教常喻法为砺,因为智慧之砺能砺众生暗钝之心,故又有"练磨心",唐·遇荣集《仁王护国般若经疏法衡抄》卷五:"三练磨心者,陶练磨莹菩提心也,三种练磨心对治三退屈。"(X26/499c)无著菩萨造、南朝陈·真谛译《摄大乘论》卷中"应知入胜相第三":"修道谓能对治一切障故;究竟道中,谓出离障垢最清净故;一切法实唯有识,如说随闻信乐故;如理通达故;能对治一切障故;出离障垢最清净故。云何得入?由善根力持故;由有三相练磨心故;由灭除四处障故。缘法义为境,无间修,恭敬修,奢摩他毗钵舍那,无放逸故,十方世界无数量故,不可数量在人道众生,刹那刹那证得无上菩提,是名第一练磨心;由此正意施等诸波罗蜜必得生长,是我信乐已得坚住。由此正意我修习施等波罗蜜,进得圆满则为不难,是名第二练磨心;若人与众善法相应,后舍命时于一切受生中,可爱富乐自然而成。是人得有碍善此义尚应成,云何我得圆满善及无碍善?一切如意可爱富乐而当不成,是名第三练磨心。"(T31/122c)

上揭邈真赞中的"练心八解"和"练心人理","练心"意为练禅净

---

① 丁福保:《佛学大辞典》,文物出版社,1984。
② 丁福保:《佛学大辞典》,1984。

心,"八解"即"八解脱",丁福保《佛学大辞典》:"八解脱,(名数)又名八背舍,违背三界之烦恼而舍离之,解脱其系缚之八种禅定也。"又云:"八背舍,(名数)新曰八解脱,再加八胜处十一切处,谓之三法,此三法为远离三界贪爱一具之出世间禅也。"① "练心八解"意为练禅净心远离怯弱杂染之心,证得八种禅定。"人理"指做人的道德规范。《庄子·渔父》:"其用于人理也,事亲则慈孝,事君则忠贞。《后汉书·仲长统传》:"夫如此,然后可以用天性,究人理,兴顿废,属断绝。"唐·刘禹锡《天论下》:"倮虫之长,为智最大,能执人理,与天交胜。""练心人理"意为练禅净心远离怯弱杂染之心,遵行做人的道德规范。

佛典中又有"练情绝欲",三国吴·康僧会译《六度集经》卷四之(三八)《太子墓魄经》:"王还治国以正不邪,遂致丰乐。墓魄即自练情绝欲,志进道真遂至得佛,广说景模,拯济众生以至灭度。"(T03/20c) 杨继光认为此"练情绝欲"之"练"为"弃绝;抛弃"义,并指出"练"为"弃绝;抛弃"义是由"练"的"选择;挑选"义引申而来。② 今谓杨说释义近是,然探其词义来源误。"练情"与"练心"相类,其"练"的词义来源也当相同,即由"练"本义"把生丝或织品煮得柔软洁白"比喻引申而来。而这种比喻义则有特定佛教文化内涵。杨文提到"练"的"选择;挑选"义也似由其本义引申而来。

【物异】

Φ156《四分比丘尼戒本》:"若比丘尼,知檀越所为僧施异③,回作余用者,尼萨耆波逸提。若比丘尼,所为施物异,自求为僧,回作余用者,尼萨耆波逸提。若比丘尼,檀越所施为物异,回作余用者,尼萨耆波逸提。若比丘尼,檀越所为施物异,自求为僧,回作余用者,尼萨耆波逸提。"

---

① 丁福保:《佛学大辞典》,1984。
② 杨继光:《佛经词语释义三则》,《古汉语研究》2006年第3期。
③ (宋)元照重定《四分删定比丘尼戒本》引作"物异",是。

按：曾良云："'物异'即珍异之物。"① 今谓"物异"并非珍异之物。Φ156《四分比丘尼戒本》（以下简称《戒本》）见于传世藏经，今见于《大正藏》第22册第1030页，编序号为n1431。佛典中《四分比丘尼戒本》义疏本文献有好几种，主要有宋·元照重定《四分删定比丘尼戒本》（以下简称《删本》）、明·智旭汇辑《重治毗尼事义集要》（以下简称《集要》）及明·弘赞辑《式叉摩那尼戒本》（以下简称《式本》）。关于上揭文字，这些义疏本都有注疏，为正确理解"物异"所指提供了重要信息。下面我们将《四分比丘尼戒本》经文四句逐句分列，将三种义疏内容分别附于其下以便我们更好地比照释读。

《戒本》：若比丘尼，知檀越所为僧施物异，回作余用者，尼萨耆波逸提。

《删本》：檀越施财为僧造说戒堂，诸尼回作五衣。（X40/672b）

《集要》：尼僧露地说戒，居士与作说戒堂物。尼作是念：我曹趣得处，便坐说戒，衣服难得应具五衣。即持物贸衣共分，仍在露地说戒，居士讥嫌。故制。与作衣，用作房，与此处，乃彼处用，同犯。余四众突吉罗。不犯者，问主用，随所处分用，与物时语言随意用。（X40/472c）

《式本》②：谓檀越与财物作堂，而回用作衣服。或与作衣服，而回作堂。或与此处，乃回与彼处用。若问主即随主语用，若主与物时言，随意用得用。（X40/780a）

《戒本》：若此丘尼，所为施物异，自求为僧，回作余用者，尼萨耆波逸提。

《删本》：檀越施财为安隐尼作食，旧住尼以财货衣共分。（X40/672b）

《集要》：舍卫国旧住尼，闻安隐尼欲来，为家家乞求，大得财物

---

① 曾良：《敦煌文献字词通释》，2001，第153页。
② 按，《式本》引《戒本》文字略有简省改动，然文意同。下同。

衣食。至期，彼尼不到，即取此物贸易共分。异时，安隐来，入城乞食，居士问知僧中无食，至旧住所问，知其故，共相讥嫌。故制。求作衣，用作食，求为余处，更为余用，同犯。余四众突吉罗。不犯者，语居士随意用，若居士与物已，语言随意用。下并同。（X40/472c）

《式本》：所为施异者，若为食施，而用作衣。为衣施，而用作食。若为余处，乃更为余处用。自求者，处处求乞也。（X40/780a）

《戒本》：若比丘尼。檀越所施物异。回作余用者。尼萨耆波逸提
《删本》：檀越施财与安隐尼造房，自回作五衣。（X40/672b）
《集要》：有居士问安隐尼："住止乐不？"答言："愦闹不乐。"又问："无别房舍耶？"答言："无。"彼即以舍直与之。尼念作舍多事，衣服难得，以舍直贸衣，居士讥嫌。故制。（X40/472c）

《式本》：若他施物与作舍，而以此物贸作衣，不犯如前，前为僧作堂，此为一二人作舍，或为自也。（X40/780a）

《戒本》：若比丘尼，檀越所为施物异，自求为僧，回作余用，尼萨耆波逸提。
《删本》：众尼求乞房财，后共分作五衣。（X40/672b）
《集要》：众尼为作房，处处索得财物，贸衣共分。故制。（X40/472c）

《式本》：众为作房舍故，处处求得财物，而以财物贸作衣共分。（X40/780a）

通过以上义疏文字的比照释读可知，"物异"本身并不成词，"所为施物""所施物"乃所字结构，"异"为动词，意为"或与此处，乃回与彼处用"。佛教戒律规定为指定用途而化来的布施财物，必须"专款专用"，不得擅自挪为他用，否则即犯"尼萨耆波逸提"。"尼萨耆波逸提"为佛教术语词，巴利文作 Naihsargikapra－cittiya（Naihsargik－prāyahcittika），佛教五篇罪之一。尼萨耆为尽舍，波逸提为堕。此罪聚总关于衣钵等之财

物，故以其所犯之财物，舍于众中而忏悔之，谓之尽舍。若不忏悔，则结堕狱之罪，故曰堕。总有三十种，称为三十舍堕。[①] "若比丘尼/檀越所为施物异"语义切分当为"若/比丘尼/檀越所为施物/异"，整个分句的意思是：如果比丘尼将（檀越）施主为某一指定用处的布施物用作他用。准此，方得"物异"所指之确诂也。

[①] 丁福保：《佛学大辞典》，1984。

道经注疏文献的词汇研究价值[*]

——以《元始无量度人上品妙经四注》为例

刘祖国[**]

提　要　《元始无量度人上品妙经》出现于东晋末年，是灵宝经中最主要的经典。萧齐严东，唐代薛幽栖、李少微、成玄英都曾为《度人经》作注，北宋陈景元集四家之注而成《元始无量度人上品妙经四注》，四家注用语通俗，平实直白，是研究汉语词汇史不可多得的宝贵语料，对汉语词汇研究具有重要的参考价值和独特的现实意义。语言学界对《四注》关注甚少，文章从道教语词、口语词、语词理据、异名同实四个方面对《四注》的词汇研究价值予以分析。训诂学和汉语史都是以历代流传下来的文献语言材料作为依据的，道经注疏是研究汉语史的重要材料，应将汉语史研究与训诂学研究有机结合，充分挖掘道经注疏材料在汉语史研究中的作用。

关键词　《元始无量度人上品妙经四注》　《四注》　道经

《元始无量度人上品妙经》，全称《太上洞玄灵宝无量度人上品妙经》，简称《度人经》，出现于东晋末年，是灵宝经中最主要的经典。明代正统

---

[*]　本文为国家社科基金项目"道经故训材料的发掘与研究"（18BYY156）的阶段性成果，初稿曾在"高邮王学"国际学术研讨会暨中国训诂学研究会 2018 年学术年会（扬州大学，2018 年 11 月）宣读，得到夏国强先生的指教，谨此致谢。

[**]　刘祖国，男，文学博士，山东大学文学院副教授、硕士研究生导师。主要研究方向为汉语史、道教文献整理及语言研究。

《道藏》将其列为首经，号称"万法之宗"。《度人经》最初仅有一卷，宋以前注本皆为一卷本，后来不断被扩充增补，到宋代时已多达六十一卷。据叶贵良先生研究，《度人经》现保存于《正统道藏》，有一卷本、一卷增字本、六十一卷本三个系统。① 萧登福先生认为："至于东晋时原为一卷本，至北宋末扩增为六十一卷，其所扩增的六十卷，则是出于北宋神霄派道士之手。""而北宋末所增的六十卷，皆系道法，为诸种度人经法之科仪，因其晚出，所以较不为近世学者所重，宋元以下的道流注解《度人经》亦不注解第一卷以后的经文。"②

《度人经》的内容包括元始天尊所著、太上大道君所述两类文字。卷一为《度人经》本文，基本保留了东晋葛巢甫所传之原貌，其中元始天尊所著称为"本章"，太上大道君所述称为"序"，"序"又分为"前序""中序""后序"。《度人经》的主要思想是"仙道贵生，无量度人"，带有大乘佛教"自利""他利"的色彩，明显受到了佛教思想的影响。

鉴于《度人经》的崇高地位，萧齐的严东，唐代的薛幽栖、李少微、成玄英等人都曾为《度人经》作注，北宋陈景元集四家之注而成《元始无量度人上品妙经四注》（下文简称《四注》）。日本学者砂山稔研究指出，严东注完成于南齐武帝永明（483~493）年间，李少微、成玄英注先后完成于初唐，薛幽栖注完成于盛唐天宝十三载。③ 本文拟对《四注》在词汇方面的学术价值加以研究。

注释语言多以当时的实际用语解释前代语言，口语性较强，在某种程度上，能够较好地反映不同历史时期语言的真实面貌。《四注》亦是如此，书中不少注解用语通俗，平实直白，是研究汉语词汇史不可多得的宝贵语料。语言学界对《四注》关注甚少，仅叶贵良先生的《敦煌道经写本与词汇研究》（巴蜀书社2007年版）、《敦煌道经词语考释》（巴蜀书社2009年版）在解释词语时有所提及，立足语言角度的专门研究尚付阙如。从词汇

---

① 叶贵良：《敦煌本〈太上洞玄灵宝无量度人上品妙经〉辑校》，四川大学出版社，2012，第7页。
② 萧登福：《正统道藏总目提要》，文津出版社，2011，第3~6页。
③ 〔日〕砂山稔：《〈灵宝度人经〉四注札记》，《世界宗教研究》1984年第2期。

史研究来看，《四注》包含了多方面的词汇信息，限于篇幅，酌举数例，以窥豹一斑。不当之处，敬请方家教正。

（一）道教语词

道经作为一种宗教文献，其中必然包括所必需的行业用语（或曰专门用语、专用词语、社会方言）。"（道教）它的用语在反映当时用语面貌的同时，也有自己的创造，形成了一批道教特有的词汇。从词汇史的角度看，这些用语也是汉语历史词汇的组成部分，它反映了历史上的某个社会方言的词汇面貌。"① 道教创造了很多富有自身特色的语词，体现了道经语料在汉语史研究中所具有的特殊价值。本文所谈的"道教语词"是指与道教教义或道教文化有直接或间接关系的词语，即使有的词语在全民语言中也有出现，只要它们被用来表示"道教意义"（可以是道教教义，也可以是关于道教文化），可以直接相关，少数也可间接相关，那么我们就称其为"道教语词"。②

1. 朱宫

凡诵是经十过，诸天齐到。亿曾万祖，幽魂苦爽，皆即受度，上升朱宫。(3/362a)③

幽栖曰：此言凡诵者，则不限高下之格，是能依法精心诵持十过者。则诸天众圣，降集于房庙，播祖祢之幽魂，及昆宗之苦爽。下离北府，上入南宫。朱宫者，即南宫也。(3/362b)

格皆九年，受化更生，得为贵人。而好学至经，功满德就，皆得神仙，飞升金阙，游宴玉京也。(3/362b)

---

① 周作明：《东晋南朝上清经中的几个道教用词》，《汉语史研究集刊》第6辑，上海教育出版社，2003。
② 刘祖国：《魏晋南北朝道教文献词汇研究》，山东大学出版社，2018，第102页。
③ 本文所采用的《道藏》版本为华夏出版社2004年出版的《中华道藏》，并对照了文物出版社、上海书店、天津古籍出版社1986年联合影印明本《道藏》，标点不当或文字释读有误的地方，予以改正并出脚注说明。若引文在《中华道藏》第10册第829页第1栏，本文用"10/829a"表示，"a、b、c"分别表示"1、2、3"栏。引例中原书正文用宋体，注文用楷体，不同注家释文用〇隔开，以示区别。

幽栖曰：格皆九年者，即九年之格也。谓法三火之数，即三三如九。朱宫是南方，属火。以火炼形，故云三火。九年受其炼化，然后更生贵族。生即便修此经，昔薰习之仍在，万遍之功既满，三千之德复圆，遂超然升度，径得神仙。(3/362b)

按：朱宫，《汉语大词典》（下文简称《大词典》）释为朱红色的宫殿。《楚辞·九歌·河伯》："鱼鳞屋兮龙堂，紫贝阙兮朱宫。"王逸注："朱丹其宫。"这个义项无法解释上面所列三例"朱宫"。在道书中，"朱宫"有特殊的意蕴，指长生之宫。

中古近代道经多见，《太上洞玄灵宝五符序》卷上："南方朱丹三气之天，其气烟如绛云之苞白日，其光如玄玉之映流渊，下有赤泉之泓池，上有长生之朱宫，室有太丹玉女，居于太阳三山之上。"北周《无上秘要》卷二十二《三界宫府品》："朱宫，右在太玄都玉京山，元始灵宝西南天大圣、众至真尊神，无极大道，天皇老人，南极元真君，洞阳大灵，常以月二十四日会于此宫，考校三官九府五岳北酆太山二十四狱罪刑簿目。"卷一百《应变化品》："一诵诸天礼，十转枯骨生。七玄升朱宫，享福入无形。"《太上灵宝诸天内音自然玉字》卷四："地祇奉迎，洞明鬼神，而坐知自然，三十二年则能驾空飞行三界，游乎上清，七祖即得开出长夜，度身朱宫，逍遥无为，衣食自然也。"《灵宝领教济度金书》卷四十八《九朝行道仪》："上超生魄于朱宫，下度死魂于黑府。"杜光庭集《太上黄箓斋仪》卷四十三《士庶消灾五方忏仪》："次乞斋主某家九玄七祖，超度朱宫。五族六亲，列名丹简。千灾不作，百福维新。一切生灵，同臻道荫。"

亦可称"南宫"，道教有"南方主生"之观念①。《四注》："中有度世司马大神。少微曰：南宫又有度世司马，亦有度世大神，并治宫中，长生不死也。"又，"死魂受炼，仙化成人。东曰：南宫者，长生之宫也。度命君治在其中，讳吁员，得入南宫之中"。元陈观吾注《太上洞玄灵宝无量

---

① 本经注释即有"幽栖曰：南方主生，故复有南极主司长生之名简者也"（3/371c）"幽栖曰：北斗者，即斗之第六星，主落其死籍。南斗者，即斗之第五星，主上其生录也"（3/387a）之语。

度人上品妙经注》卷上："盖经中所言朱宫，或言南昌上宫，或言朱陵，或言南宫者，皆离宫也。"《元始五老赤书玉篇真文天书经》卷下："十三者功德之大，上延七祖，解脱三涂，五苦八难，上升天堂，受仙南宫，下流种孙，世世兴隆。"明张宇初注《元始无量度人上品妙经通义》卷一："魂魄升仙，则火炼鬼质，生身受度，则火炼垢秽，故勤行之士，名注仙籍，皆飞神南宫，然后登真，信不难矣。"《道教大辞典》收释"南宫"[1]，但"朱宫"一词失收，当补。

2. 左宫　右宫

> 少微曰：太极左宫有招灵之符，用之亦如延生符也。……有敬信宗奉大法者，言名太极左宫；应死者，言名右宫。（3/378a）

> 少微曰：左主生事，右主死事，有功书左府青簿，有罪书右府黑簿，若罪中涉福，福中涉罪，则不专一曹也。得道奉中宫，有功奏左宫，有罪奏右宫，每到三元八节日，绝灭恶根也。（3/378c）

按：道教文献中，"左宫""右宫"并非简单的左右位置之分，而是有着特定的所指及功能，是两个分管生死祸福的机构。

"左宫"负责生录成仙，如《太上太玄女青三元品戒拔罪妙经》卷上："三官考籍之宵，分配死生，定其贫富，人鬼二路，禽兽万端。合受福者，则当列字左宫，刻名左府。合为鬼为畜者，则当书名右府，刻字右宫。各俟考限之期也。"《正一法文经护国醮海品》："凡醮海神法，常随四时上天日醮之，又以正月十五日、七月十五日、十月十五日，率言上天三宫功过罪福生死简簿，应生者言左宫，应仙者言中宫，应死者言右宫。"《上清元始变化宝真上经九灵太妙龟山玄箓》卷中："黄景中元，三气交真，虚皇四度，炼化玉天，飞芝流溢，陶灌我身，保精固气，总录万神，右契削死，左宫授仙，上禀太虚，五老同轩，变化无方，形造紫晨。"

"右宫"掌管罪簿死籍，如《无上秘要》卷五十《涂炭斋品》："乞削罪录右宫黑籍，度名左府青录之中，道气覆盖，神明佑护，转祸为福，反

---

[1] 中国道教协会、苏州道教协会：《道教大辞典》，华夏出版社，1994，第703页。

凶成吉。"《太上太玄女青三元品戒拔罪妙经》卷上："其内合为诸色，邪魔鬼神之者，则当刻限右宫，书名黑簿，俟其数满，又复改形，随其业力高下不同，受报各异。"《太上洞玄灵宝宣戒首悔众罪保护经》："死籍削除于右宫，生录注简于左契。"《太上洞玄灵宝三元品戒功德轻重经》："有善功敬信，宗奉大法者，言名太极左宫。有积恶不合道，罪应死者，言名太极右宫。"又："中元二品右宫名北酆宫，一号阴天宫，总主地上诸灵官，已得道过去及未得道学者，百姓子男女人罪簿死籍。"

之所以有如此分工，南朝宋《三天内解经》卷上所记可为一说："老子主生化，释迦主死化。故老子剖左腋而生，主左，左为阳气，主青宫生录。释迦剖右腋而生，主右，右为阴气，主黑簿死录。是以老子、释迦教化，左右法异。左化则随左宫生气，使举形飞仙。右化则随右宫死气，使灭度更生。法服悉黑，使着黑衣以法阴气，入于黑簿也。"

"左主生事，右主死事"之观念影响深远，相关词语还有"左府""右府"。南宋陈椿荣集注《元始无量度人上品经法》卷二："三元总九宫二十七府、百二十曹，左主生事，右主死事，有功曹左府青簿，有罪书右府黑簿。"又有"左契""右契"。《洞玄灵宝玄一真人说生死轮转因缘经》："生世积善，则与圣人相值，名入左契。生为人主，死为天堂之宾，七祖同欢……生世为恶，则与恶人相宜，名入死籍右契之中。"

（二）口语词

纵观汉语词汇史，口语词一直是词汇系统中最为生动与宝贵的组成部分。张婷等指出："道教典籍是道教思想传承的工具，需要有一定的口语性才能为广大民众接受。因此，道教典籍中出现了丰富的口语词，是辞书编纂的重要语料。"[①] 道经总体语言风格虽较为典雅，但仍有相当数量的口语词充斥其中，特别是中古近代汉语时期，道经中口语词的数量明显呈现出逐渐增多的趋势。

[①] 张婷、曾昭聪、曹小云：《十年来道教典籍词汇研究综述》，《滁州学院学报》2005年第4期。

3. 积逮

说经四遍，跛痾积逮，皆能起行。(3/357a)

玄英曰：三遍虽能言说，由未了达真理，乃至四遍，即解寻师问义，故曰能行。积逮者，世传之疾，流引相及也。(3/357a)

按：《汉书·严助传》："且越人愚戆轻薄，负约反覆，其不可用天子之法度，非一日之积也。"颜师古注："积，久也。"《文选·范晔〈乐游应诏诗〉》"闻道虽已积"张铣注："积，久也。"《说文·辵部》："逮，唐逮，及也。"钮树玉校录："《韵会》两引，并无'唐逮'二字。《一切经音义》卷一、《华严经音义》卷四十六引及《玉篇》注并作'及也'，则唐逮二字盖后人增。"引申而有逮捕、抓住义。《史记·五宗世家》："请逮勃所与奸诸证左。"

积逮，盖本谓长久地被控制，进而转指这一动作的发出者，即世代相传、久治难愈之病。在道经中，它常指中风偏瘫而无法行走之病，如《灵宝无量度人上经大法》卷九《十转回灵品》："说经四遍，跛痾积逮，皆能起行。玄师曰：金之生数也。跛痾者，偏枯肌血，四肢挛曲，癃痾跛蹇也。积逮之疾者，世传逮及，积沉不愈是也。此正筋脉舒纵，血络涩流，属于木脉，肝炁罗络之主，却四数神仙，正所谓返覆五行，生成之法也。"《元始无量度人上品妙经》卷四十九《消除病疠跛痾品》："说经三遍，枯羸沈瘵，充泽丰平。说经四遍，积逮注传，不及于门。说经五遍，跛痾萎堕，皆能起行。"《上清灵宝大法》卷四《十玄修用门》："跛痾者，偏枯肌血，四肢挛曲，癃痾跛蹇也。积逮之疾者，世传逮及，积沉不愈是也。此正是筋脉舒踪，血络涩流。"卷八《斋戒禁忌门》："聋病开聪，盲者目明，喑者能言，积逮起行，痼疾复形，发白返黑，齿落更生。"

积逮，亦指前人犯错作恶，而给后人带来的厄运灾祸。例如北周《无上秘要》卷五十《涂炭斋品》："哀原矜赦怨对，和解考讼，复注一切，断绝流殃积逮，并乞消灭，冢墓安稳，祸害不生。"《元始无量度人上品妙经》卷二十《碧落空歌品》："上解祖考，亿劫种亲，积逮复连，冥考冢讼，罪录所刊，速落恶根，不得拘留，度魂命仙。"卷四十九："上解尸注冢讼，积逮世传，病瘵鬼疠，故气跛癃，宿业缠痾，及以祖考，亿劫种亲，疾除罪簿，落灭恶根。"道教思想认为，人有善恶行为，或现身受到报应，或留给后世，道籍常见后人受先亡者牵连而受罪的记录，故而"积逮"一词出现频率较高。

4. 连逮

道言：正月长斋，诵咏是经，为上世亡魂断地逮役，度上南宫。(3/363c)

幽栖曰：正月，上元大庆之月也。故能福及上世祖曾，幽魂苦爽，断鬼神连逮之役，受仙官拔度之庆。夫言斋者，谓身无杂务，心不外想，内外清虚，抱元守一，终乎此月。故言长斋。(3/363c)

仙道贵度，鬼道相连。(3/401c)

东曰：仙道欲令人升度，鬼道欲令人死亡，更相连逮，共入恶道也。〇幽栖曰：言我有此空洞之章，诵咏万遍，皆得升仙。夫仙道贵形神俱度，鬼道贵生死相连；升度则祖考亦度，相连则子孙亦连也。(3/401c)

按：《尔雅·释言》："逮，及也。""逮及"可同义连文。《书·费誓》："峙乃糗粮，无敢不逮。"孔传："皆当储峙汝糗糒之粮，使足食无敢不相逮及。"引申有连及、牵连、连累义。《史记·秦始皇本纪》"以罪过连逮"司马贞索隐："逮训及也。谓连及俱被捕，故云连逮。"《史记·项羽本纪》"项梁尝有栎阳逮"司马贞索隐："逮训及。谓有罪相连及。"

连逮，指株连、牵连、连累。道书经见，如《洞真太上太霄琅书》卷六："摄太山府君二十四丞狱吏，检问王甲亡父如干某人，事由何曹，何事死亡，问连逮何府，问为犯何神。"东海青元真人注、清河老人颂、郭冈凤参校并赞《元始无量度人上品妙经注》卷上："若作一切不善，则祸及七祖，殃连子孙，其人死于冥府，以罪累故连逮生人，起征呼复连传染之祸也。盖正月为四时之首，天地通泰，万物更生之时。于此长斋诵经，乘天官考校之格，可度上世亡魂，断地司连逮之苦，上登南昌之宫也。"原题宋吕元素集成、胡湘龙编校《道门定制》卷一："种种等事，各有讼言,并是怨结莫伸,因为引注,将生人名字,诉于鬼官,连逮子孙,未有解绝,其人亡后所兴诸讼,皆由不能自认,求对生人。"又:"却死籍,注生名,断绝祖世中外亡人,死注恶浊之气,并令破散万殃之鬼,不得伺候牵引,更相注逮。若下官故气,假托形影,导从鬼兵,协逼亡人,致使连逮家门者,一依女青玄科,收治绝灭之。"《道门科范大全集》卷六十一:"魂神被系,祸患来钟。或连年而疾病不痊,或累岁而邪妖克害,近则先亡连复,远则冢讼征呼。被下鬼之诉诬,蒙上天之加谴,连逮祖祢,流注子孙。"《道门通教必用集》卷五《职佐篇》:"阴愆阳过,误犯故为,或上世流注之殃,或六亲连逮之役,上世六亲,或宿世所造,或仇家所诬,毒风恶气之侵凌。"《太上中道妙法莲华经》卷十《广究灾祥品》:"岂独己身受殃受苦,连逮九玄,累及七祖,幽司考较,编入酆都,万劫受苦,无有出期。"明周玄贞集《皇经集注》卷六:"或先亡连逮,救人被陷,一旦系狱,俱是冤枉。"《太上感应篇》卷十三:"赵康靖公概,初与欧阳文忠修,同在馆阁。概重厚寡言,修颇轻之。及修以其甥秽事连逮,上怒狱急,二府皆欲文致其罪,群臣莫敢言。"

《大词典》有"连逮"条,释为"牵连拘捕",未洽。马固钢先生有专门研究,认为"引逮"之"逮",一定与"访逮"之"逮"同义,为"及"义。故"引逮"当释为"株连及"。"逮引"亦可释为"株连及"。无论"引逮"或"逮引",皆无"捕"义。根据以上之释"逮,及也","连逮"亦可释为"株连及",不可增义释为"牵连拘捕"。①

5. **临目**

内外荡冥,有青龙、白虎、朱雀、玄武、师子、白鹤,罗列左右,日月照明。洞焕室内,项生圆象,光映十方,如此分明。(3/365a)

幽栖曰:更焚香临目。临目者,半开也。(3/365b)

按:临目,犹现在说的"眯着眼",眼睛似开似闭,这样做的目的是

---

① 马固钢:《〈汉语大词典〉"逮"的释义与书证小考》,《湘潭大学学报》2004年第5期。

既能看到外界事物，又能静心安气，内视自我。①

其他道经亦有相关记载，《灵宝无量度人上经大法》卷二十二《招灵求仙品》："临目存念，极令仿佛也。临目者，当在闭与不闭之间也。须令见日月之光景。"《无上玄元三天玉堂大法》卷三《存真修证品》："每日清旦，面圣奏香，依法进之，极妙。若平坐安定，无以杂虑，千心静室，则临目为之。临目者，闭目不全合也。"《太上除三尸九虫保生经》："蒋先生曰：用五行紫文，常以朔望日日中时，临目西向。临者，目常闭而不开也。"《上清无英真童合进内变玉经》："欲为之，向日拜祝，先临目，即见有红气满前也。因闭目，又见红色甚为波扬也。即紧闭目，以目精隔皮理视之，见红紫作宝色，中有百花纹，转如车轮也。"《云笈七签》卷四十五《临目诀》："临目，目欲闭而不闭，欲开而不开，令幽显相关，存注审谛。今人入靖及呈章，可依此法。"卷一百五《传》："常用朔望之日，日中时，临目南向。临目者，当闭而不闭也。心存两目，中出青气，心中出赤气，脐中出黄气。"又："临目者，令目当闭而不闭之间也，少令得见日月之光景。"

（三）语词理据

张永言先生云："语言的词汇是不断地发展丰富的，发展的主要途径是创造新词，而新词的创造又多半是在已有的语言材料和构词方法的基础上进行的。"② 词语的形式与意义之间大多有理据可考，探求词语的"得名之由"或曰"语词理据"是汉语词汇史研究的重要内容。蒋绍愚先生进一步指出："有时，推求词语的来源和推求词语的得名之由以及词语的考释是结合在一起的。弄清了词语的来源也就弄清了它的得名之由，或者弄清了词语的意义。"③ 王艾录先生认为："语词理据具有潜隐性，而且很容易随着时光流逝而磨损和湮没，加之理据文献资料非常短缺，探究理据难度

---

① 王敏红：《〈云笈七签〉"临目"释义》，《四川师范大学学报》2001年第5期。
② 张永言：《语文学论集》（增订本），复旦大学出版社，2015，第141页。
③ 蒋绍愚：《近代汉语研究概况》，北京大学出版社，1994，第281页。

很大，所以抢救语词理据信息具有十分重要的学术价值和现实意义。"① 探究语词理据，中国传统训诂学在这方面已取得可喜的成绩，而对道经注疏中有关词语理据内容的挖掘，则是一个尚待展开的课题。

6. 十绝 旛

建九色之节，十绝灵旛。(3/374a)

东曰：节，盖也。旛，华旛也。九色者，青、赤、白、黄、黑、绿、红、紫、绀也。上真执九色之旌节，玉女把十绝之灵旛。○幽栖曰：夫上真皆建三七九色节，紫旄节、灵旛节，以十色间错，色各一绝，故云十绝。……○玄英曰：十绝灵旛者，以十色之素横幅剪断谓之为绝，又分间其色，接而缝之；其幅通者，十接谓之十绝。系于竿首，谓之为旛。旛者以转为名，令人转祸为福也。(3/374a-b)

按：《说文》："绝，断丝也。"段注："断之则为二，是曰绝。"薛幽栖认为："夫上真皆建三七九色节，紫旄节、灵旛节，以十色间错，色各一绝，故云十绝。"成玄英则曰："十绝灵旛者，以十色之素横幅剪断谓之为绝，又分间其色，接而缝之；其幅通者，十接谓之十绝。"二人对"十绝"的解释虽略有小异，但都着眼于原本间隔断开的多种颜色的材料拼接在一起。

旛，长幅下垂的旗，亦泛指旌旗，后作"幡"。《宋史·仪卫志六》："幡，本帜也，貌幡幡然，有告止、传教、信幡，皆绛帛，错采为字，上有朱绿小盖，四角垂罗文佩，系龙头竿上。"幡，通"翻"，变动，反覆，翻转。《孟子·万章上》"既而幡然改曰"注："幡，反也。"《荀子·大略》："君子之学如蜕，幡然迁之。"杨倞注："幡，与翻同。"此例中"旛者以转为名，令人转祸为福也"，即得名于旛可随风翻转反覆，寓意转祸为福、转危为安。

7. 玉眸

南燔洞浮，玉眸诜诜。(3/412a)

---

① 王艾录：《谈谈抢救语词理据资讯的问题》，《辞书研究》2008年第2期。

少微曰：此八字，和阳天内音也。南燳者，南方有流火之庭，广七万里，飞焰焕乎八方也。洞浮者，洞阳之宫，流火之炁，炎而浮流也。玉眸者，流火之膏也。炼身体则生玉光，明如眸子，故曰玉眸。(3/412a)

按：例中"玉眸"乃比喻造词之产物。"眸"的一大特征就是明亮，文献多有记录，如汉张衡《七辩》："靥辅巧笑，清眸流盼。"晋傅玄《艳歌行有女》篇："蛾眉分翠羽，明眸发清扬。"唐李晔《巫山一段云》词之一："翠鬟晚妆烟重，寂寂阳台一梦。冰眸莲脸见长新，巫峡更何人。"宋柳永《木兰花》词："星眸顾指精神峭，罗袖迎风身段小。""清眸""明眸""冰眸""星眸"之构词语素"清""明""冰""星"皆为"明亮"义。

比喻造词，在词汇发展历史上是较为常见的一种手段，这种造词方式是以本体和喻体之间的相似性为基础的。方一新先生指出："从认知角度看，喻体和本体间的联系体现了不同领域内一个范畴向另一个范畴的语义延伸，也就是不同认知域之间的投射。"①《四注》中还有其他比喻造词之例，如"于是元始悬一宝珠，大如黍米，在空玄之中，去地五丈"。薛幽栖注云："宝珠者，喻道也，故悬于空玄之中，亦同玄珠之义。"

8. 绿罗　大千

泽洛菩台，绿罗大千。(3/412b)

少微曰：绿罗者，月中夫人，字罗英，容色如玉，着绿帔青衣，故曰绿罗。……大千者，世界之数。陆先生云：以千数至千，即千千，为小千。小千数至千，为中千。中千数至千，为大千。千中之大，故曰大千。人能诵咏洞章，则得驾羽轮之车，升黄房之室，游玉台之上，览大千之境也。(3/412b-c)

按：绿罗，是月中夫人之别名，本字罗英，因常着绿帔青衣，故曰绿罗。

---

① 方一新：《中古近代汉语词汇学》，商务印书馆，2010，第718页。

"大千"，佛教语，乃"三千大千世界"之省称，后亦指广阔无边的世界。北宋释道诚集《释氏要览·界趣》："《长阿含》并《起世因本经》等云：四洲地心，即须弥山（梵音正云苏迷卢，此名妙高）。此山有八山绕外，有大铁围山，周回围绕，并一日月昼夜回转，照四天下，名一国土。积一千国土，名小千世界。积千个小界，名中千世界。积一千中千界，名大千界。以三积千故，名三千大千世界。"李少微注与佛经记载基本一致。

（四）异名同实

所谓异名同实，即命名中的一物多名，一个事物具有多个名称。例如"月亮"这个实，就有258多个异名，诸如太阴、望舒、玄烛、玉羊等。异名同实现象，并非简单的名称变换，其背后蕴含着语言与文化的深层意义。现代学者对异名同实现象的研究非常薄弱，近年来，学界对异名同实现象关注渐多，如刘兴均（2014、2016）[1]、胡继明等（2015）[2]、黄晓冬等（2015）[3]，这些论著对古汉语异名同实词汇现象的得名理据及形成原因做了较为深入的探讨。《四注》中也有一些值得关注的异名同实现象。

9. 沙兰

紫虚郁秀，辅翼万仙。（3/396b）

东曰：紫虚者，紫微宫也。郁，勃也。秀，出也。紫微之馆郁勃出乎玉清之上，中有沙兰之宫，宫有新得度者，受灵宝之人，巨亿万众。……○幽栖曰：玉清中元号为紫清，故亦呼为紫虚。言此三尊虽各为一景之宗源，并是玉清之品位。但预是道君，皆位入玉清，且紫虚之宫，自然郁秀，加以万仙之眸翼，故增众圣之曦晖也。○少微曰：紫虚，紫微宫，别名沙兰宫。宫馆壮丽，郁然秀茂。宫中有陁丘

---

[1] 刘兴均：《汉语"异名同实"词汇现象研究——以〈礼记〉用器类名物词为例》，《古汉语研究》2014年第3期；刘兴均：《"三礼"名物词研究》，商务印书馆，2016。
[2] 胡继明、周勤、向学春：《〈广雅疏证〉词汇研究》，商务印书馆，2015。
[3] 黄晓冬、胡继明：《古汉语异名同实词汇现象的根源及其思维基础初探——以〈广雅疏证〉动植物名词为例》，《四川师范大学学报》2015年第6期。

之众，巨亿万人，皆新度者。(3/396b-c)

按：叶贵良《敦煌道经词语考释》有"紫微 紫微宫 紫晨 紫宫 紫台"条，释为"天帝之所居；泛指天堂；世俗帝王之所居；泛指京城或朝廷"[1]。书中未提及"沙阤"一词，可为补。

"沙阤"，亦见诸其他道典，例如《度人经》中"沙阤劫量，龙汉瑛鲜"这句话，不同注家都有解说，南宋陈椿荣集注《元始无量度人上品经法》卷四："沙者，天中有沙阤之宫，是紫微之别馆，处乎玉清之上，焕乎紫虚之中。"南宋青元真人注、清河老人颂、郭冈凤参校《元始无量度人上品妙经注》卷下："沙者，此天有沙阤宫。……人能明此音，则瑛君度人，沙阤鲜童引而炼形。"明张宇初撰《元始无量度人上品妙经通义》："沙者，天中沙阤之宫，乃紫微之别馆。陀者，陀丘山也。……龙汉者，初劫之名。瑛者，初劫飞天神王名也。常开度幽魂，升沙阤宫中。"可见，"沙阤（宫）"亦可省称"沙"，是紫微之别馆，可以"沙阤"代指紫微。

10. 罗　濯曜

阿陁龙罗，四象吁员。(3/411b)

少微曰：罗者，日月之名也。《玉纬》曰：上清九天真人呼日为濯曜。罗，言山势相交，日月明于峰上。(3/411b)

按：例中"罗""濯曜"都是道教经籍中对日月的称呼。日月作为道教文化中的重要意象，颇多异名。

中古道籍多有相关记载，南朝梁陶弘景《真诰·协昌期一》："外国呼日为濯耀罗，方诸真人呼日为圆罗曜。"北周《无上秘要》卷三《日品》："三天真人呼日为圆光蔚，九天真人呼日为濯耀罗[2]，玉贤天中呼日为微玄，太素天中呼日为眇景，太清天中诸仙呼日为大明，皇上真人呼日为九

---

[1] 叶贵良：《敦煌道经词语考释》，巴蜀书社，2009，第459页。

[2] "耀罗"，也写作"曜罗"，指日、日宫及日精。把"圆光蔚""濯耀罗"理解为太阳实缘于道教经书神秘化需要而增字成词为道教隐语。"圆光"和"耀罗"指太阳或太阳精芒，在早期道经中常见。（周作明：《早期道教日月崇拜的用语表达》，《中国道教》2016年第4期）

曜生，太极真人呼日为圆明，东华真人呼日为紫曜明，或复呼为圆珠。"《洞真上清青要紫书金根众经》卷上："日精耀罗，流光映灵；华芒八朗，纬络天庭。"

  周作明先生研究认为，存思日月是早期道教中盛行的重要方术，反映到经书中，则是出现了众多表示日月的用语。除了《无上秘要》的集中论述外，早期道经中还有不少表日、月的语词，例如"圆罗""离罗""九曜""九曜生""紫曜"等。①

  通过以上分析，可见《四注》是研究汉语词汇史的宝贵语料，对汉语词汇研究具有重要的参考价值和独特的现实意义。训诂学和汉语史都是以历代流传下来的文献语言材料作为依据的，道经注疏是研究汉语史极为重要的材料，道经注疏语言研究尚属空白，我们应将汉语史研究与训诂学研究有机结合，充分挖掘道经注疏材料在汉语史研究中的重要价值。

---

① 周作明：《早期道教日月崇拜的用语表达》，《中国道教》2016 年第 4 期。

《说文订订》述论[*]

王相帅　汤　欣[**]

摘　要　《说文订订》是对《汲古阁说文订》进行订正的一部著作，严可均一方面以流行毛本为参照，校订了《说文订》的疏漏和错误；另一方面又在自己研究积累的基础上，对段玉裁的校语给予补充和纠正。这订语反映出二人对《说文》的校勘目标主次有所不同。在具体条目的订语中，严可均重点就重出字问题和"连篆读"现象与段玉裁进行了商榷，这也反映出二人对《说文》的文本校勘存在歧见。

关键词　《说文订订》　《汲古阁说文订》　重出字　"连篆读"

严可均（1762～1843），字景文，号铁桥，是清代乾嘉时期研究《说文解字》（以下简称《说文》）的著名学者。他在《说文》学方面勤学苦读，著述宏富，不仅有《说文长编》《说文校议》等长篇巨著，也有《说文订订》[①]（以下简称《订订》）这样的短篇札记。他的《订订》是校读段玉裁《汲古阁说文订》[②]（以下简称《说文订》）的笺记性著作，虽然篇幅短小，但对《说文订》中许多错误做了纠正，并就《说文》中一些有争

---

[*]　本文为国家社科基金青年项目"小学文献学研究"（16CTQ012）的阶段性成果。
[**]　王相帅，男，文学博士，临沂大学文学院讲师，主要研究方向为汉字学、音韵学。
　　汤欣，女，文学博士，临沂大学文学院讲师，主要研究方向为汉字学。
[①]　（清）严可均：《说文订订》第213册，上海古籍出版社，影印清光绪十三年许氏古均阁刻许学丛刻本，2002，第461页。
[②]　（清）段玉裁：《汲古阁说文订》第204册，上海古籍出版社，影印清嘉庆二年五砚楼刻本，2002，第329页。

议的现象与段玉裁做了商讨,这对我们探讨比较二人的《说文》学观念差异有重要意义。

一　《说文订订》的撰述缘起

《说文》一书经宋初徐铉校定之后,广为流传。但《说文》使用起来并不方便,查找一字往往终卷,人们为翻检便利,便改用按韵编排的方式罗列部字,李焘的《说文解字五音韵谱》(以下简称《五音韵谱》)就是这样的著作。《五音韵谱》查找方便,受到人们欢迎,就渐渐取代了大徐本,成为最流行的《说文》本子。到了清初,大徐本《说文》已不易见,当世的学者多不知《说文》梗概。毛晋父子为了让人们重新看到大徐本《说文》,便翻刻了宋本行世,将"始一终亥"本的《说文》还原给世人。毛晋父子在大徐本《说文》湮没的时候,再次将其刊行,为人们的学习和研究提供了良好的版本,因此受到了当时学者的推崇和追捧,一时间成为最流行的《说文》版本,人们一般将其称为毛本或汲古阁本。可惜的是,汲古阁本最初依宋本刊刻,校改甚微,后来屡经剜改,舛误渐多,与宋本的差异越来越大。段玉裁看到当时流行的汲古阁本讹谬很多而世人不知,便搜集各种宋本《说文》、徐锴《说文解字系传》旧抄善本、李焘《五音韵谱》宋明两本及《集韵》、《类篇》等字书,校勘世上流行最广的汲古阁五次剜改本《说文》,成《说文订》一卷,以求还原大徐本的原貌。

《说文订》是段玉裁在苏州著名藏书家周锡瓒、袁廷梼的赞助下完成的,成书之后袁氏五砚楼在嘉庆二年(1797)就刻版刊行了。严可均在嘉庆三年(1798)看到此书。后来袁廷梼又对书中一些明显错误的地方进行了改正,重新印行。嘉庆四年(1799)春,严可均道经姑苏,袁廷梼又持新印本谓"近颇改正数事",就正严可均。于是严可均在袁廷梼的嘱托下,对《说文订》进行了校勘订正,成《说文订订》一卷。

《说文订》刊行之后,顾广圻曾特意向周锡瓒借阅所藏毛氏初印本,"用此本覆勘《订》中所称初印本及剜改,如言部'譱'下一条、夌部

'汤谷'一条、水部'㴞'下一条、丿部'房密切'一条、甲部'古文'一条皆不合。又如萑部'舊'字下、羊部'羖'字下、肉部'肛'字下，初印本皆未误，《订》亦不明言之。兼可订而未经载入者又往往而有"①。可见，段玉裁的工作既有错误，也有遗漏。《订订》也发现了段玉裁《说文订》的许多疏漏和误订之处，只是严可均没有见到周藏初印本，所以只能参考通行毛本来指正段玉裁的疏漏之处，未能发现顾广圻所说"不合"与"未明言"之处。

二 《说文订订》的主要内容

《订订》是严可均读《说文订》时作的校勘札记，仅62条，有清光绪十三年（1887）海宁许氏古均阁刻本。此本书前有序，为严可均交代作此《订订》的因由始末；序后为正文，逐条笺记《说文订》之失。

《说文订》大致有两方面内容：一是"皆据旧板及毛刻初印以订五次校改之是非"②，呈现流行毛本与初印本的差异，以及流行毛本剜改的依据，因而在客观上也保留了几个宋本的面貌，为学界提供了有关宋本的许多信息；二是"段君之援稽当而抉择明"③，段玉裁在比较各本异同之外，有时也会据其他文献材料下断语。

《订订》在对《说文订》进行基本文字校勘的基础上，主要从对剜改本的订正和商榷段玉裁断语两方面进行了探讨。

（一）对《说文订》的文字校勘

《说文订》虽然经过袁廷梼的几次校对，改正了数处错误，但是严可均在订正《说文订》时仍然发现了多处明显讹误。

有的是编排《说文订》时的疏忽，如《说文订》第七页"印部"，

---

① （清）顾广圻：《思适斋集》第1491册，上海古籍出版社，影印清道光二十九年徐渭仁刻本，2002，第108页。
② （清）严可均：《说文订订》，第461页。
③ （清）严可均：《说文订订》，第461页。

"印"当为"叩";第卅四页"衣部襆","衣部"二字重出;第卅三页"臭",脱"犬部"二字;等等。

有的则可能是段玉裁在校勘过程中的抄写遗漏,如第十五页"《周书》曰","周"上脱"逸";第廿页"铉等按孙愐引《说文》云","愐"下脱"《唐韵》";等等。

(二) 比照通行毛本,指出《说文订》的疏漏和错误

段玉裁《说文订》据诸本校勘通行毛本讹误,严可均反过来用通行毛本与《说文订》对照复核,发现有许多应当订正而未出订语者,也有错下订语者,严可均在文中指出。

1. 当订未订的疏漏

段玉裁在校订通行毛本时,时常有漏订之处,严可均指出很多,如:

(1) 珣:医无闾,珣玗璂。《周书》所谓夷玉也。从玉旬声。一曰器。

《说文订》:初印本如此,各本皆同。今于"医无闾"下剜添"之"字,一曰下剜添"玉"字,本小徐。

《订订》:今毛本"璂"作"琪",亦系剜改。

按:今毛本作"医无闾之珣玗琪。《周书》所谓夷玉也。从玉旬声。一曰玉器"。剜添"之""玉"二字确如《说文订》所说,但严可均则指出,初印本中的"璂",今毛本作"琪",《说文订》未能指出,是其疏漏。

(2) 敠:古文。

《说文订》:初印本如此,叶、赵本,《五音韵谱》皆同。今依小徐剜改右角,非是。凡小徐古文之体仍用小篆笔法,故敠右作敆。

《订订》:前有古文㪘,亦剜改右角,当订。

按:段玉裁指出初印本中的"敠"到了今毛本中,依《系传》被剜改作敆,右侧构件笔法发生变异。就在同页"䭾,古文播"条下,《说文订》

云“初印本如此，古本同，今剜改右角”。段玉裁发现了这类错误，并在错处一一注明。但严可均则指出在“𢱋，古文扶”处，也属于这类错误，段玉裁则没有说明，当是遗漏。

以上这类校勘疏漏现象，是段玉裁在校勘过程中的粗心所致。除了以上二例，严可均指出的还有“薉”字下毛本“若”下有“诗”字当订；“羃”字下毛本、《系传》本无“曰”字当订；“滮”字下今毛本作“滤”当订；等等。

2. **错出订语**

段玉裁在校订时所出的校语与通行毛本的实际情况不一样，这虽然是偶然的疏忽，但给读者提供了错误信息，是不应该出现的。严可均在订语中给予订正。

> （1）小：物之微也。从八丨见而分之。
>
> 《说文订》：初印本如此，宋本，叶、赵本皆同。今依小徐于“分”之上剜补“八”字。

按：段玉裁所用“剜补”的表述不当。在《说文订》中，段玉裁对今毛本在初印本基础上的改动，有“剜改”“剜补”“增补”等用语来描述。所谓“剜改”，是今毛本将初印本某字改成别的字；所谓“剜补”，是今毛本在初印本文字基础上加入某字，是已经补刻进去，与前后文字大小一致的；所谓“增补”，是在文字左右空隙书写的较小文字，如“分八”“聲也”之类。不同用语指称不同的版本差异类型，严可均经过核对今毛本，指出段玉裁自违其例，是很有必要的。

> （2）沺：水吏也。
>
> 《说文订》：按宋本、叶本、宋刊《五音韵谱》《广韵》《集韵》作“吏”，赵抄本、近刊《五音韵谱》《类篇》作“利”，毛板亦作“利”。

按：严可均查今毛本，云“毛本是吏字，不作利”，指出段玉裁失误。此类另有如“鄦”字下通行毛本作“郁”，段玉裁误认作“郁”；等等。

(三) 针对段玉裁断语，给予补充、纠正

段玉裁在《说文订》中除了客观描述通行毛本与其他材料之间的异同情况，有时也下断语，指出《说文》文本的正误。严可均在这些地方，对段玉裁的观点多有补正。

1. 对段玉裁观点的补充

严可均对段玉裁有疑问、语焉不详的地方，也经常征引文献中所引《说文》材料，补充证据，明确观点。如：

(1) 蓍，生千岁，三百茎。

《说文订》：两宋本、叶本皆作"生十岁百茎"，疑脱误。

《订订》：此无庸疑，《易·说卦》释文、《尔雅·释草》释文、《释草》疏、《曲礼》疏皆引《说文》"生千岁，三百茎"。

按：段玉裁指出大徐本系统中的一些版本异文作"生十岁百茎"，严可均征引多处文献引《说文》资料进行补正，确定这几个版本的错误。

(2) 雏，雄雉鸣也。

《说文订》：两宋本、叶本、赵本、《五音韵谱》及毛本"雉"字皆误"雌"字，惟《类篇》不误，小徐本作"雌雉鸣"，则尤误矣。

《订订》：《书·高宗肜日》疏、《诗·小弁》疏引"雊，雄雉鸣也"，《文选·长笛赋》注引"雄雞之鸣为雊"（严注："雞"当为"雉"），《一切经音义》卷十引"雄雉鸣为雊也"。

按：段玉裁通过校订，指出了各本之间的讹误，提出了自己的意见，但没有列出证据，严可均便征引文献、引他人说来证明段玉裁的结论。

2. 与段玉裁观点相左

严可均除了对段玉裁订语查证、补充外，也有一些与段玉裁意见不同的地方。比如：

（1）夵，其迹夵，凡夵之属皆从夵。

《说文订》：今剜改说解中"夵"字皆作"风"，非篆非隶。

《订订》：唐石经《诗》作"夵"，《尔雅》作"风"，盖"夵"为隶变，"风"为隶便耳。汉碑"寓"亦从"风"，以为非篆非隶，未见其然。

按：严可均依据汉代碑刻中的字形变异情况，指出两个字形可能的变异轨迹，并不是段玉裁说的没有依据的讹变。

（2）㸑，古文亥为豕，与豕同。

《说文订》：说解当云"古文亥，亥为豕，故字与豕同"，转写讹脱耳。

《订订》：《系传》本作"与豕同意"不误，《玉篇》亦引《说文》"与豕同意"，今此改云"故字与豕同"，许书无此例，甚不然也。

按：严可均依据《系传》《玉篇》及许书体例来否定段玉裁的观点，亦属有据，段玉裁校改未必为真。

段玉裁在《说文订》序中说"订者，平议也"，是对通行毛本的校正、研讨。进而言之，严可均的《订订》是对段玉裁《说文订》的校正和研讨，这就是它的主要内容。

通过严可均的订语，我们发现段玉裁的《说文订》在各本校勘过程中有很多不够严密的地方，因此，我们在参照《说文订》考察清初诸版本《说文》和同时代的《说文》学著作时，应当谨慎对待《说文订》所下订语，不能拿来即用。严可均对段玉裁订语所做的补充和辨正，在很大程度上弥补了段玉裁的失误和不足，同时，也为我们探讨两人在《说文》研究方面的观念差异，提供了一些有价值的线索。

三 《说文订订》与《汲古阁说文订》的《说文》学观念差异

《说文订》是清代乾嘉年间最早对《说文》进行专门校勘的著作，段玉裁等人搜集当时所见大小徐本系统及宋元常用字书对当时流行的汲古阁刻《说文》进行校勘，指出了流行毛本的许多错误。《说文订》不仅列举了各本异同，指出毛氏剜改之误，也体现了段玉裁丰富的《说文》校勘理念，值得深入研究。严可均早年就从事《说文》研究，对《说文》也多有心得，这些在《订订》中有许多体现。通过《订订》对《说文订》的订正，我们能看到两人在治《说文》时诸多理念的不同，这些不同的理念，又造成了文本校勘中的诸多差异。

（一）《说文》校勘目标的差异

《说文订》序中说"今合始一终亥四宋本，及宋刊、明刊两《五音韵谱》，及《集韵》《类篇》称引铉本者，以校毛氏节次剜改之铉本，详记其驳异之处，所以存铉本之真面目"[①]。在这里我们可以看到段玉裁的校勘目标和材料。概言之，就是用大徐本系统的材料校勘流行毛本之误，恢复大徐本的原貌。这些材料包括："四宋本"，即王昶藏宋本、周锡瓒藏宋本、叶万抄本、赵均抄本；"《五音韵谱》"，是南宋李焘调整《说文》旧次，以《广韵》韵目自东至甲为序改编的《说文解字五音韵谱》，是大徐本的改编版，包括宋、明两刊本；"《集韵》《类篇》"，均为宋代字书，其所引《说文》自然为宋本《说文》所有；最后还有毛氏初印本。这些是段玉裁的直接校勘材料。另外，在《说文订》中还有小徐本及其他一些文献引《说文》的资料，这些是参证材料，不作为校勘毛本的直接材料。

《说文》	初印本	各参校本情况	"毛本"情况	断语
嬭，读若人不孙为嬭。	初印本如此。	宋本、叶本、赵本、《五音韵谱》皆同。	阙	今依小徐剜补之，云"人不孙为嬭"，大缪。人部曰"偄，不逊也"，此当作"人不孙为偄"，声之误也。"偄"与"嬭"双声，"嬭"音之欲切。

[①] （清）段玉裁：《汲古阁说文订》，第329页。

续表

《说文》	初印本	各参校本情况	"毛本"情况	断语
苦，苦娄，果蓏也。	初印本如此。	宋本，叶、赵本，《五音韵谱》《集韵》《类篇》皆同。	阙	今依小徐剡改"蓏"字为"蠃"字以合《诗》《尔雅》，非许意也。
讹，或从言佳省	阙	宋本、叶本无此五字，小徐同。	赵本有之，《韵谱》及毛本同。	按无者为长，有者或以校书之语入正文也。
钘，似锺而颈长	阙	宋本、叶本、《集韵》作"锺"。	赵本及《五音韵谱》《类篇》作"鐘"，毛本从之，非也。	下文云"锺，酒器也"，与此紧接，然则"钘"为酒器明矣，而可云"似锺"乎？

我们以上表为例分析《说文订》校语的结构层次。前后两行分别代表的是《说文订》中主要的两类校勘内容。前两行是针对初印本与流行毛本有异的情况，一般先说"初印本如此"，然后说明各本情况，一般是初印本与各本情况相同，流行毛本的情况一般以断语的形式出现；后两行是针对初印本与流行毛本一致的情况，将其统一视为"毛本"，然后指出毛本与各本异同，校语中不再出现"初印本"。有时还有段玉裁的一些校改意见。

从上我们可以看出，段玉裁的校勘是分层次的：以各宋本和初印本为参照，指出流行毛本之误，为第一层；大徐宋本以下的各类直接材料及字书称引为参照，指出毛本之误（初印本和流行毛本），为第二层；一些是非判断性的校语，脱离版本限制，指出《说文》文本原貌，为第三层。第一、二层都跟段玉裁所说校勘目标相关，即围绕恢复大徐本进行，第三层则与校勘目标不直接相关，更多的是考证《说文》文本原本的样子。

在《订订》中，严可均的订正意见实际上也包含了两个目标：一个是用流行毛本复勘《说文订》，指出段玉裁误订、漏订的地方，帮助段玉裁向恢复大徐本这一校勘目标更进一步；另一个是从恢复《说文》文本本来面貌的层面与段玉裁进行商榷，考订《说文》原文。《说文订》以恢复大徐本为主，兼及一些第二目标的内容；《订订》则更多地侧重于第二目标。

校勘目标的差异，决定了校勘材料选择的不同。在《订订》中，严可均最依赖的材料是小徐《系传》和文献引《说文》等材料。对后者的倚重，与他常年的积累有关。严可均早年与姚文田同治《说文》，曾撰《说文长编》，作为研究《说文》的资料汇纂。其中有群书引《说文》类，就是将古代文献中征引《说文》的资料整理、汇聚在一起，以期对《说文》的校勘有所帮助。严可均做过专门的搜集整理工作，因此对群书引《说文》能有比较客观、真实、全面的记录。

1. 《说文》："敠，横擿也。"

《说文订》：《众经音义》卷十二、十三、十六、十七凡四引，皆作"擿"。

《订订》：此引失实。《一切经音义》卷九、卷十一、卷十二、卷十五（严注：两引）、卷十六凡六引皆作"擿"，非四引也。若卷十三、卷十七实不引。

2. 《说文》："醰，酒味苦也。"

《说文订》：《文选·长笛赋》注引《字林》："醰，甜同味长也（同字疑衍）。"

《订订》：此引失实。《长笛赋》无此注，"长笛"当为"洞箫"，"味长"当为"长味"。

按：以上两条，是段玉裁征引文献失实，严可均经过复核给予改正。

3. 《说文订》：长部云"趺，蠚也"，今本讹舛。

《订订》：今《说文》"趺，蛇恶毒长也"，"恶"当为"蠚"，"蛇蠚"当乙转云"趺，蠚，蛇毒长也"。《释鱼》释文引《说文》"蛇毒长也"，旧本有此语，又与偏旁合，不当删。

4. 《说文》："塍，稻中畦也。"

《说文订》：初印本如此，各本及《类篇》《集韵》皆同，今剜改"中"字为"田"字。

> 《订订》：剡改是。《文选·西都赋》注、《南都赋》注皆引《说文》"塍，稻田之畦也"。《后汉·班固传》注引"塍田畦"。《一切经音义》卷九、卷十一及《玉篇》皆引"塍，稻田畦也"。《释丘》疏引"塍埒，稻田畦隄"。《释丘》释文引许云"塍，稻田畦"。

按：以上两条段玉裁仅指出了讹误和异同所在，没有进一步申明自己的看法，严可均则借此提出自己的观点。

在上述例证中，严可均充分利用了文献引《说文》材料，来探讨《说文》文本原本的面貌，这种做法，就是在他后来《说文校议》中说的"凡所举正三千四百四十条，皆援据古书，注明出处，疑者阙之，不敢谓尽复许君之旧，以视铉本，则居然改观矣"①。

从以上的分析来看，严可均在《订订》中，从恢复大徐本和恢复许慎原本两个层面进行了订正，并且着重从第二个层面与段玉裁进行了商榷和补正。

（二）对《说文》历时字词关系的认识不同

段玉裁在《说文订》中有涉及《说文》字形重出的订语，严可均对段玉裁提出了批评，我们正好借此讨论二人对待重出字的不同看法。

《说文》女部有"娈，籀文嬾"，又有"娈，慕也"。段玉裁在《说文订》中认为这类重出的现象，是"古籀与小篆同字而异义，不得谓为复见而删之矣"，这类字形在古籀与小篆中所记录的词义不一样，所以不嫌复出。

严可均与段玉裁的意见正相反，他说："其实《说文》无重出，凡重出者皆非许氏之旧"，"今本重出，良由转写转校，讹缪转多"。

严可均在《订订》中，考证了两种重出字：

1.《说文》中本有此两字，因传写之误而同形。如：

> "叡"见玉、叔两部，玉部之"叡"为"瑼"之误；"蘸"见艸、

---

① （清）严可均、姚文田：《说文校议》，上海古籍出版社，影印清嘉庆二十三年冶城山馆刻四录堂类集本，2002，《续修四库全书》第213册，第467页。

火两部，火部之"蘳"为"爇"之误；"蓝"字艸部重出，"瓜菹"之"蓝"当作"薀"；"跟"见足、尸两部，尸部之"跟"当作"屁"；"㕩"见食、心两部，食部之"㕩"当作"脍"；"柅"字木部重出，"㞔"之古文"柅"当作"㞒"；"马"字重文"影"重出，古文当无"彡"；等等。

这类重出字是在历代转写抄误时造成的同形讹误，实际上不算重出。段玉裁、严可均二人对这种情况都是力求校正的。

2. 《说文》中本只有一字，重出是出于后人妄增。如：

"歗"见口、欠两部，《诗·中谷有蓷》释文："歗，籀文啸字。"《文选·啸赋》注"籀文为歗"，则欠部当无"歗"也。

"敤"见攴、土两部，《释诂》释文引"壤，败也，籀文作敤"，则攴部当无"敤"也。

从这两个例子可以看出，严可均对这类重出字的考证思路是，如果一个字在某处出现了，就不会在别处重出了。在这一点上，他与上述段玉裁的观点是对立的，也是我们要考察的地方。

《说文》重出字的情形比较复杂，在这里我们不打算讨论重出字问题的详细情况，只就他们提出的不同观点进行讨论，比较他们的观念差异。段玉裁与严可均的不同之处在于：段玉裁并不全然否定重出字的存在，而严可均则认为《说文》无重出字。我们认为可以从以下两个角度来看。

首先，严可均《说文》无重出字观念的来源。《订订》："班固云：'《凡将篇》无复字，《训纂》顺续《苍颉》，又易《苍颉》中重复之字，臣复续扬雄，作十二章无复字。'许氏集众家大成，文有出入，例无变更。"可以看到严可均认为"《说文》无重出"的观念，是通过对前代字书的编纂方式分析而来。这种推论对不对呢？很显然是错误的。从前代的字书来看，其编纂方式是搜集文字，编成韵语，没有文字释义，所以不存在形义关系对应问题，也就没有收录重复字形的必要；而许慎著《说文》，是"今叙篆文，合以古籀"，并且也说解字义，其文字系统是异质的，大致有两层面，小篆为质，古籀为辅。不同时代的文字系统对应不同的词义系统，因此存在历时的同字异义、异字同义这样的复杂问题。

其次，从段玉裁《说文订》古今字的相关表述来看。

《说文》：孈，顺也。奱，籀文孈。

《说文》：奱，慕也。

《说文订》：本籀文训"顺"之字，小篆则以为训"慕"之字，是古今字之说也。据《说文》全书之例，亦可于"孈"后不重出而于"慕也"之下益之云"籀文以为孈字"。据女部之例，"艸"篆后可出"屮"篆云"古文艸"，"巧"篆后可出"丂"云古文"巧"，"贤"篆后可出"臤"云"古文贤"，"歌"篆后可出"哥"云"古文歌"，"辖"篆后可出"爰"云"籀文辖"，皆不妨举已见诸小篆者重出之，其理一而已矣。古籀与小篆同字而异义，是之谓古今字。

按：段玉裁指出《说文》中"顺"义在籀文里用"奱"字记录，到了小篆换用"孈"字记录，"奱"字转而去记录"慕"义，这正是汉字与词义历时对应关系复杂的表现。《说文》里有"古（籀）文以为"这样的表述用语，讲的就是同一个字，在小篆和古籀文两个系统里记录不同词义的现象，如"臤，古文以为贤字""哥，古文以为歌字""爰，籀文以为车辖字"等。又段注《说文》，于"义"字下引郑司农注《周礼·肆师》云"古者书'仪'但为'义'，今时所谓'义'为'谊'。是谓'义'为古文'威仪'字，'谊'为古文'仁义'字"①，对"义""谊"二字所记录的古今词义变迁有准确的描述。段玉裁对于这种历时字词关系用古今字的概念来表述，说明他已具有相当自觉的理论意识。在此基础上，认为重出字具有存在的合理性，是符合逻辑的。

通过上面的分析，我们可以看到，段玉裁对语言文字的历史发展是具有敏锐观察的，他在校勘重出字现象时，体现出了科学的古今字词发展观

---

① （清）段玉裁：《说文解字注》，上海古籍出版社，影印清嘉庆二十年经韵楼刻本，1988，第633页。

念,对重出字现象也体现出了审慎的态度。严可均依据前代字书做的推论具有经验性,反而过于主观。

(三) 对"连篆读"现象的认识不同

清代学者对《说文》的校勘,并不仅仅局限于搜罗各种不同的本子进行简单的对校,他们还经常将自己研究《说文》的心得体会贯彻到校勘工作中,以许校许。

对《说文》进行本校,除了可以像校勘一般古籍一样根据前后文的互现来判断正误,也可以从《说文》的字书性质出发,利用《说文》本身所具有的体例来纠正讹误。《说文》作为字书,有严谨的体例和说解用语,利用这些编写原则和格式化用语,可以很便利地发现舛误之处。

但是,许慎在编写《说文》时,并没有列出明确的编写原则和行文体例,后人只能从《说文》叙中的纲领性介绍和正文出发,来总结本书的著述体例。再者,《说文》在二徐整理校定以前,历代传抄、辗转多手,难免不会出现抄写讹误,甚至以私意窜改许书的情况。所以,在人们使用今本《说文》研究其体例的时候,哪些是许慎编写时所立的条例,哪些是许慎时代的常用说法,哪些是许慎的行文习惯,哪些是后世传抄时有意为之的批量改动,由于缺乏文献证据,有时候并不能分得很清楚。

因此,人们对某一类现象能否作为《说文》的体例,就有不同的看法,这也影响到对《说文》的校勘。严可均在对段玉裁《说文订》的订正中,就存在这方面的分歧。下面我们以"连篆读"现象为例讨论。

《说文》:"偓,佺也。"

《说文订》:初印本如此,各本皆同,由浅人删叠篆之字,并其不可删者而删之耳。如"离"下云"离黄,仓庚也","鵹"下云"鵹周,燕也",各本作"黄仓庚也""周燕也",其缪正同。今剜补云"偓佺也",甚是,惜未能补"离黄""鵹周"等耳。

《订订》:古《说文》必如部首之式,当行直下,故其说解可上连篆文为句,"离黄,仓庚也","鵹周,燕也",皆连篆读之,岂烦叠篆乎？《说文》此例甚多，可胜补乎？"参商，星也"，顾宁人读"商星也"为句，而诟许氏不合天文，其误同矣。

从以上订语可以看出，段、严二人对今本《说文》"偓，佺也"这类连绵词或固定组合的双音词说解存在缺失的现象，有不同的看法。

段玉裁认为许慎原书说解是在每一个篆字下都用隶书重复写一次字头，后人抄写时嫌其重复，就省略了重复字，甚至连不应当删掉的常用双音节词都删掉了首字，造成了说解不通的现象。因此，当说解不通的时候，他就把双音节词补充完整，然后给予说解，认为原书当即如此。

严可均则认为应当"连篆读之"，这一观点是钱大昕在《十驾斋养新录》中首先提出的。这种观点认为"连篆读"是许书的说解体例，对这种说解缺失现象，应当连篆字一起读，所以在说解中不再出现重复字。严可均接受了钱大昕的观点，在订语中对段玉裁补字的做法进行了批评。观念不同，产生了不同的校勘结果。

值得注意的是，严可均在《订订》中以"连篆读"之条例批评段玉裁妄改许书原文；而在其后的《说文校议》中，"离""褊"等字下他又不以"连篆读"之例看待，转而认为《说文》漏脱了说解首字，且通篇不再提"连篆读"之例，由此也可看出严可均前后观念的转变。

"连篆读"是否是《说文》本有的体例，依照现有材料，还难有定论。但乾嘉学者对这种现象的不同认识，确实在他们的校勘实践中产生了不同的影响，探讨"连篆读"在学术史上的意义，仍然具有重要价值。

以上是我们就《订订》中涉及的，能体现段、严二人研究《说文》观念差异的问题进行的讨论，希望能为段、严二人的《说文》学研究提供一些参考。

小 结

严可均的《订订》通过 60 多条札记，校正了《汲古阁说文订》的文字错误，指出了段玉裁错出的校语，弥补了许多当订未订的疏漏，复核了许多引文的出处，使《说文订》的可读性和可信度都进一步增强了。更重要的是严可均通过下订语，表达出了他与段玉裁的许多观念差异。《订订》无论从材料方面还是从理论探讨方面看，都有重要的研究价值，不应该因其篇幅小而忽视它。

从话题看古代汉语的虚词"则"*

——兼论话题结构与条件复句结构之间的互动关系

孙雅平**

摘 要 上古汉语虚词"则"有一种承接对比性话题的用法。"则"前话题成分多样,既可以是 NP 也可以是结构简单、具有指称功能的动词、形容词。并且,"则"字话题结构在前文预设背景下,多次出现的情况属于常见现象。"则"所在话题结构与条件复句存在互动关系,包括语义上的对比性、选择性、经验性特征,句法结构上具有选择性与对比性特征。VP 类话题结构和限定性的复杂 NP 类话题结构与条件复句相通。因而,在古汉语中大量出现话题结构与条件复句两解的情况,这也从另一方面验证了 Haiman(1978)提出的"conditionals are topics"这一论点。

关键词 则 对比性话题 话题结构 条件复句

引 言

"则"是在上古汉语及中古汉语中出现频率极高的虚词之一,用法很复杂,其中的一种用法值得进一步研究。示例如下:

(1)司墓之室有当道者,毁之,则朝而塴;弗毁,则日中而塴。

---

* 本文为 2016 年度国家社科基金重大项目"汉语复句历史演变研究及其语料库建设"(16ZD207)、2016 年度国家社科基金重点项目"上古汉语复句研究"(16AYY013)的阶段性成果。

** 孙雅平,女,北京师范大学文学院博士研究生。主要研究方向为汉语语法学。

(《左传·昭公十二年》)

对于这个"则",吕叔湘认为:"文言又有在两句中分用两个'则'字,或单在下句用'则'的(单用于上句者较少),都足以增强两事的对待性。这个'则'字就是假设句中的'则'字化出来的,其上含有'若论'或'至于'之意。"① 徐烈炯、刘丹青也从对比性话题的角度分析了这类"则"。② 李明在分析"即"的承接对比性话题时,也提及"则"的这一功能。③ 由此看出,"则"字的这一用法与条件复句结构关系密切,这一话题结构的一些语义功能特征与条件复句结构的语义功能特征具有相互重叠的部分。这也证明了 Haiman 提出的 "conditionals are topics"④ 的著名论断。

本文基于已有对"则"的功能及相关话题结构、复句结构的研究的成果,详细描述"则"的承接对比性话题的功能,并尝试解释"则"字话题结构与条件复句语义上的互动现象。

一 "则"的功能——承接对比性话题

Li&Thompson 指出汉语是话题占优势(topic prominent)的语言,古代汉语中话题结构的使用更加频繁。⑤ 申小龙就曾对《左传》中的句子进行统计,证明上古汉语句法中的一个重要特征就是话题结构的普遍使用。⑥ "则"字话题结构早在两周金文中就已经常见,如:

(2) 黄君孟自作行器,子孙则永枯福。(黄君孟鼎,春早)⑦

---

① 吕叔湘:《中国文法要略》,《吕叔湘文集》,辽宁教育出版社,2002,第337页。
② 徐烈炯、刘丹青:《话题的结构与功能》,上海教育出版社,1998,第230~232页。
③ 李明:《从话题看唐五代的虚词"即"》,《汉语史学报》第十辑,2010,第157~169页。
④ Haiman John: Conditionals are topics, *Language*, 1978, pp. 564-589.
⑤ Charles N. Li, Sandra A. Thompson: Subject and topic: a new typology of language, Li, C. N. (ed.) *Subject and Topic*, Academic Press, 1976, pp. 457-490.
⑥ 申小龙:《〈左传〉主题句研究》,《中国语文》1986年第2期。
⑦ 武振玉:《两周金文中连词"则"的用法研究》,《古籍整理研究学刊》2007年第2期。

这里的话题焦点为"子孙",而其具有对比性的背景为前文的"黄君孟自作行器","子孙"与"黄君孟"作对比,"则"后对"子孙"的说明也是基于背景"自作行器"对比而形成的"永枯福"。

从上古汉语开始,"则"字话题结构就开始大量出现。与一般的话题标记前附于话题不同,"则"与前面的焦点话题之间可以有停顿①,而与后面的述语不能有停顿,而且还可以与后置的话题标记,如"者""也"等共现,分列逗号(或是停顿标记)两边,这说明"则"并不属于一个典型的话题标记,但是"则"的出现使其所在句子在语境价值上不能独立,要求存在一个预设背景句。在本句中有一个话题存在,与背景句中的有关成分构成对比关系如上述例(2),徐烈炯、刘丹青称之为话题焦点,话题焦点即对比性话题。②

刘丹青、唐正大在分析"你不在乎,我们可要在乎呀"这一类句子时,把"可"称为"话题焦点敏感算子";它要求前面的话题是对比性话题,即话题焦点。③ 这种"可"还不是话题标记,话题标记(如上海话的"末",普通话的"嘛、呢")后附于话题,有一定的提顿作用,其后可以有停顿;而"可"后不能有停顿。例(2)中的"则"与"可"的用法相似。信息焦点和对比焦点都是句子中的突出部分,但话题焦点在句中并不突出。"则"承接的"话题焦点"的话题性是第一位的,而"话题焦点"这个提法容易使人误解其焦点特性是第一位基于这个原因,下文不采取这个提法。

除"则"以外,李明还对"即"的承接对比性话题的功能发展进行了探讨,此外还涉及"则、便、乃、遂"等。④ 不过相对于"即"而言,"则"的这一功能早在上古汉语时期就已经发展成熟,并且使用频率更高,出现的语用环境更加自由。

---

① "则"的出现在口语上会表现出自然的语音停顿,反映在书面语上也会做出相对应的停顿标记。
② 徐烈炯:《多重焦点》,《中国语文研究》2002年第1期。
③ 刘丹青、唐正大:《话题焦点敏感算子"可"的研究》,《世界汉语与教学》2001年第3期。
④ 李明:《从话题看唐五代的虚词"即"》,第157~169页。

（一）承接对比话题的“则”的分布情况

本文用 A、B 表示前后出现的对比性话题，那么“则”既可以单独出现在 A、B 等话题后面，也有可能同时出现在 A、B 话题后面。即：

1. A，B **则**

（3）卫人来媵共姬，礼也。凡诸侯嫁女，同姓媵之，异姓则否。（《左传·成公八年》）

2. A **则**，B **则**

（4）秦师轻而无礼，必败。轻则寡谋，无礼则脱。入险而脱，能无败乎？（《左传·僖公三十三年》）

3. A **则**，B

（5）使拳弥入于公宫，而自太子疾之宫噪以攻公。鄄子士请御之，弥援其手，曰：“子则勇矣，将若君何？不见先君乎？君何所不逞欲？且君尝在外矣，岂必不反？当今不可，众怒难犯。休而易间也。”乃出。（《左传·哀公二十五年》）

三类分布出现自由度等级为：A，B 则 > A 则，B 则 > A 则，B。“A，B 则”的分布自由度最高，A 位置有时出现“而、即”等与 B 中的“则”形成对比话题结构。“A 则，B 则”次之。“A 则，B”的分布则十分受限。我们考虑主要原因是汉语属于重音和焦点在后的语言，且就常规信息格局而言，背景一般出现在前。因此“A，B 则”更为常见①。如：

（6）令尹子木与之语，问晋故焉，且曰：“晋大夫与楚孰贤？”对曰：“晋卿不如楚，其大夫则贤，皆卿材也。如杞梓、皮革，自楚往也。虽楚有材，晋实用之。”（《左传·襄公二十六年》）

① 徐烈炯、刘丹青：《话题的结构与功能》，第 232 页。

这一例句中"晋卿不如楚，其大夫则贤"属于"A，B则"这一类。通过对比这两个位置有无"则"发现，相对于前文中的"晋卿"，"则"前作为对比性话题"其大夫"一般重读，这种语音模式的变化也会在语义上突出两者的不同，且把焦点落在"其大夫则贤"，而"晋卿不如楚"提供背景内容。

还有一种情况是对比性话题不仅只有 A、B 两个，也有形成两个以上类比的情况，那么一般"则"在每个话题结构中都会出现，形成类似于"A 则，B 则，C 则，……"的对比性话题结构。如：

(7) 目不能决黑白之色，则谓之盲，耳不能别清浊之声则谓之聋，心不能审得失之地则谓之狂。盲则不能避昼日之险，聋则不能知雷霆之害，狂则不能免人间法令之祸。书之所谓治人者，适动静之节，省思虑之费也。(《韩非子·解老》)

这一类话题结构在上古代汉语中并不少见，常出现在议论性的语体中。

(二)"则"前成分

从"则"位置的分布情况可以了解承接对比话题功能的"则"的基本情况，对"则"前对比话题性质切入能够充分了解"则"的这一功能，同时也能探测到话题结构与条件复句在结构和语义上确实存在互动关系。如前文提及的例 (1)：

(1) 司墓之室有当道者，毁之，则朝而塴；弗毁，则日中而塴。(《左传·昭公十二年》)

可以理解为"S，VP$_1$ 则 VP$_2$；VP$_3$ 则 VP$_4$"。出现两次"则"，"则"前成分分别为 VP$_1$"毁之"和 VP$_3$"弗毁"，VP$_3$ 即 NegVP$_1$，形成对比。同时"毁之"与"弗毁"的对象统摄于前文 S"司墓之室有当道者"这一话题大背景中。这一例句中，VP$_1$ 通过与 NegVP$_1$ 形成极性对比，其对比性质实际上可由"则"加以提示和标记。

"则"前成分不是只能出现肯定与否定极性对比的话题焦点，还会出现多项类比的情况，如上文中的例 (7)，以及这里的例 (8)：

(8) 齐侯送姜氏于欢,非礼也。凡公女嫁于敌国:姊妹,则上卿送之,以礼于先君;公子,则下卿送之。(《左传·桓公三年》)

这一例句中出现两个"则","则"前成分分别为"姊妹"和"公子",不是正反对比,而属于类比,即按照礼仪什么阶级身份对应着"送的对象"。对比性话题"姊妹"与"公子"同时被涵盖在前文的背景预设句"凡公女嫁于敌国"中,也说明了话题可能出现的所有情况。这里的"则"前成分并不是主语,而是宾语,即受事成分,放在句首做话题,而原本的宾语位置用"之"来填补。这一话题的标记方法具有类型学共性,当某一成分成为被强调的焦点成分时,一般移位至句首,而原来的位置由一个代词或指示词填补空位①。

从句法成分来分析,古代汉语中"则"前成分 NP 或 VP 的语法功能不仅可以是主语,还可以是宾语,甚至可以是状语等其他成分,如:

(9) 于大国,虽公子,亦上卿送之。于天子,则诸卿皆行,公不自送。于小国,则上大夫送之。(《左传·桓公三年》)

这一例句内容紧接在例(8)后,"则"前成分是"天子""小国",与前文不带"则"的"大国"形成类比,这一例句中由介词"于"引入对比性话题"天子""小国"。这也印证了前人界定"则"为连词,可以出现在主语之后的情况,或者把"则"看作副词,因为它位于谓语动词之前。"则"前成分既有可能是主语,也有可能是宾语或者其他成分,且这类结构在句法和语义上具有相似性,因而从承接对比性话题的角度来解释"则"的这一功能更具有普遍的解释力。

"则"所承接的对比性话题类型的不同,与"则"前话题的句法性质相关。同时,这一类型的差异影响着其与条件复句之间的联系性。也就是说并不是所有的"则"字话题结构都能够理解成条件复句。所以根据本文研究需要,从"则"前成分性质出发,将"则"字话题结构分为 NP 类和

---

① 董秀芳(2004)将这一代词称为"接续代词(resumptive pronoun)",是指当一个名词性成分移至别处之后,在其原位出现的与其同指的代词形式。

VP类话题结构。

1. NP类"则"字话题结构

上文已经涉及相关NP类话题，NP包括一般名词、时间名词、指示代词，还包括介宾结构〔如上文的例（9）〕，如：

（10）夫吏之所税，耕者也；而上之所养，学士也。耕者则重税，学士则多赏，而索民之疾作而少言谈，不可得也。立节参民，执操不侵，怨言过于耳必随之以剑，世主必从而礼之，以为自好之士。(《韩非子·显学》)

一般名词的出现以类比为主，如这里的"耕者""学者"，还有例（9）的"姊妹""公子"都在前文预设的范围内。

（11）三月，郑人铸刑书。叔向使诒子产书，曰："始吾有虞于子，今则已矣。昔先王议事以制，不为刑辟，惧民之有争心也。"(《左传·昭公六年》)

"则"前出现的时间名词一般是"今"，与"昔"对比，今昔对比也可以看作极性对比，此外还有季节等时间名词。

"则"前的代词一般是人称代词，以"我""己""吾""余""汝""彼"为主。

（12）楚子将杀之，使与之言曰："尔既许不谷而反之，何故？非我无信，女则弃之。速即尔刑！"(《左传·宣公十四年》)

NP类和VP类下属的语义小类都包含极性对比话题结构和类比话题结构，但是其所指有所不同。NP类极性对比是指一般事理情况下出现两极性对立的两项事物，如上例（11）中的今昔对立，或者是对话中出现的言者和听者也属于对话中的对立两面，如例（12），上文例（3）"同姓媵之，异姓则否"中的"同姓"与"异姓"也算作一种极性对比。

2. VP类"则"字话题结构

VP类"则"字话题结构的使用非常广泛，这一类也是话题结构与条件复句关系最为密切的一类。"则"前的VP类成分相对比较复杂，本文根据VP性质分为形容词及简单动词类和复杂VP类。此外，还有一类属于NP和VP重叠的类别，下文也会提及。

形容词及简单动词类，"则"前话题一般形成性质类比或极性对比，如：

（13）子张问仁于孔子。孔子曰："能行五者于天下，为仁矣。"请问之。曰："恭、宽、信、敏、惠。恭则不侮，宽则得众，信则人任焉，敏则有功，惠则足以使人。"佛肸召，子欲往。（《论语·阳货》）

（14）楚兵至荥阳、成皋，汉坚守而不动，进则不得攻，退则不能解，故楚兵不足罢也。（《汉书·黥布传》）

"则"前成分的形容词一般是性质形容词，话题结构一般会形成性质类比，经常会出现多个"则"字话题结构。简单动词类既包括单音动词，也包括简单的动宾结构，既有形成类比的用例，也有极性对比的用例，例（13）就是类比的情况，例（14）"进"与"退"属于极性对比。

复杂VP类"则"字话题结构与条件是最为密切的一类，首先在结构上，"则"前成分是一个复杂的VP，一般不出现主语或者主语是默认的情况，也有出现主语的情况，但是如上文所述，"则"字话题结构一般会蕴含对比背景内容，而且会出现两个及以上的类似结构，以表达完整的话题内容。如：

（15）狐突叹曰："时，事之征也；衣，身之章也；佩，衷之旗也。故敬其事，则命以始；服其身，则衣之纯；用其衷，则佩之度。今命以时卒，闭其事也；衣之尨服，远其躬也；佩以金玦，弃其衷也。"（《左传·闵公二年》）

例（15）属于"则"前成分是简单动宾结构，因为是默认的经验，所以主语一般是默认不出现的。主语出现或者省略的情况也很多。如：

（16）公冶致其邑于季氏，而终不入焉。曰："欺其君，何必使余？"季孙见之，则言季氏如他日；不见则终不言季氏。及疾，聚其臣，曰："我死，必无以冕服敛，非德赏也。且无使季氏葬我。"(《左传·襄公二十九年》)

还有一类兼有 NP 类与 VP 类两类性质，本文称之为复杂 NP 类。如：

(17) 昭文章，明贵贱，辨等列，顺少长，习威仪也。鸟兽之肉不登于俎，皮革、齿牙、骨角、毛羽不登于器，则公不射，古之制也。若夫山林、川泽之实，器用之资，皂隶之事，官司之守，非君所及也。(《左传·隐公五年》)

这一类复杂 NP 在形式上属于 VP 或者说是主谓结构，但是从语义和深层结构来看，则为谓语部分是用来修饰或限定主语的，实际上指的是出现在某一设定的环境下的主语，例 (17) "鸟兽之肉不登于俎，皮革、齿牙、骨角、毛羽不登于器" 表示 "不登于俎的鸟兽之肉，不登于器的皮革、齿牙、骨角、毛羽"。所以说这一类复杂 NP 在形式上属于 VP 一类，但是语义上又与 NP 紧密相连，为了与复杂 VP 类相区分，本文将其划分为复杂 NP 类，这一类中的修饰和限定特征与条件复句，特别是充分条件关系具有相通性。

上文提及的 NP 类和 VP 类 "则" 字话题结构是古代汉语特别是上古和中古汉语中非常常见的用例，"则" 前话题成分一般在前文 S 的预设之内。但是 "则" 字话题的使用也有一个非常有趣的现象，如下例：

(18) 今以为同利者，不察之患也。然则为匹夫计者，莫如修行义而习文学。行义修则见信，见信则受事；文学习则为明师，为明师则显荣；此匹夫之美也。然则无功而受事，无爵而显荣，为有政如此，则国必乱，主必危矣。(《韩非子·五蠹》)

"则" 前话题是以前一话题结构的说明内容为话题，这种情况有点类似于修辞里面的顶真，话题与说明之间关系密切，难以拆分。因而 "则" 承接对比性话题这一功能用来明确标记对比话题，这一类特殊话题结构一般出现在说理性的语境中，且多次出现。这类情况同样不影响对比话题是紧接上文内容进行话题描述的。这类话题结构在梅广看来是套接式主题链，并且在相对应的战国中晚期出土文献中也已经出现。[1] 如：

（19）进，莫敢不进；后，莫敢不后；罙（深），莫敢不罙（深）；浅，莫敢不浅。和则同，同则善。（《郭店楚简·五行》）

无论是典型的话题结构还是这类套接式话题结构，其基本形式和语义内容都符合对比话题结构的基本特征，这是之前对"则"相关功能涉及相对较少的部分。

（三）"则"字话题结构基本模式

根据上文对"则"前成分的描写，可以将"则"出现环境描写成以下的基本模式。

"则"字话题结构划分为五个位置，分别用Ⅰ、Ⅱ、Ⅲ、Ⅳ、Ⅴ标记，其真值意义表达式共分为以下A、B两式：

	Ⅰ	Ⅱ	Ⅲ	Ⅳ	Ⅴ
A	(S)	NP_1	（则）	VP_2	NP_2 则 VP_2
B	(S)	(VP_1	（则）	VP_2）	VP_3 则 VP_4

位置（Ⅱ，Ⅲ）看作背景，Ⅳ是前景句中的对比话题，Ⅴ是说明。在"则"字话题结构中，位置Ⅱ和Ⅳ一般相对或相异。

A、B两式略有不同，关键在于"则"前话题的性质不同会影响其对比性质。A式中"则"前成分为NP，一般形成类比，NP_1与NP_2之间是类比关系，相应的说明内容也会形成对比情况，A式位置（Ⅱ，Ⅲ）一般情况下要出现，"则"的出现与否相对自由，如例（3）。B式"则"前成分VP，一般形成极性对比，即$VP_3 = NegVP_1$，相对应的说明内容也是不同的。值得注意的是，位置（Ⅱ，Ⅲ）的背景内容不一定都出现，这是由于

---

[1] 梅广：《上古汉语语法纲要》，三民书局，2015，第131~136页。

一个动词或事件的发生与否是一对伴随概念，事件的发生必然预设着事件没有发生的可能性，也就是说，即使极性对比"VP_3则VP_4"背景没有出现，也预设着存在一个 NegVP3，即 VP1 与之形成对比，说明内容也形成对比，如上文的例（16）中如果只出现后一"则"字话题结构"不见则终不言季氏"，整个句子意义并没有受特别大的影响，这是因为"不见则终不言季氏"必然会蕴含着"见则言季氏"这一对比的预设。

从上述"则"字话题结构的真值意义表达式可知，A、B 式因为对比类型的不同，在表达式上也会存在一定的差异。NP 与 VP 的不同，意味着类比与极性对比的不同，相对应的句法条件限制也会有所不同。正是这一差异显示出了"则"字话题结构与条件复句之间既存在共性也存在不同。

二　"则"字话题结构与条件复句的互动关系

话题结构与复句结构之间关系密切，董秀芳就认为正是由于话题和述题之间在语义和句法结构上的松散性，结构话题才有变为复句的可能。[①]当被谈论的话题是一个非现实的假设的事物时，话题和述题之间所具有的评论关系中就往往蕴含某种逻辑关系，如假设或条件[②]。Bisang 基于跨语言事实，包括古代汉语，建立了一种新的模式来反映语法化过程中限定性（finiteness）、名词化（nominalization）和信息结构三者之间的交互关系（interation）。[③] 不少学者关注到了信息结构、复句结构以及名词化之间的密切关系，如王春辉也谈论了条件句与话题之间的密切关系。[④] 本文以"则"的承接对比性话题为出发点，探讨其所在话题结构与条件复句之间

[①] 董秀芳：《从话题结构到复句结构：以"者"和"所"的功能演变为例》，Takashima, K. & Jiang Shaoyu（eds.）. Meaning and Form：Essays i Pre‑Modern Chinese Grammar（《意义与形式——古代汉语语法论文集》），Lincom Europa，2004。

[②] 申小龙：《〈左传〉主题句研究》，《中国语文》1986 年第 2 期。

[③] Walter Bisang：Finiteness, nominalization, and information structure —— Convergence and divergence. Claudine Chamoreau and Zarina Estrada‑Fernández（ed.），Finiteness and Nominalization, John Benjamins Publishing Company, 2016.

[④] 王春辉：《也论条件小句是话题》，《当代语言学》2012 年第 2 期。

的互动关系。从古代汉语"则"的使用情况来看,"则"承接对比性话题与承接条件小句和结果小句的这两个功能具有相通性,无论是在语义上还是句法结构上都具有相同之处。

(一) 语义特征上的交互性

"则"所在话题结构和条件复句之间语义上具有很多共性,其中有三个突出的语义特征。

1. 对比性(Comparability)

"则"字话题结构的最突出的语义特征就是对比性,不过承接对比性话题的"则"的对比性既可以是极性对比,也可能是类比。但是,只有是形成极性对比的话题结构才与条件复句具有共同性。正如上文所提及的,极性对比中的肯定与否定是一对伴随概念,无论出现肯定还是否定,都蕴含着相对情况的预设,条件复句也是如此,如:

(20) 孟子曰:"无或乎王之不智也。虽有天下易生之物也,一日暴之,十日寒之,未有能生者也。吾见亦罕矣,吾退而寒之者至矣,吾如有萌焉何哉!今夫弈之为数,小数也;不专心致志,则不得也。"(《孟子·告子上》)

此例中说话人表达的"不专心致志,则不得也",这一对一种情况的否定,从极性对比的概念来看,否定与肯定共存,所以蕴含"专心致志则得"这一肯定预设。当然,说话人表达的是肯定情况还是否定情况依据说话人的表达意图。这里之所以表达的是否定的情况,就在于说话人想要强调"不专心致志"的后果的严重性。

与"则"字极性对比话题结构一致的是,条件复句一样也具备对比性,如正反两种情况的条件都出现的条件复句,这从上文提及的"则"的基本模式来看,条件复句也符合 B 式的基本特征。如:

(21) 今若以誉进能,则臣离上而下比周;若以党举官,则民务交而不求用于法。故官之失能者其国乱。(《韩非子·有度》)

（22）好善优于天下，而况鲁国乎？夫苟好善，则四海之内，皆将轻千里而来告之以善。夫苟不好善，则人将曰："訑訑，予既已知之矣。"（《孟子·告子下》）

这种对比性既包括例（21）这样的类比，也包括例（22）这样的极性对比。

2. 选择性（Optionality）

选择性实际上是对比性的进一步拓展。"则"是承接对比性话题，那么必然会出现至少两个对比项，两个对比项谁为前景，谁为背景根据说话人的表达意图来选择，如上文例（6）"晋卿不如楚，其大夫则贤，皆卿材也"，"大夫"为前景，"晋卿"为背景，说话人想要突出"大夫"的优秀。Ford 在描述英语 if 子句的一个特点时，就提到了条件句所表达的"选择性"（optionality）[1]，如上文例（21）"不专心致志，则不得也"。说话人为了强调专心致志的重要性，选择从否定的角度来强调不专心致志的后果。但是这一条件复句所表达的内容有一个预设背景，即"专心致志则得"。古代汉语条件小句选择否定形式的情况很常见，甚至不用相关条件标记进行标记。所以，选择性是说话人根据自己表达意图选择对比项，从而形成相对应的前景和背景。

3. 经验性（Recurrency）

Xrakovskij 认为存在一类非论断性条件复句（non-assertive CCs），这一类复句具有经验性（recurrency）的语义特征。[2] 这些 CCs 中明确或隐含重复的事件状态，具有相对真实性。这类条件复句在古代汉语中大量存在，同时也是"则"所在条件复句的主要特征之一，主要包括两个主要特征：一是表达经常发生的周期性事件状态；二是主语是一般性通知对象，用在制定规则、标准、规章制度或表达规律的情况下。

古汉语中，"则"出现的语境大部分以经验性、规律性或者认知常识

---

[1] Ford C. E.: *Grammar in Interaction: Adverbial Clauses in American English Conversation*, Cambridge University Press, 1993.

[2] Victor S. Xrakovskij: *Typology of Constructional Constructions*, Lincom, 2005.

内容为主,特别是在上古汉语以及中古汉语论述性体裁的内容中。如:

(23) 子曰:"直哉史鱼!邦有道,如矢;邦无道,如矢。君子哉蘧伯玉!邦有道,则仕;邦无道,则可卷而怀之。"(《论语·卫灵公》)

此例中"邦有道"与"邦无道"形成极性对比,且"邦有道"与"仕"和"邦无道"与"可卷而怀之"之间的关系是说话人经过已有经验总结而成的,所以具有一定的规律性,但是并没有明确动作事件的相对参照时间,且经验性内容是人为主观总结出来的,所以具有相对真实性。正因为没有参照时间,因而可以看作 VP 类对比话题结构,也可以看作这一类非论断性条件复句。

(二) 句法结构上的交互性

"则"所在话题结构和条件复句不仅在语义上具有共通性,在句法上同样也是如此。根据上文对"则"字对比性话题结构的详尽描写可知,"则"前成分多样,但是只有 VP 类和复杂 NP 类才能在结构上与条件复句共通。不过,这两类虽然在谓词性特征上与条件复句相通,但是在语义上分别对应于条件复句的不同语义特征。

首先是 VP 类,从上文语义特征分析来看,这一类主要是与条件复句的对比性、经验性相关联,也就是 VP 一般是没有参照时间的规律性事件,从而得出了后文的经验性结果,如上文的例(23),再如:

(24) 时,事之征也;衣,身之章也;佩,衷之旗也。故敬其事,则命以始;服其身,则衣之纯;用其衷,则佩之度。(《左传·闵公二年》)

从话题结构的维度来看,"则"前 VP"敬其事""服其身""用其衷"与前文"时,事之征也;衣,身之章也;佩,衷之旗也"相对应,从篇章衔接的角度来看,所以 VP 理解为类比话题,而"则"后的内容是用来解释说明话题的述题。若从话题与述题之间的关系来看,属于经验性的总结,即只有"敬其事"才会"命以始","服其身"才能"衣之纯","用其衷"才能"佩之度"。典型的条件复句也可以作为对比性话题结构来理解,如上文提及的例（22）"夫苟好善，则四海之内，皆将轻千里而来告之以善。夫苟不好善，则人将曰：'訑訑，予既已知之矣。'"就是典型的条件小句可以做对比话题，"好善"与"不好善"形成极性对比，结果小句也是根据经验总结而来的结论，且有"夫"这一标记话题的发语词，凸显了这一话题性，所以具有经验性语义特征的 VP 类对比话题结构与条件复句之间关系密切，互动性很强。

其次是复杂 NP 类。复杂 NP 类实际上指的是一类主谓结构，其中谓语性成分用来限定和修饰主语，因而在语义上带有条件性，如例（17）"鸟兽之肉不登于俎，皮革、齿牙、骨角、毛羽不登于器，则公不射，古之制也"中出现两个复杂 NP"鸟兽之肉不登于俎""皮革、齿牙、骨角、毛羽不登于器"，实际上可以理解为一种充分条件关系，即"只要是不登于俎的鸟兽之肉，不登于器的皮革、齿牙、骨角、毛羽，公就不会射杀"。这里的谓语部分是用来修饰限定主语的，这种限定性与条件复句的条件具有相通性，从而也能够理解为条件复句。

（三）限定性、名词化和信息结构的交互关系

Bisang 建立了一种新的模式来反映语法化过程中限定性（finiteness）、名词化（nominalization）和信息结构（information structure）三者之间的交互关系（interaction）。如图1：

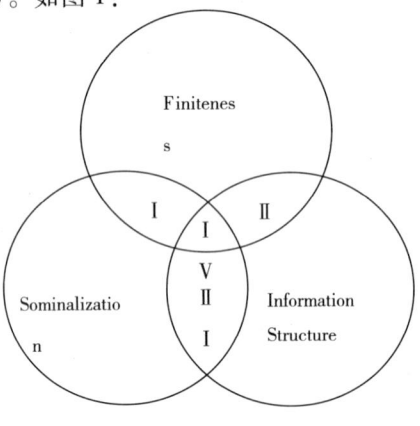

图1　Bisang（2016）

这里的限定性可以看作条件复句这一类从属结构，而信息结构则是话题结构。本文主要关注的是条件复句和话题结构之间的互动关系，也就是图 1 中 Ⅱ 所在位置，其中"名词化"与条件复句、话题结构之间关系也非常密切，三者之间的密切关系，可以通过上古汉语的"者"显示出来，李小军、刘利就指出："提顿词、话题标记、假设语气词具有同一性，这是一条非常普遍的语言共性。"[①] 如：

(25) 贤人而诎于不肖者，则权轻位卑也；不肖而能服于贤者，则权重位尊也。(《韩非子·难势》)

例 (25) 这一例句中的"者"实际上就包含了三种性质，一是名词化标记，即将前文的"贤人而诎于不肖""不肖而能服于贤"指称化[②]；二是话题标记，与"则"搭配使用形成话题结构；三是条件标记，类似于现代汉语的"的话"，与"则"搭配形成条件复句。因而这里的"者"所在位置是 Figure 1 中 Ⅳ 所在位置。

语言中的这种交互关系正是显示除了语言的多功能和多视角，同一形式可以从不同角度出发来表达说话人的意图，同时受话者也可以根据自己的语言判断来解码说话人的这种意图。限定性、名词化和信息结构三者之间的交互关系也正是在这种语言的编码和解码过程中不断形成的。

余 论

汉语虚词"则"是一个复杂的多功能词，从话题的角度切入，可以窥探出其标记对比话题的功能，同时与条件复句之间具有密切的互动关系。本文仅仅为其进一步研究提供一个可行方案，也有不少国外学者对条件标

---

① 李小军、刘利：《语气词"者"的形成及其语气义》，《南京师范大学文学院学报》2008 年第 4 期。
② 朱德熙：《自指和转指》，《方言》1983 年第 1 期。

记以及相关演变规律有其他不同看法[①]。不过汉语中"则"的性质和功能还有很多细节问题值得进一步考量，比如话题结构与条件复句之间的复杂关系以及二者之间究竟是属于历时演变关系还是不同维度的并存关系仍然存在着很大的争议，值得进一步深入考察。

[①] Traugott, Elizabeth Closs, Richard B. Dasher: *Regularity in semantic Change*, Cambridge University Press, 2002.

《同文通考》异体字疏证例举

王利霞[*]

摘　要　本文以《同文通考》卷四部分的借用、误用、讹字和省文四种类型异体字为基础，以见于日本改定《常用汉字表》的字例为具体研究对象，结合中日两国历代文献资料和先行研究成果，解读新井白石对这些字例的注释，致力于在考释的同时梳理其在两国的演变轨迹。本文考察的字例有：借用型异体字中的若（弱）、弁（辨、辯）和竜（龍），误用型异体字中的仮（假）、体（體）和豊（豐），讹字型异体字中的宝（寶）和省文型异体字中的国（國）。

关键词　《同文通考》　异体字　改定《常用汉字表》

一　引言

新井白石的《同文通考》共由四卷构成，从异体字研究角度来说，该书主要的研究对象为卷四部分。在该卷中，新井白石以在字形、读音或意义方面与我国汉字存在差异的日本国内用汉字为研究对象，依照各自特点分为国字、国训、借用、误用、讹字和省文六种不同类型，并分别罗列字例考辨。

由于新井白石在行文中只就借用、误用、讹字和省文这四种类型给出

---

[*]　王利霞，女，北京大学外国语学院博士研究生。主要研究方向为日本语言文字、日本异体字。

了对应正字,所以笔者在此只将它们纳入异体字的考察范围,并分别命名为借用型异体字、误用型异体字、讹字型异体字和省文型异体字。值得注意的是,新井白石本意是要以不见于我国历代字书的字为研究对象,然而其中大多字例均可在我国历代字书、典籍或文献中找到踪迹。因此,本文拟以《同文通考》中这四种类型异体字为基础,以见于日本改定《常用汉字表》①的字例为具体考察对象,结合中日历代文献资料和先行研究成果,解读新井氏就这些字例的注释内容,致力于在考释的同时梳理这些字例在两国的演变轨迹。

二　借用型异体字

新井白石共列出 14 组借用字,其中厂（雁）、六（録）、表（俵）、乃（濃）、木（藝、議）、甫（輔）和匀（韻）这几组借用用法已消失,若（弱）、弁（辨、辯）、查（轄）、竜（龍）、番（蕃）、旦（檀）和包（庖）这几组用法仍存在于现代日语。查日本改定《常用汉字表》本表,"若、弱、弁、辨、辯、竜、龍"均可见于其中,但"若、弱、弁、竜"是正体字,而"辨、辯、龍"则下降为异体字。

（一）关于若（弱）

《同文通考》关于若（弱）的注解是:"若,ワカ,若（ジャク）、弱（ジャク）音同,借作老弱之弱字。若,日灼切,择菜也。一曰顺也,又如也,又汝也,又语辞,又预及辞。"②《说文解字》（以下略为《说文》）:"若,择菜也。从艹右,右手也。"③段玉裁《说文解字注》（以下略为段《注》）对"若"字"择菜"义的注解是:"《晋语》:'秦穆公曰,夫晋国

---

① 改定《常用汉字表》由日本政府以内阁告示的形式于 2010 年 11 月发布,系在 1981 年颁布的《常用汉字表》的基础上修订而成。
② 杉本つとむ編『異体字研究資料集成――一期第一卷同文通考――（第二版）』,雄山閣,1995,第 275～276 页。以下略为『同文通考』。
③ （汉）许慎:《说文解字》,中华书局,2013,第 18 页。

之乱，吾谁使先，若夫二公子而立之，以为朝夕之急。'此谓先择二公子而立之。若，正训择，择菜引申之义也。"对"从艹右，右手也"的注释是："此会意。《毛传》曰：若，顺也。于双声假借也，又假借为如也，然也，乃也，汝也，又兼及之词。"① 据考，新井白石的《同文通考》主要参考了我国明代的字书《正字通》和《字汇》②，而段《注》一书博引群书，引证经传古籍颇多。因此，虽然段《注》的成书时间晚于《同文通考》，但在内容上确可互为印证。③

日本宽政三年（1791）的《正楷录》（近藤西涯编）以"若""弱"相邻列出，并注释云："倭俗之弱、若音同，借若为老弱之弱，滥甚。"④ 日本改定《常用汉字表》中"若"音读为"ジャク"，训读为"ワカ"；"弱"音读为"ジャク"，训读为"ヨワ"。查《新明解国语辞典》《大辞林》等日语词典，"若"均表"年幼、年纪轻"之义，而"弱"则为"力量小，软弱"之义。可以说在现代日语中，"弱"表示"年幼"的功能基本上被"若"分担了。而在《康熙字典》《古代汉语词典》《现代汉语大词典》中，"若"均没有"年幼"或"软弱"的义项，也就是说在汉语中"若"没有分担"弱"的语义。

《中华大字典》认为"若""弱"相通，"日本文，幼弱字亦以若为之"。⑤ 在日本学者太田辰夫从异体字整理角度出发编写而成的《唐宋俗字谱》一书中，"弓"部和"艹"部分别收有"弱"和"若"的异体字，但二者的异体字字形之间没有重合。⑥ 何华珍指出："'若''弱'音同意通，

---

① （清）段玉裁：《说文解字注》，上海古籍出版社，1988，第43页。
② 金烨：《新井白石〈同文通考〉俗字研究》，浙江财经大学硕士学位论文，2014，第17页。
③ 段玉裁《说文解字注》从乾隆庚子年（1780）开始写作，成书于嘉庆戊辰年（1808），刊行于嘉庆二十年（1815）。新井白石《同文通考》刻本问世于日本宝历十年（1760），但《同文通考》书稿约于日本宝永二年（1705）已成。
④ 杉本つとむ编『異体字研究資料集成——一期第七巻異体字彙・正楷録——（第二版）』，雄山閣，1995，第331页。
⑤ 陆费逵、欧阳溥存等：《中华大字典》，中华书局，1978，第1836页。
⑥ 太田辰夫：『唐宋俗字谱』，汲古书院，1982，第17、47页。该俗字谱系依据编撰于中国南唐保大十年（952），刊行于高丽高宗三十二年，即中国南宋淳祐五年（1245）的《祖堂集》二十卷编撰而成。据考，《祖堂集》保留了大量中国唐五代的口语和字体资料，可以和敦煌写本文献相对照。

唐宋时期实为常见。"他还举出《敦煌变文集·李陵变文》"小弱不诛，必有大患"，《释名·释长幼》"二十曰弱，言柔弱也"，《集韵·马韵》"今人谓弱为若"等例子。① 笔者以为前两个例子应该都是"弱"的本义，唯有最后一例可证"弱""若"混同使用。

（二）关于弁（辨、辯）

《同文通考》中说："弁，ベン，弁、辨音相近借作辨、辯等字。弁，音便，冕也。"②《说文》："辨，判也，从刀，辡声。""辯，治也，从言在辡之间。""辡，罪人相与讼也。从二辛，凡辡之属皆从辡。""兇，冕也，（中略）从兒，象形。或从卄，作弁。"③《说文》中"弁"字未以词头出现，但有用"弁声"的形式为他字注音。《康熙字典》酉集下辛部："辦，同辨。"日本《角川新字源》以"弁"为教育用字，"辨""辯""瓣"为古字，并注"辨"为本字，"兇"为别体。④

《古代汉语词典》中"弁"的第一个义项即是："一种帽子。古代吉礼之服戴冕，常礼之服戴弁。弁分皮弁（武冠）、爵弁（文冠），皮弁用于田猎或征伐，爵弁用于祭祀。"并举例《诗经·卫风·淇奥》："充耳琇莹，如弁如星。"《礼记·杂记上》："大夫冕而祭于公，弁而祭于己。"所以，"弁"与"辨"或"辯"最初只是读音相近，并没有语义上的重合。

敦煌写本伯2133号《金刚般若波罗蜜经讲经文》："过去未来及现在，三心难弁唱将罗。"伯2292号《维摩诘经讲经文》："维摩大士，莫测津涯……词同倾海，弁似涌泉。"这两处的"弁"就分别相当于"辨"和"辯"。张涌泉引用敦煌文献印证"日本汉字'辨''辯'写作'弁'，很可能是沿用了我国人的传统用法"，至于其中原因"除了读音相近的因素以外，恐怕还与'弁'字字形简省有关"⑤。太田辰夫的《唐宋俗字谱》

---

① 何华珍：《日本汉字和汉字词研究》，中国社会科学出版社，2004，第191页。
② 杉本つとむ编『同文通考』，第276页。
③ （汉）许慎：《说文解字》，第86、174、311页。
④ 小川環樹など：『角川　新字源』，角川書店，1990，第335页。
⑤ 张涌泉：《汉语俗字研究》（增订本），商务印书馆，2010，第390~392页。

"辛"部"辨""辯"并列为一组,二者的异体字形同为"弁"。日本最早的往来物《云州往来》的宫内厅书陵部藏本(1505年写本)和宽永十九年(1642)版本中,"弁""辨"已混同使用。①

(三) 关于竜(龍)

《同文通考》关于竜(龍)的注解为:"竜,タツ,借作龍字。竜,音龍,起也。凡从龍字,如籠、襲、瀧、隴等皆从竜,非。"②《说文》:"龍,鳞虫之长。能幽能明,能细能巨,能短能长,春分而登天,秋分而潜渊。从肉飞之形,童省声。凡龍之属皆从龍。"③《说文》中有"龍"而无"竜"。

《康熙字典》午集下立部:"竜,《集韵》:'龍古作竜。'《类篇》:'起也。又地名。'"④《龙龛手镜·立部》亦载有"龍"的古文字,其形与"竜"相似。其实,《集韵·钟韵》里的"竜"下部出头(形似"电")。所以,"竜"当是后起的变体字。《青平山堂话本·西湖三塔记》中有"云生在呼猿洞口,鸟飞在竜井山头"的句子,这里的"竜"即"龍"字。《敦煌俗字研究》和《唐宋俗字谱》中"龍"部均未见"竜"。

《宋元以来俗字谱》以"龍"为正体,俗字收有"龍""竜""龙""尨"等数个字形,其中"竜"与现代汉语中的"龙"混同使用于《古今杂剧》《三国志平话》等元刊文献之中。⑤ 而《宋元以来俗字谱》所取材的《古今杂剧》和《三国志平话》都是由日本影印而得。但该俗字谱中从"龍"的字只有"龐"有俗字字形从"竜"的情况。日本正仓院文书、《万叶集》和古往来物(包括日本最古老的往来物《云州往来》和流传最为广泛的《庭训往来》)中,"龍"的异体均为与"龍"结构近似的字形,

---

① 佐藤喜代治など:『漢字百科大事典』,明治書院,1996,第311页。
② 杉本つとむ編『同文通考』,第276页。
③ (汉)许慎:《说文解字》,第245页。
④ (清)张玉书等:《康熙字典》,中华书局,1958,第870页。
⑤ 刘复、李家瑞:《宋元以来俗字谱》,中研院历史语言研究所,1930,第114~115页。另,《宋元以来俗字谱》所取材的十二种书中,除元刊《古今杂剧三十种》《全相三国志平话》外,宋刊《大唐三藏取经诗话》和明刊《娇红记》也都是用的日本影印本。

而贞享三年（1686）版的井原西鹤的作品《好色一代女》中"龍"字写作"竜"。①

三 误用型异体字

这类异体字中，误用字按照正字的读音和意义用于现代日语的有 14 组，分别为仮（假）、体（體）、宛（充）、娵（娶）、胄（鎧）、柿（枾）、榑（構）、狛（高麗）、甲（兜）、袙（袒）、筵（筵）、豊（豐）、鮭（鮭）和鯵（鯵）。其中，仮（假）、体（體）和豊（豐）载于日本改定《常用汉字表》。另外，需补充的是，"圣（巠）"这组的"圣"虽然没有取代"巠"成为正字，但从"巠"的字在现代日语中其正字都从"圣"，如载于《常用汉字表》的"径（徑）""茎（莖）""軽（輕）""経（經）"。

（一）关于仮（假）

《同文通考》对仮（假）的注解为："仮，カリ，俗假字。仮与反通。"②《敦煌俗字研究》和《唐宋俗字谱》中均收有"假"字，但其俗字或异体写法只有手写讹误所致的形近于"假"的字，不见"仮"。《通假大字典》《古代汉语词典》《康熙字典》中"反"字的通假字有"翻""贩"等，亦不见"仮"。

《说文》："假，非真也"，"反，覆也"，"返，還也……《春秋传》返从彳"。③ 可见，《说文》虽不载"仮"字，但认为"彶"是"返"的异体字。《康熙字典》子集中人部载有"仮"，并引《集韵》："仮，同反。"④《集韵·阮韵》："反，或作仮。"敦煌文献伯 2011 号《刊缪补缺切韵》上声阮韵府远反："反，亦作彶。"张涌泉先生认为，此处的"彶"当为

---

① 佐藤喜代治など：『漢字百科大事典』，第 281、295、326、360 页。
② 杉本つとむ編『同文通考』，第 279 页。
③ （汉）许慎：《说文解字》，第 162、59、34 页。
④ （清）张玉书等：《康熙字典》，第 94 页。

"仮"的讹误。① 《现代汉语大词典》和《古代汉语词典》均不见"仮"字。《唐宋俗字谱》中"假"的异体字均为"假"的形近字，不见"仮"。《宋元以来俗字谱》则不见"假"和"仮"字，所以在我国以"仮"代"假"的用例并不多见。

日本方面，正仓院文书和《万叶集》中均有"假"的异体字，其形和日本古往来物（包括《云州往来》和《庭训往来》）中的字形近似，均为"假"的形近字，也都不见"仮"的用法。② 查《角川新字源》，"仮"是教育用字，"假"是传统正字，并注明教育用字"仮"原是"反"的异体字，后被用于"假"的俗省。③ 《汉字异体字典》人部列有"仮"，并注"假"是其旧字。④

（二）关于体（體）

《同文通考》中体（體）的注释为："体，タイ，俗體字。体（ホン），音笨，与体同。体，性不慧也。"⑤ 《说文》："體，总十二属也，从骨，豊声。""笨，竹里也，从竹，本声。"⑥ 《说文》中不见"体"。《干禄字书》"體體，上俗下正"，⑦ 亦不见"体"。《康熙字典》引用《集韵》："体，部本切，（从）盆上声，劣也，又粗貌。与笨同。""体，部本切，音笨，性不慧也。"⑧ 《古代汉语词典》和《现代汉语大词典》中载"体（體）"的义项有"身体""形体"等，但不见与"笨"相关的义项。

据张涌泉先生考证，"体"原本是"笨"的换旁俗字，从人，本声。在宋代前后，"体"又被用作"體"的俗字，从人从本会意。他还认为，"體"之所以写作"体"，应该是经由"體"的会意俗字"軆"或"骵"

---

① 张涌泉：《敦煌俗字研究》（第二版），上海教育出版社，2015，第337页。
② 佐藤喜代治など：『漢字百科大事典』，第258、288、303页。
③ 小川環樹など：『角川　新字源』，第48页。
④ 日外アソシエーツ编集部编『漢字異体字典』，日外アソシエーツ株式会社，1994，第7页。
⑤ 杉本つとむ编『同文通考』，第279页。
⑥ （汉）许慎：《说文解字》，第81、90页。
⑦ 杉本つとむ：「改訂増補　漢字入門——『干禄字書』とその考察——」，早稲田大学出版部，1985，第133页。
⑧ （清）张玉书等：《康熙字典》，第98、381页。

变来。① 这和日本学者佐藤稔的观点相一致，佐藤氏依据《广韵》、《大广益会玉篇》（以下略为《玉篇》）和《集韵》的记载认为"体"当由"躰"变来。

《广韵》上声二十一混韵，蒲本切："体，粗貌，又劣也"，上声十一荠韵："體，體身也，又生也，他礼切。軆，俗。"所以"体"和"體"原本是音、形、义均不相同的别字。《玉篇》："體，他禮切，形體也"，又"躰軆，他禮切，并俗體字"，但不见"体"。《集韵》："體軆，土禮切，说文总十二属也，或从身俗作躰，非是。"《玉篇》和《集韵》中均有俗字"躰"，虽然"體"和"体"原先没有混同使用，但由"體"的俗字"躰"衍生出"体"是可以想象的。

佐藤氏同时指出，心空的《法华经音训》中关于"體"有"俗作体非"的注释，所以当时的日本应该已大多混同使用了。② 《宋元以来俗字谱》以"體"为正楷，俗字字形有"躰""体""体"等，其中"躰"见于宋、元和明刊材料，"体"仅见于元抄本刻《通俗小说》，而"体"则见于自元刊《古今杂剧》以来的所有取材书刊，③ 说明用"体"代"體"当是进入元朝以后。

（三）关于豊（豐）

《同文通考》中豊（豐）的注解是："豊，ユタカ/トヨ，俗豐字。豊，禮古字。"④《说文》："禮，履也，所以事神致福也。从示，从豊，豊亦声。""豊，行礼之器也。从豆，象形，凡豊之属皆从豊。读与禮同。""豐，豆之丰满者也。从豆，象形。一曰乡饮酒有豐候者。凡豐之属皆从豐。"⑤《六书正讹》："豊，即古禮字。后人以其疑于豐字，禮重于祭，故

---

① 张涌泉：《汉语俗字研究》（增订本），第109~110页；亦见于《敦煌俗字研究》（第二版），第94~95页。
② 佐藤稔：『異体字』，佐藤喜代治编『漢字講座3——漢字と日本語——』，明治書院，1987，第205页。
③ 刘復、李家瑞：《宋元以来俗字谱》，第109页。
④ 杉本つとむ編『同文通考』，第285页。
⑤ （汉）许慎：《说文解字》，第1、97、98页。

加示以别之。"

据张涌泉先生考证，慧琳《一切经音义》卷二九《金光明最胜王经》第五卷音义："豊，敷风反，正体字也……经文从曲作豐，俗字也。"《周易·豊卦》释文："豊，芳忠反，《字林》匹忠反，依字作豊。今并三直，犹是变体。若曲下作豆，禮字耳，非也。世人乱之久矣。"汉碑"豐"已大多作"豊"，敦煌文献中"豐"旁的字亦多从"豊"。① 《玉篇·豊部》："豊，芳冯切，大也。俗作豐。"②

《唐宋俗字谱》中"豊"的异体字形为"豊"。③ 《宋元以来俗字谱》同样只载有"豊"一个字形，且出处包含《取经诗话》和《三国志平话》等日本影印本。④ 顺便补充一点，现代汉语的"丰"也载于《说文解字》："丰，草盛貌也，从生，上下达也。"而现代汉语的"礼"其实是由"禮"的古文字楷化而成，《干禄字书》："禮礼，并正，多行上字。"⑤ 但在《宋元以来俗字谱》中"禮"为正体，而"礼"则成了俗字，且见于所有取材书刊。⑥

三 讹字型异体字

讹字型异体字中，异体字地位上升、按照正字音义用于现代日语的有7组，分别为厚（厚）、薗（園）、塀（屏）、宝（寶）、糸（系）、靭（靱）和駄（馱）。其中，厚（厚）和糸（系）的正字写法消失，异体字完全取代了正字的字形、读音和意义。薗（園）和塀（屏）中的异体字和正字的语义范围不同。见于日本改定《常用汉字表》的只有"宝（寶）"。

---

① 张涌泉：《敦煌俗字研究》（第二版），第796~797页。
② （宋）陈彭年等：《玉篇》，中国书店，1983，第305页。
③ 太田辰夫：『唐宋俗字譜』，第52页。
④ 刘复、李家瑞：《宋元以来俗字谱》，第134页。
⑤ 杉本つとむ：「改訂増補　漢字入門──『干禄字書』とその考察──」，第133页。
⑥ 刘复、李家瑞：《宋元以来俗字谱》，第59页。

（一）关于宝（寶）

《同文通考》中宝（寶）的注解为："宝，タカラ，寶也。"①《说文》："寶，珍也，从宀，从王（玉），从贝，缶声。""珍，寶也，从玉，㐱声。"②《说文》有"寶"而无"寳"和"宝"。《干禄字书》："寳寶，上通下正。"③《五经文字》卷上缶部："寶，从缶。从尔讹。"慧琳《一切经音义》卷三七《无垢净光大陀罗尼经》音义："寶，字书正从缶……经从尔作寳，俗字也。"《唐宋俗字谱》以"寳"为正字，所列异体字均为"寳"或形近于"寳"的字。④

据张涌泉考证，俗字"寳"和"宝"亦见于敦煌文献。斯 6551 号《佛说阿弥陀经讲经文》："四远总来朝寳座，七州安泰贺时康。"斯 4571 号《维摩诘经讲经文》："竞捧琉璃宝，齐擎龙脑香。"宋孙奕《履斋示儿编》卷二二引《字谱总论讹字》云："寳之宝……醉之醉，凡此皆俗书也。""寳"俗字作"宝"，是省去了声旁"缶"和一个表意的构件"贝"，变成了会意字。⑤

日本《角川新字源》载有"宝""寶""寳"三字，其中"宝"为教育用字，"寳"为俗字，并注明"宝"由俗字"寳"变化而来。⑥据杉本つとむ考证，日本古代相对于正体"寶"，其异体字形"寳"用得更多。据他考证，推古三十一年（623）的《释迦佛造像记》、天智天皇七年（668）的《船首王后墓志》、文武天皇时期（697~706）的《药师寺东塔檫铭》、天平胜宝五年（753）的《佛足石记》等都用的是"寳"，而非其正体"寶"。⑦

日本元禄五年（1692）刊本的《异体字辨》（中根元圭编）就以

---

① 杉本つとむ編『同文通考』，第 290 页。
② （汉）许慎：《说文解字》，第 148、6 页。
③ 杉本つとむ：「改訂増補　漢字入門——『干禄字書』とその考察——」，第 139 页。
④ 太田辰夫：『唐宋俗字譜』，第 13 页。
⑤ 张涌泉：《敦煌俗字研究》（第二版），第 438、130 页。
⑥ 小川環樹など：『角川　新字源』，第 276 页。
⑦ 杉本つとむ：『漢字百珍——日本の異体字入門——』，八坂書房，2001，第 205 页。

"寶"为正体，异体字多达8个，其中有"寳"和"宝"。① 另外，需注意的是《宋元以来俗字谱》同样以"寶"为正楷，所列俗字只有"宝"一个字形，且见于所取材的全部书刊。② 或许正是由于上述原因，新井白石说"宝，寶也"，而没有进一步指出其正字是"寶"。

在此，补充一个和"宝""寶"相关的有趣的例子。"和同开珎"是日本的一种古钱币，据说其铸造契机是由于武藏国献上"和铜"，元明天皇于是改年号为"和铜"（708~715），并于当年（708）铸造钱币，包括银币和铜币。1970年在我国陕西省西安市南郊的何家村曾出土过5枚"和同开珎"银币。关于其读音，查阅《大辞林》等日语词典一般有两个，分别为"わどうかいちん"和"わどうかいほう"。据说这是由于日本国内关于"珎"是哪个字的异体尚有争议。日本学者中，有人以"珎"为"珍"的异体字，认为当读为"ちん"；也有人以为"珎"是由"寶"的俗字"寳"俗省而来，认为当读为"ほう"。杉本つとむ支持第二种观点。他认为既然"和同开珎"中的"同"是金属"銅"的省旁异体字，那么"珎"应该也是"寶"的异体字"寳"的省旁写法，即为"宝"。同时由于我国唐高宗时铸有"開元通宝"，日本铸造"和同开珎"当是模仿我国，因而没必要舍"宝"而用"珍"。③

四 省文型异体字

省文型异体字中，异体字地位上升、按照正字音义用于现代日语的有23组，分别为会（會）、労（勞）、区（區）、参（參）、国（國）、囲（圍）、巣（巢）、娄（婁）、学（學）、悩（惱）、条（條）、楽（樂）、炉（爐）、独（獨）、続（續）、継（繼）、旧（舊）、読（讀）、変（變）、釈（釋）、霊（靈）、点（點）和歯（齒）。其中，除娄（婁）外，其余全部

---

① 杉本つとむ編『異体字研究資料集成——一期第二卷異体字弁——（第二版）』，雄山閣，第349頁。
② 刘復、李家瑞：《宋元以来俗字谱》，第22页。
③ 杉本つとむ：『漢字百珍——日本の異体字入門——』，第202~210頁。

见于日本改定《常用汉字表》，且圆括号内的均为《康熙字典》体。只是統（續）和継（繼）两组的左侧部首均为明朝体形式，分别作統（續）和継（繼）。同时，有些异体字虽然单独成字时没有上升为正字，但在做偏旁部首构成他字时，所构成的字成为正字，如検（檢）、験（驗）、砺（礪）、励（勵）、渓（溪）、鶏（鷄）和稲（稻）等。补充一点，上述字例中有些也是我国现行简化字，如会、区、参、国、娄、学、条、炉、独、旧、点等。

（一）整体情况

笔者将上述23组字例与《宋元以来俗字谱》相对照，发现其中有15组异体字与《宋元以来俗字谱》所载俗字中的字形完全相同，具体为：会（會）（《宋元以来俗字谱》第27页）、劳（勞）（第6页）、巢（巢）（第29页）、娄（婁）（第15页）、条（條）（第2页）、楽（樂）（第30页）、炉（爐）（第53页）、独（獨）（第9页）、継（繼）（第81页）、旧（舊）（第68页）、変（變）（第85页）、霊（靈）（第104页）、点（點）（第52页）和歯（齒）（第132页）。另外《古今杂剧》中，"區"的俗字形"匚"内为"又"，与现行"区"极为相像。① 虽然《宋元以来俗字谱》中"參"皆作"叅"，但其实在我国历代文献中"参"形也早已出现。②

何华珍曾对日本简体字做过仔细考察，据他判断很多新井白石在《同文通考》中认为是日式省文的字其实都是源出我国。具体到上述字例，他认为只有囲（圍）这一组是日式简化的结果，其他均为源出我国历代传承的俗字用法。③

笔者对照正仓院文书异体字，发现"參"的异体字有多达24个字形，其中就有"参"和"叅"，同时"學"的异体字形也有"学"，但不见

---

① 刘復、李家瑞：《宋元以来俗字谱》，第126页。由于涉及页码较多，上述字例的页码笔者均在行文中给出。
② 张涌泉：《敦煌俗字研究》（第二版），第335~336页。
③ 何华珍：《日本汉字和汉字词研究》，第106~178页。

"孝"。① 查《角川新字源》，囲（圍）和釈（釋）见于其中，并标明"囲"为教育用字，"釈"是常用汉字，同时指出二者均由俗字演变而来，却都没有给出具体俗字字形。② 另外，正仓院文书和《云州往来》《庭训往来》等古往来物中"圍"的异体均为形近于"圉"的字，未见"囲"。③

（二）关于国（國）

《同文通考》对国（國）的注解是："国，クニ，国也。国，俗國字。"④《说文》："國，邦也，从囗，从或。""邦，国也。"⑤ 段《注》："（《说文》）邦国互训。《周礼》注曰：大曰邦，小曰国。邦之所居亦曰国。"⑥《康熙字典》中"國"为正体，古文字形有"囗""囶""圀"等，"囯""囻"是俗字。⑦ 日本《角川新字源》以"国"为教育用字，"國"为旧字，"圀"为别体，"囯"为俗字，并指出教育用字是由俗字加点而成。⑧

唐苏鹗《苏氏演绎》卷上："只如田夫民为農……口王为國，文子为學，如此之字，皆后魏流俗所撰，学者之所不用。"张涌泉指出其中的"口王为國"即为"囯"，是我国六朝前后出现的俗字。⑨《龙龛手镜》口部："囯，俗，正作國字。""圀，俗，正作國字。"《集韵·德韵》："國，唐武后作圀。"

《宋元以来俗字谱》中以"國"为正体，俗字字形"国"见于由宋刊《列女传》至清刊《岭南逸事（史）》的诸多文献之中。⑩ 日本正仓院文书异体字表同样以"國"为正体，所列异体字形多达14个，其中有"国"

---

① 佐藤喜代治など：『漢字百科大事典』，第260頁。
② 小川環樹など：『角川　新字源』，第204、1030頁。
③ 佐藤喜代治など：『漢字百科大事典』，第261、297頁。
④ 杉本つとむ編『同文通考』，第298頁。
⑤ （汉）许慎：《说文解字》，第125、127页。
⑥ （清）段玉裁：《说文解字注》，第277页。
⑦ （清）张玉书等：《康熙字典》，第217、218页。
⑧ 小川環樹など：『角川　新字源』，第205頁。
⑨ 张涌泉：《敦煌俗字研究（第二版）》，第397~398页。
⑩ 刘復、李家瑞：《宋元以来俗字谱》，第14页。

而无"囻"和"国",而宽永十九年(1642)版本的《云州往来》中出现了"国"。① 日本元禄五年(1692)刊本的《异体字辨》同样以"國"为正字,异体字形有"囯""囶""囼""囻"等,但不见"国"。②

另外,笔者想提一下的是,虽然现在中日两国规定的正体字形均为"国",但关于"国"字一形的创字权问题两国学者好像存有争议。日本学者、曾任日本国立国语研究所研究部长的林大说:"他们(指我国)并没有完全不顾到日本。例如'國'字,他们先略成'囯',但在社会主义国家有王的存在,似乎说不通,于是便学日本,加进一点,变成'玉'字了。"但张涌泉先生认为:"'國'字作'国'并非日本人的创造……俗书每有增加笔画的通例,加上'王''玉'原本皆无一点,所以无点的'囯'俗书便有可能写作有点的'国'。"除举出敦煌写本的例子外,他还引用陈直研究汉代民间简体字的观点证明"日本汉字'國'写作'国',不过是沿袭了中国汉字的俗书"③。何华珍也认为"国"字源出我国文献,日本学者之所以将其误认为日本创制字,是因为无法目睹我国汉魏碑刻和敦煌写卷。④

五 结语

本文主要以《同文通考》卷四中借用、误用、讹字和省文四种类型异体字为基础,以见于日本改定《常用汉字表》的具体字例为研究对象,结合中日两国历代文献资料和先行研究成果,解读新井白石关于这些字例的注释内容,同时简单梳理这些字例在两国文献中的演变状况。

首先,四种类型异体字都有地位上升并按照正字用法用于现代日语

---

① 佐藤喜代治など:『漢字百科大事典』,第260、307页。
② 杉本つとむ編『異体字研究資料集成――一期第二巻異体字弁――(第二版)』,第255~256页。
③ 张涌泉:《汉语俗字研究》(增订本),第41页。林大先生的这段话原见于《中国文字改革之现状座谈会》,载1975年6月号《言语生活》第285期第10页,东京筑摩书房出版。笔者转引于《汉语俗字研究》(增订本)第41页。
④ 何华珍:《日本汉字和汉字词研究》,第175~178页。

的字例。从数量上说，省文型异体字中被继承下来的字例最多。这也从侧面印证了即使在日本，简单易写易辨识也仍是汉字字形变化的一大趋势。

另外，本文主要对借用异体字型中的若（弱）、弁（辨、辯）和竜（龍），误用型异体字中的仮（假）、体（體）和豊（豐），讹字型异体字中的宝（寶）和省文型异体字中的国（國），从字源探寻和字形变迁的角度进行了考释。可以看出，新井白石的确汉学功底深厚，对汉字在读音、字形和意义方面的注解都有据可查。只是，他判定为日式借用、误用、讹字和省文的上述字例，其实大多都可以在是我国历代文献中找到踪迹，甚至有些是我国俗字的传承用法。

当然，由于笔者学力有限，考察进行得并不彻底，同时也还有一些疑问和问题未得到解决，笔者希冀将来能更好地回答这些问题。

图书在版编目（CIP）数据

长安学术.第十五辑/张新科主编.--北京：社会科学文献出版社,2020.12
 ISBN 978-7-5201-5885-5

Ⅰ.①长… Ⅱ.①张… Ⅲ.①长安（历史地名）-文化史-文集 Ⅳ.①K294.11-53

中国版本图书馆CIP数据核字（2020）第140823号

长安学术（第十五辑）

主　　编 / 张新科

出 版 人 / 王利民
责任编辑 / 李建廷　卫　羚

出　　版 / 社会科学文献出版社·人文分社（010）59367215
　　　　　地址：北京市北三环中路甲29号院华龙大厦　邮编：100029
　　　　　网址：www.ssap.com.cn
发　　行 / 市场营销中心（010）59367081　59367083
印　　装 / 三河市龙林印务有限公司
规　　格 / 开　本：787mm×1092mm　1/16
　　　　　印　张：17.75　字　数：272千字
版　　次 / 2020年12月第1版　2020年12月第1次印刷
书　　号 / ISBN 978-7-5201-5885-5
定　　价 / 89.00元

本书如有印装质量问题，请与读者服务中心（010-59367028）联系

▲ 版权所有 翻印必究